중국은 중국의 미래뿐만 아니라 세계의 미래를 결정하고, 미래 인류사회에 큰 영향을 미칠 것이다. 그러나 자신의 특수성에 집착하는 나라가 어떻게 세계를 이끌어 나가는 비전과 방향을 제시할 수 있겠는가? 중국은 만리장성을 무너뜨려야 한다.

중국은 만리장성을 무너뜨려야 한다

海內存知己
天涯若比隣

1984년 4월 미국 레이건 대통령은 당(唐)대 시인 왕발(王勃)의 해내존지기(海內存知己) 천애약비린(天涯若比隣)이란 시를 인용하면서 양국관계의 우의를 다짐했다. '세상에 날 알아주는 이 있다면, 하늘 끝에 있어도 이웃과 같으리'는 촉주로 부임해 가는 두소부를 기리며(送杜少府之任蜀州)의 한 구절이다.

사사였던 북경대학 역걸웅(易傑雄)교수를 기억하며 그로부터 받은 낙관을 사용해 그의 당부를 되새겨 본다.

鵬程 李东春

도서출판 그린

차례

저자 서문 中國(CHINA)은 왜 中國(middle state)인가? / 11

제1부 신화에 빠진 중국인 19

중국에 대한 서구인들의 이해는 편견으로 가득 차 있다 / 22
중국은 아주 재미있는 스토리가 필요하다 / 30
마오쩌둥은 중국의 아주 재미있는 스토리다 / 34
베이다이허에 세상의 눈이 집중돼 있다 / 37
마오쩌둥의 한 마디가 대 재앙이 될 줄은 아무도 몰랐다 / 41
공칠과삼(功七過三) / 44

"마오쩌둥 毛澤東의 아들이니까……" / 48
마오쩌둥이 직접 관을 메고 안장한 장하오 張浩 / 51
중국의 콘클라베(Conclave) 베이다이허 회의 北戴河會議 / 55
"6개월만 참자" 했던 마오쩌둥파, 보시라이 정변에 대거 동참 / 61
두부(豆腐)와 혁명(革命) / 66
'첫째는 돈을 사랑하고 둘째는 조국을 사랑하고 셋째는 권력을 사랑했다' / 67
미국 대신 소련을 선택했던 마오쩌둥 / 72
중국은 공자를 다시 이야기하고 있다 / 84
공자의 수염 / 91
사람을 뜨겁게 사랑하라 / 93
대박 난 특이한 상품 / 100
적어도 폭군은 아니었다 / 104
진시황의 일생은 왜곡되고 변형됐다 / 106
진시황을 닮고자 했던 마오쩌둥 / 109
나는 전설이다. 항우(項羽) / 116
3대 여걸 여태후(呂太后) / 121
삼국전쟁 최후의 승리자는 / 131
충신충절의 나라 중국 / 135
중화(中華)는 중국(中國)과 화하(華夏)의 합성어 / 140
토끼와 거북이를 연못에서 경주하도록 해야 한다 / 149

제2부 미로를 헤매는 중국

미로를 헤매는 중국 153

광역 경제통합 시대 / 156

조지 워싱톤의 녹색화폐(greenback)와 마오쩌둥의 적색화폐(redback) 싸움 / 158

중국의 미래, 답은 역사에 있다 / 164

계기(戒欺 ; 거짓을 경계한다) / 169

시장경제의 잘못된 이해 / 174

Black China / 186

중국식 인플레이션 / 190

인플레이션의 저주 / 197

스필오버 효과(spillover effect) / 200

햄버거 전쟁 – 환율전쟁 / 203

커브길에서 속도를 내어 추월한다 – 彎道超車 / 209

GDP에서 인플레이션으로 기준을 바꿔라 / 217

부동산 붕괴 코앞에 와 있다 / 219

중국의 트라우마 – 화폐불안 / 226

위기의 세계 역사 이면에는 항상 금융이 있다 / 228

종이컵 만드는 세계의 공장 / 233

은행 위기 터질 확률 60% / 242

일본과 같은 실수 저지르는 중국 / 248

제3부

덫에 걸린 대국굴기 ···································· 257

슈퍼 301조 / 261

탄소달러(Carbon Dollar) / 268

세계를 지배하는 골드만삭스 Goldman Sachs / 274

보이지 않는 전쟁(식량전쟁) / 282

보이지 않는 총성(원가전쟁) / 288

석탄 매장량 세계 1위, 세계 2위의 석탄 수입국 / 298

외교 통상마찰 일으킨 리오 틴토 RioTinto 인수 / 301

셰일가스 혁명 / 306

2만 8천여 강이 사라졌다 / 317

한해 물값 상승률 49% / 320

부자 중국, 가난한 중국인 / 325

달러의 저주 / 332

소득분배 개혁, 더 이상 지체할 수 없는 문제 / 341

중국은 무엇을 준비해야 하는가 / 354

10여년전 영국 마거릿 대처 Margaret Hilda Thatcher 수상은 〈중국위협론〉을 인정하지 않는다고 했다. 왜냐하면 "중국이 수출하는 것은 TV 전자오븐 구두 등이지 가치관이 아니기 때문"이라고 했다.

저자서문

中國(CHINA)은 왜 中國(middle state)인가?

일본의 센카쿠尖閣 (중국명 댜오위다오釣魚島) 국유화 직후 중국과 일본이 충돌 직전까지 갔을 때 원자바오 전 총리는 "우리 영토에서 반보(半步)도 물러설 수 없다"고 했다. 아베 신조安倍晋三 일본 총리는 "1mm도 양보하지 않을 것"이라고 맞받았다.

120년전 한반도 운명을 결정짓고 동아시아를 뒤흔든 청일전쟁 전야(前夜)도 이랬을 것이다. 청일전쟁은 동학농민혁명 발발을 빌미로 한반도에 군대를 파견했던 중국과 일본이 서로 상대방에게 한발씩 물러나라고 티격태격하다가 불붙은 전쟁이었다. 청일전쟁에서 이긴 일본은 뒤이어 러시아와의 전쟁에서도 승리해 조선(朝鮮)을 속국(屬國)으로 만들었다. 러일전쟁 때 일본 전쟁비용의 60%는 영국의 로스차일드 미국의 JP모간 같은 국제 금융자본이 일본이 발행한 전쟁국채를 매입해서 댄 것이었다. 이 나라들이 전쟁에서 누구 편을 들지는 뻔한 일이었다. 열강은 언제 어디서나 자국의 이익을 최우선으로 판을 짜고 있다.

"조선은 자신을 지키기 위해 적(敵)을 단 한대라도 때릴 능력이 없는 나라다. 자신을 위해 스스로 아무것도 할 수 없는 나라를 아무런 이익없이 도울 나라는 없을 것이다" 러일전쟁에서 일본의 승리가 굳어갈 무렵 미국의 시어도어 루스벨트 대통령은 국무장관에게 이렇게 말했다. 과거 제국주의 국가들은 이미 금융자본을 통해 이렇게 세계를 분할하고 있었다.

100여년전 중국 청(淸)나라는 차(茶)와 비단을 수출해 막대한 무역 흑자를 기록했다. 특히 영국은 중국산 차를 구매하기 위해 멕시코로부터 백은(白銀)을 조달해야 했다. 이에 영국 동인도회사는 일석이조의 계략을 생각해 내고 동남아에서 아편을 제조한 다음 이를 중국으로 밀수하고 백은을 다시 벌어 돌아갔다. 당시 임칙서(林則徐)는 청나라 8대 황제 도광제(道光帝)에게 상소를 올리고 광둥廣東 지방에 내려가 영국 아편을 불태워 버렸다. 이에 영국은 즉각 군함을 파견하고 베이징北京과 항저우杭州를 연결하는 징항京杭 운하를 봉쇄했다. 결국 베이징의 식량공급이 끊기게 되었고, 청나라는 기선(琦善)을 파견해 〈난징南京 조약〉을 체결했다. 난징조약은 영토할양 배상 항구개방 관세협정 치외법권 등 5개 조항으로 이루어진 불평등조약이다. 그러나 청나라 도광제는 오히려 "이 몇 개의 조항으로 영국을 물리쳤다"며 임칙서는 퇴임시키고, 영국 대표 엘리엇G. Elliot과의 교섭에서 보인 수완으로 기선에게 상을 내렸다.

홍콩할양, 광저우 개방, 치외법권 등 불평등조약이라는 정치적 평가는 뒤로하고 결국 청나라는 난징조약으로 인해 중국의 차를 영원히 영국에 넘겨주었다. 1848년 영국 동인도회사는 난징조약에 의거하여 로버트 포천Robert Fartune을 중국 내지인 푸젠福建성 산간지역에 파견하여 차 재배방법과 차 씨앗을 가져갔다. 이후 동인도회사는 2만 그루의 차나무와 1만 7,000여

종의 차 씨앗과 함께 차 재배농 8명을 인도로 데리고 갔다. 그 이후 인도의 차가 중국의 차를 대신하여 영국 국내 차시장 90%를 점유하게 됐다.

우리는 동인도회사의 존재가 지나간 과거의 일이라 생각하고 있지만 오늘날에도 과거 동인도회사와 같은 미국의 몬산토 Monsanto는 5,000년전 중국 역사기록에도 소개되고 있는 대두(大豆) 씨를 훔쳐 자신들의 최첨단 기술과 연구를 통해 생산량과 병충해에 강한 유전자를 찾아내고 중국을 포함한 101개국에 64개 항목에 이르는 특허를 신청했다. 이후 몬산토는 2003년 미국 정부를 통하여 중국에 대두수입을 강요하고 산업자본의 핵심인 미국의 월스트리트를 통하여 대두가격을 결정하여 중국내 유지압착공장 70%를 파산시키고 이 기회를 틈타 4대 곡물 메이저는 도산한 공장을 저가로 매입하여 중국 식용유시장을 장악해 결국 중국 대두산업을 붕괴시켰다. 이어 같은 방법으로 중국의 옥수수, 면화 산업을 장악하고 관련 산업을 붕괴시켰다.

오늘날은 보다 간편하게 독점동맹과 자본으로 세계시장을 분할해 자본의 목적을 실현하고 있다. 그들은 그들만의 게임의 룰을 만들고 전략적으로 조용히 조심스럽게 곁에 다가와 서있다.

인류의 경제발전은 부가가치 발견의 역사이고 부가가치 증가는 경제활동 형태에 따라서 다르다. 농경제 시대는 인구의 증가에 따라서 개인의 부가가치가 오히려 감소한다. 이에 비해서 산업혁명 이후 발전한 산업사회는 개인 부가가치가 계속 증가하는 속성이 있다. 기술과 자본이 서로 연계

되고 위험성을 분산하며 생산과 상품의 이동에 의해 부가가치를 높인다. 여기에 금융자본주의는 화폐 가치의 지역적인 차이를 이용해서 부가가치를 높이게 된다.(저자는 이를 국제적인 이전(hand-off)으로 설명한다)

당시 중국 청나라의 정치가 안정되면서 경제적으로 큰 발전이 있었다. 18세기 중국은 세계 제1의 경제규모를 자랑하였다. 그러나 농사를 지을 수 있는 땅이 늘어나고 농업 기술이 발달했으며 감자 고구마 등 새로운 작물이 재배되어 먹을거리가 풍부해지자 인구도 빠르게 증가했다. 18세기에 인구가 2억 명을 넘더니 19세기에는 4억을 넘었다. 중국의 인구는 급격하게 증가했지만 식량 생산은 인구가 증가하는 만큼 늘어나지 못해 농민들은 어려움에 처하게 되었다. 이렇게 볼 때 18세기는 유럽에서나 중국에서나 커다란 변혁의 시대였음에 틀림없다.

18세기에 나타난 차이는 중국 경제의 쇠퇴 때문이 아니라 유럽 경제성장의 가속화 때문이고 그것은 특히 영국에서 철과 석탄자원을 결합하고 어메리카의 자원을 이용함으로써 산업혁명을 일으킬 수 있었기 때문이다.

18세기 세계사적으로 문명의 큰 물줄기를 바꾸어 놓은 영국 산업혁명은 농경제 구조를 산업 중심으로 전환시켰다. 산업혁명으로 유럽은 중국을 크게 추월하기 시작했고 청나라는 이미 18세기 초에 쇠퇴의 기미를 보이기 시작했다.

청 제국의 안정적 기반이 확립된 이후 대외무역을 통한 은의 꾸준한 유입은 부의 축적과 이동이 용이해졌고 그만큼 사회적 변동도 활발했다. 번영을 구가하던 청 제국이 영국과 무역관계에서 흑자에서 적자로 전환되면서 은이 유출되고 강제 개방되면서 경제는 불황의 늪으로 빠져들게 되고 19세기로 접어들면서 서서히 몰락을 길을 걷게 됐다.

중국이 무역을 통해 얻은 은은 유럽과 서아시아 인도 일본으로부터 들어온 양에다 멕시코와의 직접 교역에 의한 양을 합쳐 약 6만 8,000톤에 달했다. 유럽이 어메리카에서 얻은 은의 절반 이상에 해당하는 양이다.

왜 이 엄청난 양의 은이 300년 동안이나 계속 중국으로 흘러 들어갔을까? 이것은 중국에서 은의 가치가 유럽보다 높기도 했으나 주로 무역흑자의 결과이다. 유럽인들이 중국에 갖다 팔 물건이 별로 없었고 거의 유일한 수출품이 은이었다. 이무렵 청나라는 은본위제를 실시했었는데 청나라는 영국과의 아편 무역으로 인해 은의 급격한 감소로 국가체제의 위기를 맞게 된다. 1830년대에는 은의 가격이 두배 이상 폭등하고 그 결과 은으로 세금 납부하던 농민들과 상인들은 부담이 두배로 늘어났다. 결국 세금이 제대로 징수되지 않아 국가 재정이 곤란한 지경에 빠져 버렸다.

15세기 이후 세계를 제패한 국가는 포르투갈 스페인 네덜란드 영국 프랑스 독일 일본 러시아 미국 등 이다. 지난 500년간 세계대국의 발전상황을 회고해보면 각국마다 다른 요소가 있기는 하지만 대개 공통되는 부분들이 발견된다. 통일된 역량과 민족 응집력을 기르고 국가에 알맞은 정치경제체제를 갖춘다. 다른 국가의 발전전략을 학습하되 무작정 모방하지 않는다. 후발국가는 국가 주도로 신속하게 현대화를 이룬다는 점이다.

2차 세계대전 후 각국은 이성적으로 대국의 길을 모색하고 있다. 일본은 다국적기업 전략으로 경제대국을 도모하고 있고 미국은 컴퓨터 통신 고급과학기술을 개발해 국가발전을 지속시키고 있다. 세계는 점점 가까워지고 있으며 대국끼리 서로 연합하고 서로 의지하는 관계가 형성되고 있다. 역사적 시각으로 지혜를 모아 국가발전의 길을 이성적으로 모색해야 한다. 프랑스와 독일 등은 서로 연합해 유럽연맹을 탄생시켰다. 국가간의 화평과 협력이 중요하다. 과연 이상적인 대국은 어떤 형태일까? 21세기 대국이 가야 할 방향이 어느 것인지 알 수 없지만 평화와 공동번영, 조화로운 세계(和谐)를 만드는 것이 인류의 나아갈 방향일 것이다.

영국과 프랑스의 군대가 태평천국 운동을 진압하는 모습을 보면서 중국 관리들은 서양의 우수한 군사력에 놀랐다. 그들은 부국강병을 이루기 위해 서양의 과학 기술을 받아들여야 한다고 생각하고 양무운동(洋務運動)을 시작했다. 서양식 무기를 도입하고 무기를 만드는 공장을 세우고 조선 철도 제철 광산산업을 일으키기 위해 기업을 만들기도 했고 또한 외국어 학교를 만들고 서양에 유학생을 파견하기도 했다. 그러나 사람들의 생각과 제도가 바뀌지 않은 채 서양의 과학기술만 받아들이려 했던 것이 곧 문제로 드러내고 말았다.

근 200년간 갖은 굴욕을 당해 온 중국은 다시 세계 속의 강자로 돌아왔다. 용의 부활, 중국의 시대가 도래 했다. 그러나 중국 경제는 세계경제에서 차지하는 중요한 위상, 자본주의가 출현할 가능성이 있었지만 자본주의로 이어지지 않은 성장방식 등 학문에 의해 규정된 특정한 체제나 논리 등으로 파악되기 힘든 특수성을 지니며 발전하였다.

하나의 예를 들면 2008년 베이징 올림픽을 앞두고 베이징 시내는 심각한 공해로 이런 상태로는 올림픽을 치를 수 없었다. 중국 정부는 인공강우를 내리기로 결정했다. 인공강우는 구름에 화학약품을 뿌려서 비를 내리게 하는 방법이다. 당시 중국은 100억 위안이라는 예산을 투입해 인공 강우를 내리게 했다. 이는 중국의 개혁개방을 성공적으로 영도하고 중국의 경제를 미국에 버금가는 규모로 발전시키는 업적을 통해 중국 인민들로부터 그 정통성을 인정받고 있는 메리토크라시(meritocracy 능력본위체제)의 한 부분이다.

일부에서는 향후 중국 경제가 여전히 고성장을 지속할 것이라는 주장과 함께 중국 경제에 대한 비관적 전망도 존재한다. 세계 경제에서의 기회는 상대적으로 적고 중국 경제는 불균형적이고 통제되지 않으며 지속가능성이 약하다. 가장 큰 문제는 고성장에서 저성장으로 투자 중심에서 소비 주도로 전환되고 있기 때문이다. 중국의 성장 잠재력을 감안하면 위기를 피할 수도 있겠지만 위기에 직면할 가능성도 매우 높다. 앞으로의 10년은 과거 일반균형모델이 제안하는 것보다 훨씬 더 험한 길이 될 것이다.

다행히 중국인의 80% 이상이 현재 중국 경제에 대해 긍정적 전망을 하고 있고 미국 경제에 대해 긍정적 전망을 보인 미국인은 48%이다. 나아가 중국은 중국의 미래뿐만 아니라 세계의 미래를 결정하고 미래 인류 사회에 큰 영향을 미칠 것이다. 그러나 자신의 특수성에 집착하는 나라가 어떻게 세계를 이끌어 나가는 비전과 방향을 제시할 수 있겠는가?

저자는 그간 주변부에 머물렀던 중국의 역할을 세계사적인 흐름 속에서 발견해 보고 중국 경제사와 중국학에 조그마한 의미를 보태는데 저술 목적을 두고 있다.

2013. 5. 15.

著者 識

제 1 부

신화에 빠진 중국인

신화에 빠진 중국인

제1부

F1

관광객으로 넘쳐나는 서울의 명동 거리에서 중국어로 "니하오你好" "환잉꽝린欢迎光临"이라고 인사하는 말을 쉽지 않게 듣는다. 더 나아가 "요즘 모든 게 메이드 인 차이나예요"라는 이야기는 새삼스러운 것이 아니다. 중국의 영향력은 운동복 운동화 라이터 농산품 나아가 한국을 상징하는 모든 기념품까지 중국의 어느 작은 공장에서 생산된 것으로 거의 모든 상점을 점령하고 있다.

중국인은 이미 세계인구 1/5로 지구상 가장 널리 분포해 있고 정부의 통제된 지시에 의해 일사분란하게 인민복을 벗어던지고 청바지를 입고 한 손에 코카콜라를 들고 성공의 웃음을 보내고 있다. 유행에 민감한 중국 젊은이들은 아디다스 운동화와 흰색 이어폰에 이르기까지 외래 상품으로 장식하고 있다. 물론 그것들이 중국 동남해안의 공장지대에서 생산된 것일 가능성이 높기는 하지만 말이다.

이를 두고 중국인들은 '개혁개방 30년의 위대한 성취' 또는 '중화 문명의 위대한 부흥' '천년만에 맞은 태평성대'라고 노래한다. 그러나 이러한 말들은 서구인들이 표현하는 '베이징 컨센서스' '중국 모델' 등의 의미와는 전혀 다르다. 그래서 중국인들은 스스로를 세계의 중심 국가라는 중국(中國)으로 부르고 서구인들은 도자기를 파는 나라 차이나(CHINA)라고 부르는 것인가?

중국에 대한 서구인들의 이해는 편견으로 가득 차 있다.

실제 중국에는 3명의 지혜의 화신이 있다. 공식적으로 제갈량, 당나라 한유, 마오쩌둥을 꼽는다. 제갈량이 지혜의 화신인건 공식적으로도 그렇고 명실상부라 할 수 있다. 제갈량은 신과 같은 수를 생각한다 하여 신산의 능력을 가진 사람 신귀묘산(神機妙算)이라고도 한다.

혹자는 제갈량이 아니다라고 하고 누구는 사마의가 더 뛰어나다고 하고...... 요즘 중국 사람들에게는 조조가 각광받고 있고 오히려 오나라 주유가 똑똑하다고 하는 사람도 있다.

그런데 정말이지 난감하다. 마오쩌둥 毛澤東 이 지혜의 화신으로 꼽히고 있다. 제갈량이든 또다른 누구든 신처럼 미화되어 비교적 현실적 인물을 찾고자 해서 일까?

※ 독자들의 이해와 대학 강의 목적상 자연과학과 인문적 기초 지식은 인용하고 재구성하여 각주에 표시하였다. 학생들을 위한 교육목적으로 저작권자의 양보와 양해를 구한다.

그러나 마오쩌둥은 "진시황과 한 무제는 문학적 재능이 좀 부족하고, 당 태종과 송 태조는 시적 재능이 좀 모자라는구나"라고 탄식하며 스스로 자신의 능력에 대한 끝없는 자신감에 충만했다. 나아가 마오쩌둥은 린뱌오林彪 1)의 쿠데타 계획서인 〈571공정기요(五七一工程紀要)〉 말미에 '성공하지 못하더라도 인을 이루리라(不成功便成仁)'라는 구절이 논어의 살신성인(殺身成仁)을 근거했다는 이유로 1972년 린뱌오와 공자를 모두 비판하는 비린비공(批林批孔) 운동을 시작하였다. 결국 이 운동은 유가 사상과 관련한 모든 중국의 전통문화를 무자비하게 파괴하는 결과를 초래하였다.

논어를 번역한적 있는 사이먼 레이스Simon Leys는 마오쩌둥의 문화대혁명을 '세계에서 가장 총명한 인민을 바보로 타락시키는 거대한 프로젝트'라고 혹평했다.

10여년전 영국 대처수상은 〈중국위협론〉을 인정하지 않는다고 했다. 왜냐하면 "중국이 수출하는 것은 TV 전자오븐 구두 등이지 가치관이 아니기 때문"이라고 했다.

2007년에 열린 중국공산당 17차 당 대회에서 중국은 처음으로 명확하게 〈문화적 소프트파워〉를 보고서에 기록했다.

---

1) 중국 부총리 겸 총리 권한대행(1968년 10월~1971년 9월)과 중국 국방부장, 원수를 역임하였다. 문화대혁명 이후 마오쩌둥의 공식 후계자로 떠올랐고 군부의 지지를 업고 점차 세력이 커지자 마오쩌둥은 린뱌오를 제거하고자 계획하였고 이에 린뱌오는 린리궈林立國(1945~71년)와 함께 마오쩌둥 암살 및 쿠데타를 기도했으나 실패하였다. 이후 비행기로 소련으로 망명하던 중 몽골 상공에서 비행기가 추락하여 사망하였다. 린뱌오의 갑작스러운 쿠데타 기도, 망명과 죽음은 아직까지도 불명확한 점이 많다.

200년만에 중국 정부는 처음으로 해외진출 전략을 명확하게 제기한 것이다. 그것은 중국이 새로운 단계의 경제로 나아가려는 출발점이며 세계화의 영역으로 들어가는 신호인 것이다. 중국 경제는 이제 단지 국내시장과 자원에만 의지할 수 없고 반드시 글로벌 경영으로 나아가야 한다는 점을 자각한 것이다. 그들이 자랑으로 삼는 경제적 성취가 세계에서 그에 상응하는 존중을 받지 못한다는 사실을 알게 되었다.

문화적 소프트파워는 중국 정부가 경제개혁의 성공을 완전히 자신의 계획하에서 관리하고 상품수출과 함께 문화수출을 동반해야 한다는 의미가 담겨있는 것이다.

문화대혁명을 거친 중국은 한때 공자가 설 자리가 없었다. 2008년 베이징 올림픽 개막식에서 공자를 화려하게 부활시킨 중국은 최근에는 공자 되살리기에 여념이 없다. 2억 위안을 투자해 〈공자(孔子)〉 영화를 만들고 언론은 공자 특집을 수시로 쏟아내고 있다. 영화 공자의 수출과 함께 2004년 한국 서울에 첫번째로 공자 아카데미가 문을 열었다. 문화수출의 초보적 단계로 전세계 100여개국 400곳에 공자 아카데미를 개원할 계획을 세웠다. 그것은 독일의 괴테 아카데미나 스페인의 세르반테스 아카데미 영국의 문화협회 미국 문화원처럼 중국의 문화를 세상으로 밖으로 드러내 보여주는 쇼 케이스인 것이다.

그러나 세계를 향해 중국 전통문화를 큰소리로 이야기하면서도 중국은 스스로 문화적 소프트파워에 대한 의미를 망각해 버렸다.

‘크고 강한 것’만이 그 성공을 가름하는 유일한 표준인 중국인들의 신화가 그들 스스로를 또다시 가두어 버렸다.

서로 다른 출판사들을 하나의 이름으로 합병하여 대규모 출판그룹을 만들었고 몇 몇의 대학을 합병하여 억지로 한 대학으로 합친 것이다. 매년 얼마나 많은 서적을 출판하고 얼마나 많은 논문을 발표하고 얼마나 많은 박사를 배출하는가 하는 통계 그래프로 문화적 소프트파워의 의미가 변해 버린 것이다.

중국의 도서 출판량은 전세계에서 1위를 차지하고 있다. 그러나 언론자유에서는 167위에 머물고 있다. 국제무대에서 영향력을 언급할 때 미국 EU와 함께 거론되지만 언론자유를 이야기 할 때는 단지 라오스 쿠바 미얀마 이란과 함께 거론될 뿐이다. 이와 같은 극단적인 대비가 바로 지금 중국의 협소한 정신공간을 빚어내고 있으며 중국 문화 영향력의 특징을 운명적으로 결정해주고 있다.

베이징 올림픽의 찬란했던 8월은 세계 1위의 금메달 숫자와 함께 문화적 소프트파워에 대한 또다른 야심만만한 확장 계획으로 이어졌다. 500억 위안을 투입하여 중국 신화사와 CCTV 및 국유 언론매체를 통합해 뉴욕 타임즈나 CNN 방송과 같은 국제여론 공간에서 담론권을 획득해야 한다는 것이다. 국외자로서 볼 때 이러한 소란은 중국 정부가 여전히 독제체제의 사유 방식을 고수하고 있음을 의미할 뿐이다.

2009년 12월 26일 우연하게도 저자는 상하이의 한 호텔 라운지 바에서 한구석에 둘둘 말려 처박혀 있던 〈인터내셔널 헤럴드 튜리뷴〉 주말판에서 류샤오보 劉曉波 소식을 읽고 있었다.

성탄절 휴가기간으로 호텔은 더 없이 많은 중국인들로 소란스러웠고 인터넷상에 몇 편의 글과 성명서로 인해 정부전복음모죄로 수감된 지 1년만에 징역 11년형을 선고받은 그를 기억하는 이는 아무도 없는 듯 하였다.[2)]

2010년 10월 8일 노벨위원회는 류샤오보에게 중국의 민주화와 인권향상에 지대한 공적을 인정하여 노벨평화상을 수상했다. 그러나 옥중의 류샤오보는 중국 당국의 불허로 그해 12월에 열린 노벨상 수상식에 참석할 수 없었고 이에 노벨위원회는 중국 당국에 대한 항의의 표시로 빈 의자를 설치하여 수상식을 진행하였다.

---

2) 류샤오보 劉曉波 : 중국의 지식인으로 반체제 인권운동가이다. 베이징 사범대학에서 문예학 박사학위를 취득하였다. 졸업 후 미국 하와이대학에서 중국 철학 중국 현대정치 등을 강의하였다. 1989년 미국 컬럼비아대학에서 방문학자로 체류 중 중국 천안문 사태가 발생하자 귀국하여 시위에 참여하였으며 시위대 대표로 중국정부와 협상을 벌였다. 1996년에는 천안문 사태 희생자의 명예 회복을 요구하다 노동개조 3년형을 선고받기도 했다. 2008년 12월 민주개혁을 요구하는 〈08 헌장〉 작성을 주도한 혐의로 체포되었으며 2009년 12월에 열린 재판에서 징역 11년형을 선고받았다. 현재 랴오닝성 진저우시 교도소에서 복역 중이다.

F2

사실 개혁개방 이후 세계 정치 경제의 새로운 축으로 부상한 중국에 대한 국제사회의 우려는 어제 오늘의 일이 아니다. 경제적 성공에도 불구하고 중국은 인류 보편적 가치로 인식되는 민주와 인권에 여전히 소홀한 국가로 인식되고 있다. 정책 투명성에 대해서도 의문이 많다. 이에 따라 국제사회에는 중국에 대한 견제와 협력이 교차하는 이중성이 나타나고 있다.

〈베이징 컨센서스〉는 87쪽으로 구성된 논문으로 신문기자인 조슈아 라모 Joshua Cooper Ramo는 '중국의 굴기는 이미 새로운 국제질서를 창조하면서 발전과 동력의 새로운 물리학을 이끌어내고 있다'라고 기술하고 있다.

베이징 컨센서스 그 배후에는 중국에 대한 사람들의 잠재적 욕망이 감추어져 있다. 이 이론은 이제까지 중국이 거둔 성취가 그들의 정치 아래 이루어졌다는 새로운 자신감을 심어주었고 더 나아가 이제 전략적인 마인드로 '중국 모델'을 창조했다고 묘사하고 있다.

중국 권력엘리트 계층은 이 이론을 환영했고 개혁의 설계자라는 명예를 얻었다. 더욱이 권력엘리트들은 중국 경제발전의 정의를 GDP라는 말로 단순화하고 그들이 발표한 GDP 성장율은 중국인들에게 현란한 영광을 선사해 주었다.

하지만 중국의 미래에 대해서는 붕괴론부터 국제적 리더론까지 몇 가지 관점이 교차하고 있다. 이러한 상황에서 중국이 위구르 사태에서 보인 태도는 우려를 낳기에 충분하다. 물론 신장위구르자치구는 중국의 영토이며 분명히 내정 문제이다. 그러나 중국이 세계를 이끄는 국가가 되려면 국제 사회에 통용되는 보편적 가치를 공유해야 하는 것은 명확하다.

중국 역사상 최대의 강역을 확보하고 있는 현재의 중국과 관련하여 일당독재 정치체제와 비시장적 요소가 많은 경제 제도로는 지속적 발전이 어려울 것이란 의문이 계속 제기되어 왔다. 적어도 역사 문화 경제적 측면을 고려해 9개 지역으로 나뉘어야 한다는 〈9개 국가론〉부터 종국적으로는 느슨한 형태의 연방제가 시행돼야 한다는 〈방연제(邦聯制)〉까지 다양한 관점이 제시됐다.

그러나 통일적 다민족국가를 지향하는 중국으로서 받아들일 수 없는 것들이다. 서구 제국주의의 침탈을 극복하고 신중국을 건설한 공산당의 정통성과 합법성이 일시에 사라지기 때문이다. 또 30여년에 걸친 개혁개방의 성과를 통해 수천년간 이어져온 중화(中華)의 부흥을 꾀하는 '위대한 중국(Great China)'의 꿈에 배치되는 것이기도 하다.

세계는 팍스 시니카(Pax Cinica)[3]라는 중국식 패권구조가 군국주의와

3) 중국경제 중심의 세계질서를 일컫는 용어. 팍스(Pax)는 라틴어로 평화를 뜻하며 로마제국의 팍스 로마나(Pax Romana) 19세기 영국 식민지 통치를 팍스 브리태니카(Pax Britanica) 제2차 세계대전 이후 미국에 의해 유지되는 세계 평화체제는 팍스 아메리카나(Pax Americana)로 불렸다. 지난 몇년간 중국이 고속성장을 기록하자 세계는 팍스 아메리카나의 뒤를 이어 팍스 시니카가 등장할 것으로 예상했다. 실제로 IBRD는 2020년이 되면 중국 GDP 규모가 미국의 9조 7,000억 달러를 넘어 9조 8,000억 달러에 달할 것이라는 전망을 내놨다. 특히 리먼브러더스 사태에서 시작된 글로벌 금융위기 이후 중국의 영향력은 더욱 확대됐다. 3조 3,000억 달러가 넘는 세계 최대 외환보유고를 기반으로 달러를 대체할 '새로운 기축통화론'을 제기하기도 하였다.

민족주의를 기반으로 하기에 위험하다고 간주하는 중국위협론에 동조하고 있는데 말이다. 중국위협론은 중국의 야심적인 군사 현대화 계획과 점차 강해지고 있는 민족주의가 주변국들에 불안감을 안겨주면서 주변지역의 안정을 해할 것이라는 예측이다. 많은 서구 학자들이 이런 중국패권론 혹은 중국위협론을 펼치고 있다.

1989년 천안문 사태로 중국 당국의 전체주의적 속성에 놀란 세계는 수년내에 중국이 소련과 같은 운명을 맞이할 것이라는 중국붕괴론을 들고 나왔었다. 그러나 중국이 지속적인 경제 성장을 통해 세계 경제의 실체가 되자 중국이 패권을 추구해 세계를 위협한다는 중국위협론이 고개를 들었다. 이 위협론은 지역패권 추구와 군사 경제적 위협은 물론 자원남용과 생태환경 파괴에 이르기까지 광범위하게 이어졌다.

그럼에도 광대한 시장과 잠재력, 정부의 경제개발 의지 덕분에 중국의 각종 통계 및 경제수치에 대한 지속적인 의문에도 불구하고 중국기회론이 등장하게 된다. 이렇게 되자 미국 중심의 국제사회는 중국책임론을 제기한다. 중국이 국제문제의 이해관계자(stake holder)로서 책임을 다해야 한다는 것이다.

중국도 '할 것은 한다'라는 유소작위(有所作爲)를 주창하면서 국제 문제에 본격적으로 참여하기 시작했다. 이제 중국은 실질이야 어찌됐든 G2, 차이메리카(Chimerica)라 불리는 미중 양강시대를 열어가고 있다. 물론 경제력이나 군사력 등 종합적인 국력에서 중국은 미국의 상대가 되지 않는다. 이 때문에 중국은 유보적 태도를 보이고 있지만 일대일 지위는 아니더라도 미국이 주도하는 국제사회의 중요한 파트너로서 전 지구적 문제의 협력자가 된 것은 분명하다.

중국은 아주 재미있는 스토리가 필요하다.

비행기에서 내려 베이징 수도 국제공항에 들어서면 저자는 현란하고 곤혹스러운 느낌에 빠져 들곤 한다. 그곳 공간의 광활함이나 거대한 구조물 때문만은 아니었다. 날이 갈수록 강력해지고 있는 새로운 중국에 대한 강한 이미지에 대한 느낌이었을 것이다. 이러한 중국 신드롬은 중국이 독특한 모델을 창조했을 뿐만 아니라 장차 그 모델로써 세계를 통치할 것이라는 두려움을 내포하고 있다.

여기에 마틴 자크Martin Jacques의 〈중국이 세계를 지배하면(When China Rules the World)〉에서 '전 지구적 범위에서 새로운 조공(朝貢)시스템이 형성되고 있다'라는 표현은 우리를 더욱 혼란스럽게 하고 있다.

두려움으로 가득 찬 시선으로 바라 본 중국에 대한 세계인의 상상은 중국의 역사에서 유래된 것이기도 하다.

살육 공포 압제 잔혹 등의 어둠의 요소는 마오쩌둥의 가장 기대치 높은 각색으로 분장되고, 항상 자신의 입장을 감추고 논이와 손자병법의 구절을 인용하여 의미심장하게 표현하고, 은둔과 끈기로 만들어 낸 만리장성은 언젠가 다시 중국이 세계의 초강대국이 될 것이라는 미묘한 확신을 품게 한다.

역설적으로 마오쩌둥은 중국에서 가장 중요한 문화 수출 아이템이다. 마오는 중국인이 보유하고 있는 창조력의 상징이며 비틀즈 체 게바라 마릴린 먼로 등과 함께 20세기의 경전적 기호이다. 이제는 기념품으로 팔리고 있는 빨간색의 〈마오쩌둥 선집 毛澤東選集〉이 아닌 소박한 마오 주석, 즉 많이 먹어도 홍사오러우 紅燒肉(돼지고기를 살짝 볶아 간장을 넣고 다시 익힌 요리) 한 그릇 이상은 먹지 않았다는 우리가 흔히 알고 있는 이야기가 대중문화 기획자들에게는 이익추구에 유리한 요소임을 쉽게 발견할 수 있는 대목이다.

중국에 가면 가장 많이 만나는 초상이 마오쩌둥의 초상이다. 인민폐의 가장 큰 단위인 100위안을 위시해서 모든 지폐의 초상에는 마오 주석이 들어 있다. 과거에는 저우언라이 周恩來 등의 초상화도 사용되었지만 1999년 이후 발행된 지폐는 마오 초상 뿐이다.

중국을 상징하는 천안문 정면에는 거대한 마오쩌둥의 초상화가 걸려 있다. 천안문의 마오쩌둥 초상화는 신중국 수립 초기에는 팔각 모자를 쓴 모습이었는데 1969년부터 지금의 모습으로 고정되었다. 그동안 수많은 화가가 그려 오다가 1977년부터는 거시아오광 葛小光 화백이 그리고 있다. 초상화의 수명은 일 년으로 거화백은 30년 이상 매년 같은 초상을 그려 온 셈이다. 10월 1일 국경절 직전에 새 초상화를 완성하여 교체하므로 매년 국경절 때 보는 마오쩌둥의 초상이 가장 새로운 초상화가 된다. 거화백은 해마다 동일한 초상을 그리지만 매너리즘에 빠지지 않고 새로운 아이디어를 가미하여 조금씩 다른 모습으로 그리고 있다.

미국의 팝 아트 제왕인 앤디워홀은 반복과 복제의 기법을 통해 팝 아트라는 새로운 장르를 열어 현대미술의 패러다임을 바꾼 아티스트이다. 앤디워홀이 마오쩌둥의 사진을 이용하여 실크 스크린으로 제작한 〈마오Mao〉라는 초상화가 유명하다. 평소 애정을 가졌던 인물의 초상화를 제작하는 것으로 유명한 앤디워홀이 처음 마오의 초상을 제작한 것은 1972년 2월 닉슨의 중국방문 때였다. 그 후 시리즈로 마오의 초상을 제작했다.

앤디워홀이 연작한 마오 초상화의 얼굴색이 모두 다르다. 마치 중국의 전통 경극의 얼굴 분장(臉譜)을 보는 것 같다. 경극에서는 얼굴의 색깔로 등장인물의 성격을 나타낸다. 앤디워홀의 마오도 붉고 푸르고 검고 노랗고 흰색 얼굴이다. 중국 경극에서의 충성 오만 지혜 교활 흉악의 의미와 맞닿아 있다.

앤디워홀은 마오를 좋아하면서도 문화대혁명 등으로 마오쩌둥에 대한 애증과 공과가 교차하는 마오에 대한 다양한 평가를 그의 얼굴색으로 표현한 것처럼 보인다.

닉슨의 방중으로 죽의 장막 밖으로 나오게 된 마오는 서양의 자본주의 사회에서도 인기가 있다. 특히 어려운 환경을 극복하고 성공한 미국 젊은이들에게는 정신적 우상이었다. 세계 헤비급 권투 선수였던 마이클 타이슨의 마오 사랑은 유명하다. 그는 오른 팔에 마오의 문신을 새기고 있다. 아마 자신이 존경하는 마오의 힘으로 상대를 때려 눕혔는지 모른다.

루쉰魯迅의 고사신편(故事新編)[4]에서 사용한 표현을 빌리면 '중국 사람들에게 담배 술 차 사탕은 가장 중요한 네가지다. 그 네가지만 있으면 가정생활이 행복해진다'고 말한다. 중국이 세계를 이끄는 국가가 되려면 반드시 중국은 문명국가라는 개념으로 국제사회에 통용되는 보편적 가치를 공유해야 하고 또 보여주어야 한다. 중국은 아주 재미있는 스토리가 필요하다.

---

4) 중국 문학가 사상가인 루쉰의 역사소설집. 1936년 출판되었으며 8편의 역사소설이 수록되어 있다. 〈하늘을 깁다補天〉 〈달나라로〉 〈벼린 검〉은 1926년 이전에 쓴 작품들이고, 이것에 5편을 추가하였다. 그 중 〈채미采薇〉는 주(周)나라의 곡식을 먹지 않겠다고 수양산에 숨어 고사리를 먹다 죽은 은(殷)나라의 유신 백이(伯夷)와 숙제(叔齊)의 고사를 빌려 왕도나 인정(仁政)의 구실로 남을 침략하는 역사를 비판하였다.

F3

마오쩌둥은 중국의 아주 재미있는 스토리다.

중국공산당 혁명성지 징강산井崗山을 둘러보는 홍색여행은 저자를 흥분케 하기에 충분하였다. 징강산은 겨울에도 춥지않고 여름에도 서늘하여 사계절 관광이 가능하다. 그중 철쭉으로 온 산이 붉게 물드는 4월부터 단풍이 어울리는 10월이 제일 좋다.

징강산은 후난湖南성과 장시江西성을 갈라주는 나소(羅霄)산맥에 위치하고 있으며 최고봉이 해발 2,520m 평균 1,850m의 넓다란 고원분지는 지금의 징강산시를 이루고 있다. 해발이 높음에도 불구하고 우물이 곳곳에 있어 예로부터 은둔자나 도적의 무리가 가족과 함께 살 수 있었다. 그래서인지 근처 지명에서 우물 정(井)자를 넣어 불리우는 곳을 많이 발견할 수 있었다.

징강산 인근 평지에서 고원분지까지 입산하는 코스는 간단하지 않다. 두루 절벽으로 되어 있어 징강산의 밖에서는 쉽게 알 수 없다. 예로부터 구전을 통해 이러한 산세를 알고있는 도적떼들은 이곳에 산채를 만들어 놓고 절벽의 비밀 통로를 통해 오르내렸다.

중국의 100위안권 지폐의 그림처럼 절벽에 둘러쌓인 난공불락의 지형은 마오가 국민당 장제스蔣介石의 4차에 걸친 백만 대군의 공격을 물리치고 공산혁명의 요람을 지켜 낸 비밀의 성이었다.

일찍이 마오는 자기 고향인 후난성과 장시성 경계에 징강산이 있고 그곳에는 소설 수호지 량산포梁山伯의 난공불락 요새가 있다는 것을 알고 있었다. 중국 남쪽에 징강산이 없었다면 그리고 마오가 이러한 징강산의 소재조차 몰랐다면 중국공산당은 당시 장제스의 집요한 토벌작전에 걸려 산화되어 역사에서 그 자취를 감추고 말았을 것이다는 생각을 해본다.

1927년 4월 국민당 장제스는 국공합작으로 일본을 향하던 총구를 돌려 갑자기 공산당을 등 뒤에서 기습 공격했다. 상하이에서 도시노동자를 상대로 혁명운동을 하고 있던 저우언라이周恩來도 간발의 차이로 도피하여 목숨을 부지할 수 있었지만 대부분의 공산당 활동가들은 국민당의 배신으로 목숨을 잃었다. 상하이에서 활동하다가 구사일생으로 살아남아 장시성 난창南昌에 모인 공산당원들은 대부분 소련유학 등 해외파 공산당원들 이었다. 난창에는 소련에 유학한 주더朱德가 공안국장을 하고 있어 뜻을 맞추어 무장봉기하기에는 적합해 보였다.

8월 1일 남창(南昌)의 무장봉기[5]로 일단 남창시를 점령하였으나 생

---

5) 난창봉기(南昌起義)는 1927년 8월 1일 중국 장시성 난창에서 일어난 공산주의자들의 봉기로 국공내전 기간중 중국 국민당과 중국공산당 사이에 벌어진 최초의 전투였다. 1927년 4월 12일 제1차 국공합작을 결렬시킨 상하이 쿠데타 이후, 1927년 5월에 장제스는 중국 국민당에서 공산당 분리를 결정하였고 왕징웨이가 주요 실행 부대였다. 이러한 움직임에 독자적인 군사력을 가지지 못한 공산당은 몇몇 지역에서 국민당 내부의 무력을 일부 접수하는 형태로 무장화를 진행시켰다. 당시 국민당 내부에는 꽤 많은 공산당 인사가 존재하고 있었는데 요직에 붙어 있는 이도 많았다. 이러한 내부 사정으로 당시 북벌군의 주둔하는 도시 중 난창이 비교적 허술하게 방비되고 있었고 난창의 공안을 주더가 맡고 있어 조건은 갖추어지고 있었다. 1927년 8월 1일 새벽 2시를 기해 허룽賀龍과 저우언라이 등이 주도한 공산주의자들과 반란군은 여러 방면에서 무장병력으로 난창을 공격하여 도시를 점령하는 데 성공하였으나 국민당군의 역습을 맞아 불과 5일 만에 도시를 내주고 징강산으로 도망할 수밖에 없었다. 봉기가 벌어진 8월 1일은 국민당에 공

각보다 빨리 국민당군이 진격 포위하여 실패하였다. 거사 주동자들은 각자 살길을 찾아 뿔뿔이 흩어졌다. 남창봉기의 실패를 접한 중국공산당은 8월 7일 한구(漢口)에서 긴급 당중앙회의를 개최하고 대책을 논의하였다. 이 회의에 참가한 마오는 '총구에서 정권이 창출된다(槍杆子里面出政權)' 라는 유명한 8자 결의를 이끌어내고 무장봉기 준비를 한다. 9월 9일 마오가 일으킨 후난성 창사長沙 농민무장봉기(추수봉기) 역시 실패하고 부하 1,000여명과 함께 미리 생각해 두었던 징강산으로 들어가 공산혁명 근거지로 정하였다.

마오보다 무장봉기는 먼저 하였지만 혁명근거지를 찾지 못하여 떠돌던 저우언라이 주더 등 남창봉기 주모자들은 마오가 징강산을 확보하였다는 소식을 듣고 그 다음해 1928년 3월에 마오의 양해를 얻어 징강산으로 들어갈 수 있었다. 농촌중심의 혁명을 주장한 마오가 나중에 도시근로자 중심의 혁명을 주장해 온 소련 유학파를 압도하고 실권을 잡는 데는 이러한 징강산에서 동고동락한 해외파 저우언라이 등이 지원한 결과이다.

산주의 군대가 최초로 맞서 싸운 날로 후에 인민해방군의 창립기념일로 삼아 기념하게 된다. 8월 1일 홍군이 난창의 점령에 성공했지만 이틀 후인 8월 3일 국민당 군의 포위 공격을 받고 난창을 포기하고 홍콩 방면으로 퇴각한다. 남쪽으로 내려가 세력을 구축한 후 북벌을 한다는 방침이 세워졌지만 실질적인 패퇴이며 사실 뚜렷한 목표를 제시할 수 없었던 지도층은 패퇴를 반복한다. 결국 1928년 4월에 주더, 진의가 인솔하는 주력 부대가 징강산 혁명 근거지에 합류하여 중국공농혁명군 제4군으로 개편되었다. 후에 중국공산당은 8월 1일을 건군기념일로 삼고 홍군, 팔로군, 인민해방군을 통해서 축일로 삼고 있다. (군대 내부만의 기념일이지만 중화인민공화국에서는 전국 각지에서 식이 개최된다) 중국 인민해방군의 군기와 국적 마크, 군복의 모자에 그려진 《八一》 이라는 글자는 이 난창봉기의 날, 즉 건군기념일에서 유래한다.

징강산에 들어간 공산당을 소탕하기 위해 장제스는 1930년 12월부터 1932년 6월까지 4차에 걸쳐 연 100만이상의 군대를 투입하였으나 실패한다. 1931년 공산주의자들은 이에 고무되어 징강산 인근의 루이진瑞金을 수도로 중화소비에트공화국을 수립하였다. 중국내 또 하나의 중국이 생긴 것이다. 다급해진 장제스는 미국과 독일의 지원을 얻어 1932년 10월 최신 무기로 무장한 100만의 정예를 다시 투입하여 육군과 공군의 입체 작전을 펼쳤다. 사상유례없는 공산주의자 토벌(掃共)작전이 시작된 것이다.

공산주의자들은 2년을 버텼으나 징강산은 무참히 파괴되고 결국 이를 견디지 못하고 포위망을 가까스로 뚫고 서북쪽으로 달아난 것이 이른바 1934년 10월 대장정(大長征)의 시작이었다.

남창 무장봉기 기념관의 거꾸로 선 장총 조형물을 보면 역사에 있어서 폭력이라는 문제를 다시 한 번 생각하게 한다. 세계는 폭력이 아니라 정의가 결국 승리하며 비폭력의 힘이 폭력보다도 더 강하다고 이야기하고 있다.

베이다이허에 세상의 눈이 집중돼 있다.

저자는 베이징의 숨 막히는 더위를 피해 베이징에서 동으로 280km 떨어진 보하이勃海만의 친황다오秦皇島를 자주 찾는다. 친황다오에는 22.5km의 긴 해안선과 다이허戴河라는 작은 강이 있다. 현지인들은 이 강을 경계로 북측을 베이다이허北戴河 남측을 난다이허南戴河라고 불렀다.

베이다이허는 평야지역인 난다이허와 달리 해변과 함께 구릉과 송림이 어우러져 서양인들에 의해 1898년 개발이 시작된 이래 700동 이상의 서양건축 양식의 크고 작은 별장이 밀집해 있다. 요인들의 관저가 모여 있는 베이징의 중난하이中南海를 그대로 옮겨 놓은 모습이다.

수영을 좋아하는 마오쩌둥은 여름이면 당과 정부의 요인들을 데리고 가족과 함께 베이다이허를 찾았다. 중국 역사상 최악의 학문적 문화적 암흑기였던 1966년 중국 정권은 마오쩌둥의 수영하는 모습을 담은 사진으로 건강함을 과시하는 선전을 했다. 그러나 이 사진은 마오쩌둥의 머리 사진만 오려서 붙인 조작사진이었다. 중국 당국은 정치적인 위기가 있을 때마다 마오쩌둥의 건재함을 이런 방법으로 알렸다.

수영으로 노익장을 과시한 마오쩌둥이 있었고 기발한 네이밍과 은유적 표현을 통해 여론몰이를 하면서 정적을 숙청하고 권력투쟁을 해나갔다.

우직지계(迂直之計)라는 손자병법처럼 공식적(直)인 것보다 비공식적(迂)인 것이 효과를 볼 때가 많다. 베이징의 사무실에서 잘 안풀리던 사안도 베이다이허에서는 합의가 잘 된다. 마오쩌둥이 좋아했던 비공식회의 속칭 〈베이다이허 회의〉는 문화대혁명 때 일시 중단되었으나 덩샤오핑鄧小平이 집권하면서 부활되고 장쩌민江澤民 시대까지 계속되었다.

2003년 이후 후진타오胡錦濤는 이러한 회의에 의문을 제기하였다. 일반 국민들은 생활고에 힘들어 하는데 정부 고위간부들은 피서지에서 사치스럽게 모임을 갖는 것은 허셰和諧(조화)사회에 어울리지 않다고 보았다.

그리고 새로운 리더십은 정부의 공식기구를 통해 만들어 가야 한다고 생각하였다.

안후이安徽성의 가난한 차(茶)상인의 아들로 태어난 후진타오 주석으로서는 당연한 귀결이고 베이다이허 회의를 통한 원로들의 입김을 받고 싶지 않았는지도 모른다. 그러나 후진타오 이후 10년만에 정권이 교체되는 당 대회를 앞두고 정치국원 25명과 상무위원의 선임을 위해 다시 베이다이허 회의가 필요해졌다. 전 충칭시 당서기 보시라이薄熙來사건도 터졌다. 전임인 장쩌민과 현임의 후진타오 그리고 후임 시진핑習近平의 3자 합의 〈베이다이허 컨센서스〉가 필요했던 것이다.

거대 중국의 새로운 10년을 이끌고 갈 최고 지도자 인선 결과에 대해 교황선출의 콘클라베Conclave처럼 세상의 관심이 베이다이허에 집중되었다.

중국은 합성사진이 아닌 전설적인 영국의 셔우드Sherwood 숲 속의 로빈 후드Robin Hood와 같은 이야기가 필요하다. 로빈 후드 이야기는 확실한 사적 근거는 없으나 일설에 의하면, 영국의 전설적인 의적 로빈 후드는 본래 허팅든 백작Earl of Hutingdon 이었는데 국법에 저촉되어 부하들과 함께 셔우드 숲 속에 은거하며 귀족들의 재물을 빼앗아 가난한 사람들에게 나누어 주었다고 한다. 이 전설은 월터 스콧Sir. Walter Scott의 소설 〈아이반호(Ivanhoe)〉로 또 미국의 작가 파일H. pyle의 〈로빈 후드의 모험〉 등으로 그려졌다. 중국의 징강산은 영국의 셔유드 숲인 것이다.

중국에 대한 서구인들의 이해는 편견으로 가득 차 있다.

마오쩌둥과 관련해 가장 먼저 떠오르는 것은 '모든 권력은 총구로부터 나온다'는 유명한 이야기다. 이 말은 마오쩌둥과 공산주의자들이 선거나 의회와 같은 민주적 정치를 혐오하고 폭력혁명을 정당화하는 것을 보여주는 구절로 자주 인용되고 저자 역시 그렇게 생각해 왔다. 그러나 이는 그 같은 발언이 나오게 된 맥락을 무시한 잘못된 해석이다.

마오는 이 발언을 국공합작을 배반당하고 중국공산당이 국민당에 대해 독자적인 무장투쟁의 필요성을 결정한 한구漢口 회의에서 했다. 따라서 그 말은 피와 희생의 생생한 체험에 기초해 평화노선은 적의 폭력에 의해 패배할 수밖에 없으니 권력을 잡기 위해서는 대항폭력을 가져야 한다는 엄혹한 상황을 지적하기 위한 현실 분석이었을 뿐이다.

저자가 본 징강산에서의 마오는 셔우드 숲 속의 로빈 후드였다. 그러나 베이다이허에 있는 마오쩌둥의 모습은 러시아의 스탈린 모습을 연상케 하였다. 혁명가 마오가 아닌 독재자 마오쩌둥의 모습으로 말이다.[6] 중국을 바라보는 세계인의 눈도 마오쩌둥의 모습과 같이 극명하게 나뉜다.

---

6) 1981년 6월에 열린 중국공산당 제11기 제6차 중앙위원회 전원 회의에서 '당 국가 인민에게 건국이래 가장 심한 좌절과 손실을 가져다준 마오쩌둥의 극좌적 오류이며 그의 책임'이라고 규정했다. 전대미문의 혁명을 지지하고 조종하고 이를 통해 권력을 유지했던 마오쩌둥을 미국의 대표적인 중국 사학자 조너선 D. 스펜스(1936~)는 '전통적인 질서를 무너뜨리기 위해 무질서를 만들고 지배한 정치가'라고 평가한다. 스펜스는 중국의 한 빈한한 농촌 출신의 젊은이가 '어떻게 그 괴상한 기행(奇行)을 그토록 오랫동안 지속할 수 있었는지' 의문을 던진다. 그 이유를 스펜스는 "무질서라는 한정된 개념을 크게 확장한 뒤 그것을 장구한 격변의 모험 속에 끌여들였다"고 말한다. 스펜스가 말한 무질서란 바로 중국공산당에 의해 1981년 '극좌적 오류'라고 평가받은 문화대혁명을 지칭하는 것이다. 마오쩌둥은 문화대혁명이라는 무질서를 극단적으로 확장해 괴상한 기행을 오래 지속할 수 있었다는 것이다.

F4

마오쩌둥의 한 마디가 대 재앙이 될 줄은 아무도 몰랐다.

"참새는 해로운 새다(麻雀是害鳥)"

1958년 2월 2일자 인민일보에 의하면 '참새 소탕작전'은 마오쩌둥의 한 마디에서 시작되었음을 찾을 수 있다. 마오쩌둥은 쌀 수확량이 줄어들자 그 원인을 찾기 시작했고 벼 이삭을 쪼아먹는 참새를 보고 "참새는 해로운 새다"라는 말을 던졌다. 마오쩌둥의 말이 끝나기가 무섭게 참새섬멸 총 지휘부가 신설됐고 이들은 참새가 곡식에 미치는 해로운 영향을 조사하기 시작했다. 조사 결과는 '쓰촨四川성 농촌마을에 있는 참새는 320만 마리, 참새 한마리가 2.4kg 벼 이삭을 쪼아 먹는다면 320만 마리의 참새는 총 7,680만 톤을 먹게 된다. 사람 한명이 1년 240kg의 쌀을 소비한다는 기준으로 봤을 때 참새에 의해 없어지는 쌀은 중국인 3만 2,000명의 일년 식량이다'는 보고서가 작성되었다.

식량을 좀먹는 참새를 박멸하라는 마오쩌둥의 지시에 따라 중국 수도 베이징에서는 남녀노소 할 것 없이 빗자루 몽둥이를 들고 참새잡기에 나섰고, 참새들이 많이 출몰하는 지역에는 독극물 과자를 뿌려놓아 이로 인해 죽은 참새가 무려 2억만 마리에 달했다. 농촌에서는 농민들이 빗자루를 들고 논두렁을 뛰어다니며 굉음을 내지르는 광경을 쉽게 볼 수 있었다. 참새가 밭에 앉지 못해 지쳐 떨어지면 그것을 박멸한다는 기막힌 전술이었다.

하지만 참새 소탕작전을 벌인 첫해 쌀 수확량은 극심하게 줄어들었다. 1958년 한 해 동안 식량부족으로 굶어죽은 사람들의 수는 무려 172만명으로 집계됐다. 해를 거듭할수록 쌀 수확량은 줄어들고 굶어죽는 사람들은 점점 늘어났다. 1958년부터 1960년까지 무려 4,000만명이 아사하는 사상 초유의 대기근이 벌어졌다.

참새 소탕작전으로 해충의 천적인 참새가 사라지자 해충들은 빠르게 번식했다. 기하급수적으로 늘어난 해충들은 닥치는 대로 벼를 갉아먹었고 사람들은 극심한 굶주림에 시달려야 했다.

〈식량증산(以粮爲綱)〉에서도 마오쩌둥은 상식을 심하게 비켜갔다. 인민공사를 설립해 농민들의 생산수단과 생활수단을 집중시킨 극좌적 노선은 차치하더라도 공상에 가까운 생산량 증대 선전을 벌였던 것이다. 공산당은 생산 책임자에게 말도 안되는 증산 목표를 강요했고 당의 기관지인 인민일보는 정상 산출량의 수백배에 달하는 식량을 생산한다는 모범 지역을 날조해 선전했다. 이 신문은 무게가 200kg인 양배추, 트럭의 절반 크기인 오이, 암소만한 돼지가 생산되었다고 보도했고 인민들은 이를 모두 믿는 척했다.

〈강철 생산량을 대폭 늘려야 한다(大鍊鋼鐵)〉 마오쩌둥의 한마디는 중국을 더욱 광란에 휩싸이게 하였다. 마오쩌둥은 민족경제론의 관점에서 '외자에 의존하는 사악한 방식을 거부하고' 그야말로 '민족자본과 민족기술'에 의존하기로 하고 전 인민에게 '뒷마당 용광로'를 세우라고 지시했다.

집집마다 학교마다 직장마다 작은 용광로를 설치해 놓고 이곳에 인민들이 소유하고 있는 모든 금속제품들을 무조건 기부하도록 강요했다. 조리기구, 쇠로 된 문손잡이, 여성의 머리핀은 물론이고 농기구와 심지어는 물탱크마저 용광로 속으로 들어갔다. 또한 이 용광로의 연료를 대기 위해 농민들의 집이 헐렸고 인근의 산과 언덕은 벌목으로 민둥산이 되어 버렸다.

그러나 이렇게 만든 강철은 당연히 산업발전에 사용할 수 있는 것이 아니라서 거의 전량이 폐기되었다.

중국 간쑤甘肅성 간난甘南 티베트족자치주 저우취舟曲현 산사태는 60년만의 최악으로 평가되는데다 참사를 초래한 원인이 2008년 5월 발생한 쓰촨四川 대지진과 관련이 있다는 사실과 함께 1960년대부터 무자비한 산림훼손이 또다른 원인으로 지적되는 등 인재로 드러나면서 중국 정부를 곤혹스럽게 하고 있다.

제일재경일보(第一財經日報)는 '신중국 건설후인 1958년 마오쩌둥의 대약진운동 당시 대련강철(大鍊鋼鐵 : 전국적인 철강제련운동) 이량위강(以粮爲綱 : 식량증산운동) 등으로 인해 1960년대부터 저우취舟曲현에서도 대규모 산림개발이 시작됐으며 이같은 대자연에 대한 약탈식 개발이 산사태의 피해를 키운 원인이 됐다'고 보도했다.

마오쩌둥의 한 마디가 오늘날까지 대재앙이 될 줄은 아무도 몰랐다.

공칠과삼(功七過三)

중국의 자금성은 문화대혁명 당시 구시대의 유물로 취급되어 마오쩌둥이 철거하려 했던 부정의 역사를 가지고 있다. 다행히 이때 저우언라이 총리가 마오쩌둥을 설득해서 자금성을 보존한 일화는 지금도 유명하다. 그러나 중국에서는 아직도 이러한 마오쩌둥의 잘못에 대해 거론하기를 꺼려한다. 하지만 문화대혁명에 대해서는 어느 정도 비판하고 있다.

실제로 저자와 오랫동안 학문적 교류를 쌓아왔던 몇몇의 지식인들마저도 문화대혁명 당시의 기억하고 싶지않은 통한의 고통을 이야기하면서도 건국의 공만은 인정해야 하는 거 아니냐는 분위기다.

공칠과삼(功七過三) 즉 7할은 공이 있고 3할은 잘못했다는 것이다.

마오는 1918년 스승이자 나중에 장인이 된 양창지楊昌濟교수를 따라 북경대학 도서관에서 약 2년간 사서로 근무했다. 이때 공산주의 사상을 처음 접하고 많은 독서와 토론, 강연 등을 통해 사상적 기초를 닦았다. 1921년 중국공산당 1차 당 대회에 참석하여 회의서기를 맡았으며 활발한 공산당 활동과 이론 제시로 명성을 얻었다.

마오는 제1차 국공내전 기간 도중 국민당군의 포위를 뚫고 10만여명의 홍군과 함께 탈출하였다. 2년여 동안 죽을 고생을 수없이 넘기면서 지도력을 발휘하여 살아남은 8,000여명의 홍군과 함께 산시陝西성 옌안延安 소비에트에 도달하는 대장정을 성공시키고 공산당의 대표 인물로 급상승하였다.

여전히 국민당에 비해 불리하던 도중 시안사건西安事件이 일어나면서 기사회생하여 국공합작에 성공하자 항일(抗日)민족통일전선을 수립하고 홍군을 국민혁명 제8로군(八路軍)으로 개편하여 일본군에 대항하였다.

1945년 4월 중앙 제7차 전국대표대회에서 정치보고로 연합정부론을 발표하였고 중앙위원회 주석이 되었다. 그는 항일전쟁이 끝난 뒤인 1946~48년 국민당과 내전을 벌여 승리하였고 마침내 1949년 10월 1일 중화인민공화국 정부를 베이징에 세우며 국가주석 및 혁명군사위원회 주석으로 뽑혔다.

당시 마오의 16자 전법[7]은 유격전술의 기초가 되었다. 현대사회에서 비즈니스 모델로 소개되기도 한다.

마오는 국민당군의 추격을 피해 18개의 산맥을 넘고 24개의 강을 건너고 1만 2,500km를 도보행진 하였다. 대장정을 통해 혁명을 위한 엄청난 고난과 역경을 이겨냈다는 신화를 만들어냈고 마르크스-레닌주의에 근거한 공산주의 혁명의 이념을 농촌지역에 전파할 수 있었다.

대장정 기간 중 독서광이었던 마오는 〈지구전론(持久戰論) 1938〉 〈신단계론(新段階論) 1938〉 후에 중국공산당 강령으로 채택된 〈신민주주의론(新民主主義論) 1940〉 등을 발표하였다.

---

7) 적진아퇴(敵進我退) 적이 진군하면 아군은 물러나 피하고 적주아교(敵駐我擾) 적이 주둔하면 아군은 교란한다. 적피아타(敵疲我打) 적이 피폐해지면 아군은 타격하고 적퇴아추(敵退我追) 적이 물러나면 아군은 추격한다.

미국의 저널리스트 에드거 스노우Edgar Snow가 산시성 연안에서 마오를 인터뷰 하여 펴낸 책 〈중국의 붉은 별(Red Star Over China) 1937〉로 인해 대장정은 서구에 널리 알려지게 되었고 마오는 중국 내외에 유명인물이 되어 중국 최고의 지도자가 될 수 있었다.

저자가 어렵게 이해하고 마오에 대한 생각이 바뀐 부분이 있다. 마오가 대장정 기간 중 홍군에게 지시한 10대 군령 가운데 그 첫번째 군령인 '떼어낸 대문은 다시 달아라'라고 했던 부분이다. 아니 총탄을 피해 달아나는 상황에서 '떼어낸 대문은 다시 달아라' 이 무슨 해괴한 지시인가? 그것도 10대 군령 가운데 첫번째 군령이니 말이다.

이는 농촌의 농민들에게 민폐를 끼치지 말라는 뜻이었음을 저자는 어렵게 이해했다. 포위망을 뚫고 차가운 한기를 피해 민가의 문짝을 떼어내 그 위에서 노숙하는 홍군들에게 내린 마오의 지시였다. 얼어 죽지 않게 대문을 떼어내 그 위에서 자지만 다음날 반드시 달아 주어라는 뜻이다. 이러한 홍군은 또한 대부분이 농민 출신인 홍군은 민폐를 전혀 끼치지 않았기 때문에 드넓은 농토와 농민들로 부터 강력한 지지를 받을 수 있었다.

대장정은 농민을 중심으로 한 게릴라 전략을 설파해 실전에서 그 효과성을 입증해 보였기에 중국공산당의 주요 전략으로 자리 잡을 수 있었다.

중화인민공화국이 성립되자마자 마오쩌둥에게 닥친 현안은 1950년의 한국전쟁이었다. 고심 끝에 마오쩌둥은 저우언라이周恩來를 총사령관 펑더화이彭德怀를 야전사령관으로 삼고 참전하였다.

참모의 반대를 무릅쓰고 큰아들 마오안잉毛岸英을 참전시켰고, 아들 안잉은 전쟁 도중에 미 공군의 네이팜 폭격에 전사하였다. 당시 28세였던 그는 결혼한 지 1년밖에 안된 신혼이었으나 항미원조(抗美援朝)란 명분으로 참전, 한 달여 만에 참변을 당했다. 아버지를 빼닮아 총명하고 재기발랄했던 28살 청년은 이렇게 이국의 전쟁터에서 목숨을 바쳤다.

마오쩌둥의 군사적 능력은 발군이었다. 대장정과 그 이후 전쟁에서 보여준 모습만 봐도 전술능력은 우수했다. 한국전쟁 당시 인천 상륙작전을 예상하고 적절한 참전으로 위상도 높이고 완충지대를 만들어내는 등 전략적 식견도 좋은 편이었다.

마오쩌둥에 대한 서로 다른 면면을 살펴보면서 이제 중국은 신이 아닌 인간 마오를 통하여 중국을 그려내야 한다. 아들의 전사 소식에 담배를 물고 한동안 말문을 열지 못하더니 "전쟁에는 희생이 따르는 법이지......"라는 너무나 인간적인 마오의 모습이 필요하다.

F5

중국공산당 정권은 고민 끝에 이른바 항미원조를 위한 한국전 참전을 결정했다. 순망즉치한(脣亡則齒寒) 호파즉당위(戶破則堂危) 즉 '입술이 없으면 이가 시리고, 바깥문이 망가지면 안채가 위태롭기 때문에 나선다'는 것이었다.

마오쩌둥의 맏아들 마오안잉 毛岸英이 참전하겠다는 지원서를 내자 마오 주석은 이를 즉각 허락한다. 참전을 말려달라는 주변의 간청을 "그는 마오쩌둥의 아들이다. 죽음이 무서워 참전을 피한다면 어느 누가 아들을 전쟁터에 보내겠는가"라며 참전을 허락했다.

"마오쩌둥 毛澤東의 아들이니까……"

마오쩌둥은 1893년 12월 26일 후난 湖南성 샹탄 湘潭의 명문 호족의 후손이었으나 빈농으로 전락한 농부 마오순성 毛順生의 셋째 아들로 태어났다. 13세때 학업을 중단하고 아버지의 강요로 집안의 농장에서 일하게 되었고, 당시 풍습대로 조혼을 하게 되었다. 그러나 집을 나와 창사 長沙에 있는 주성중학을 다니다 1911년 신해혁명이 터지자 혁명군에 가담하여 사병으로 6개월을 보냈다. 이후 학교로 복학하여 1913년에는 후난 제1사범학교에 입학하여 교사 양창지 楊昌濟를 만나 그로부터 많은 영향을 받았다.

스승이자 훗날 장인이 되는 양창지는 베이징 대학의 교수가 되었고 그의 추천으로 마오는 도서관 사서로 일할 수 있었고 많은 식견을 쌓을 수 있었다.

마오는 양창지의 딸이자 동급생이었던 양카이휘楊開慧와 결혼하여 맏아들 안잉岸英과 둘째아들 안칭岸青 셋째아들 안롱岸龍을 낳았다. 그러나 양카이휘와의 사랑은 너무도 비극적이었다. 양카이휘는 1930년 10월 홍군의 창사長沙 공격이 실패로 돌아간 직후 국민당 군벌인 허젠河鍵에게 잡히고 만다. 양카이휘는 “마오쩌둥과 헤어지겠다는 성명서를 내라”는 허젠의 집요한 요구를 완강히 거부하고 “남편의 혁명이 속히 성공하기 바란다”는 말만 남기고 결국 어린 아들이 보는 앞에서 총살당하고 만다. 셋째아들 안롱 역시 국공내전 중에 사망한다.

마오로서는 천신만고 끝에 살아남은 두 아들을 향한 자식사랑은 이루 말할 수 없었다. 비명에 간 혁명동지이자 가장 사랑했던 부인의 자식들이었으니…… 특히 자신을 쏙 빼닮은 맏아들 안잉을 향한 사랑은 각별했다.

큰 아들 안잉은 파리와 모스크바에서 공부했다. 제2차 세계대전이 발발하자 소련군에 들어가 동부전선에 참전하였다. 전쟁이 끝나고 1946년 중국공산당의 거점이었던 옌안으로 돌아온다. 아버지 마오는 아들의 옷에서 소련 군장을 다 떼어버리고 오래된 면옷을 입힌 뒤 “일반병사와 똑같은 식사를 하라”는 명을 내렸다.

장남 안잉이 한국전에 참전하려고 할 때 중국인민군 야전군사령관 펑더화이彭德懷 등은 마오쩌둥에게 말려달라고 부탁했다.

이에 대해 마오는 "그는 마오쩌둥의 아들이다"라며 참전을 반대하지 않았다고 전한다. 다른 인민들도 자식을 전쟁에서 잃었을 것임을 생각하여 마오 주석은 아들의 시신을 가져오지 않았고 훗날 '지도자라면 모범을 보여야 하는 것 아닌가'라는 생각에 아들의 참전을 말리지 않았다고 한다.

마오는 세번째 부인 허쯔진賀子珍과의 사이에서 딸을 낳았으나 워낙 위급했던 국공내전 상황에서 갓난아이를 현지 농민 가정에 맡기고 떠나야 했다. 이 딸은 나중에도 결국 찾지 못했다.[8)]

최근 마오의 친딸 리나李訥가 병을 앓고 있으면서도 병원조차 가지 못하는 경제적 어려움을 겪고 있다는 소식이 전해지고 있다. 신부전증으로 신장 2개가 모두 제 기능을 할 수 없어 온몸이 붓는 등 심각한 합병증에 시달리고 있다고 한다. 마오쩌둥 사망후 리나는 마오의 유산을 한 푼도 물려받지 못했으며 마오 생전에도 특권이라고는 전혀 누려보지 못했다.

---

8) 마오의 첫번째 부인 뤄이씨우羅一秀(1889~1910년) – 1907년에서 1910년까지 결혼. 두번째 부인 양카이후이楊開慧(1901~1930년) – 1921년에서 1927년까지 결혼, 1930년 국민당에 의해 처형, 마오안잉 마오안칭 마오안롱의 모친. 세번째 부인 허즈젠賀子珍(1910~1984년) – 1928년에서 1939년까지 결혼, 마오안홍과 리민의 모친. 네번째 부인 장칭江靑(1914~1991년) – 1939년 결혼, 리나의 모친.

마오의 아들 1. 마오안잉毛岸英(1922~1950년) – 양의 소생, 한국 전쟁에서 사망. 2. 마오안칭毛岸靑(1923~2007년) – 양의 소생. 3. 마오안롱毛岸龍(1927~1931년) – 양의 소생, 국공내전에서 사망. 4. 마오안홍毛岸紅(1932~?) – 허의 소생. 동생 모택담에게 맡겼으나 모택담 사망으로 실종.

마오의 딸 1. 양위에화楊月花(1929~1973년) 2. ? ? 실종. 3. 리민李敏(1936~) 4. 리나李訥(1940~)

※ 딸들의 성씨가 다른 이유는 국공내전 당시 마오는 이득승(李得勝) 등의 가명을 사용하였다.

1966년 북경대학 역사학과를 졸업한 리나는 해방군보(解放軍報)에서 일하며 그녀의 문학적인 실력을 인정받아 해방군보 총편집인으로 승진했고 이어 베이징 핑구平谷현 당서기와 베이징시 부서기를 지낸 뒤 1976년 아버지 마오의 사망과 어머니 장칭의 체포 자살로 힘든 시기를 보냈다. 리나의 남편 왕징칭王景清은 마오쩌둥의 경호원을 지낸 산시성 사람으로 리나와 왕징칭 사이에 아들 하나를 두고 있다. 마오의 외손자는 베이징의 한 기업에서 비정규직으로 일하며 한 달에 400위안을 받고 있다.

리나는 부친 마오로부터 아무런 유산도 물려받지 못한데다 리나 자신도 오래전에 은퇴해 현재 경제적으로 많은 어려움을 겪고 있는 것으로 전해진다. 그러나 그녀에게 부족한 것은 아무것도 없는 듯하다. 그녀는 풍부한 정신세계와 침묵, 내적인 강인함으로 여생을 살아가고 있을 것이다.

마오쩌둥이 직접 관을 메고 안장한 장하오張浩

1942년은 중일전쟁이 가장 치열할 때였다. 같은 해 3월 9일 중국공산당이 옌안延安에 근거지를 정한 이래 가장 성대한 장례식이 있었다. 주인공은 장하오張浩였다.

1933년 대장정 시기에 공산당은 장궈다오張國燾가 새로운 당 중앙을 선포하는 바람에 분열위기에 빠져 있었다. 당시 중국공산당은 코민테른의 휘하에 있었지만 연락이 끊어진 상태였다. 장하오는 코민테른이 파견한 대표 자격으로 장궈다오를 설득해 당의 분열을 막고 마오쩌둥의 지위를 확고하게 했다.

자주 실신을 하는 등 건강에 문제가 많았던 장하오는 중일전쟁 초기 129사단의 정치위원이었다. 사단장은 당 중앙에 장하오의 치료를 건의하며 새로운 정치위원을 보내줄 것을 요구했다. 마오는 장하오를 옌안으로 강제소환하고 덩샤오핑을 후임으로 내보냈다.

1938년 가을 중국공산당 제6차 대회에서 장하오는 마오의 추천으로 중앙위원에 선출되었다. 1940년 4월 장하오는 국제 노동절 경축식에 참석해 연설하던 중 뇌출혈로 쓰러져 생명은 건졌지만 반신불수가 됐다. 병원에서 입원치료를 받는 동안 마오는 틈만 나면 장하오의 옆을 지켰다.

이듬해 8월 일본군 폭격기가 옌안을 공습했다. 폭탄 하나가 장하오의 동굴 위에 떨어졌다. 2년간 온갖 정성을 다 했지만 장하오는 소생하지 못하고 "도화령(桃花嶺) 꼭대기에 묻어 달라"는 유언을 남기고 세상을 떠났다.

도화령은 당 중앙과 마오의 거처가 한눈에 내려다보이는 곳이었다. 반대하는 사람이 많았지만 마오는 "매일 장하오가 우리를 감독하게 하자"며 고집을 부렸다. 다음날 중앙당교 광장에서 장례식이 있었다. 제주(祭主)는 런비스任弼時가 맡고 리커눙李克農이 제문을 읽고 캉성康生은 약력을 보고했다. 마오는 "함께 영구를 메자"고 제의했고 다들 이의가 없었다. 주더朱德 천윈陳雲 예젠잉葉劍英 쉬터리徐特立 등이 나섰다.

마오가 직접 관을 멘 것은 장하오가 처음이자 마지막이었다. 시신을 손수 안장했고 비문도 직접 썼다. 장례식이 끝난 후 공산당에 입당하겠다는 사람이 늘어났다.

이같이 너무나 인간적인 마오의 모습을 중국 인민폐 10위안에 들어있는 마오의 초상화와 샤샤三峽의 풍경화로 도안하여 그려낸 중국인의 생각은 어떤 것일까? 보는 이에 따라 마오쩌둥에 관한 어떤 고뇌를 보여주는 것 같다.

샤샤에 거대한 댐[9]을 건설하여 중국의 경제발전을 도모하고자 했던 것은 쑨원孫文으로부터 시작하는 중국현대사에 등장한 역대지도자들의 숙원이었다.

그러나 그 경제발전을 위한 댐건설은 인민에게 이익이 되는 것이 아니라 인민을 자신이 살고 있는 터전에서 뿌리째 뽑아 버리는 것이었다. 다시말해 중국의 경제발전은 마오의 숙원이자 중국인민의 숙원이었을 수 있지만 그 경제발전을 위하여 '인민의 힘을 유일하게 인식한 지도자'로서의 마오는 물론이거니와 중국의 인민마저도 사라져 가고 있는 중이다.

샤샤의 폭포와 계곡은 그곳에 가보지 않았다 할지라도 중국의 모든 사람들이 알고 있는 곳이다. 왜냐하면 중국 인민폐 10위안에 샤샤의 산수가 그려져 있기 때문이다. 이제 샤샤는 중국 화폐에만 남아 있고 그 돈은 샤샤를 사라지게 만들었다.

---

9) 세계 최대 규모인 중국 샤샤댐의 최우선 목표는 홍수 조절이다. 양쯔강 가운데 가장 험난한 협곡인 샤샤의 허리를 가로질러 건설된 샤샤댐은 그 높이만 185m로 그 속에 갇히는 물의 무게는 세계 최대인 393억 톤에 달한다. 이것은 한반도 전체 담수를 합친 양의 두배이다. 쑨원이 1919년 처음 댐 아이디어를 냈고 중국의 역대 지도자들은 이 엄청난 토목공사에 관심을 보여왔지만 실행하지는 못했다. 결국 수많은 전문가와 환경론자들의 반대를 무릅쓰고 1993년 중국 최고 실력자인 덩샤오핑의 막후 도움과 러시아에서 토목학위를 받은 리펑 총리의 합작품으로 샤샤댐의 첫삽을 뜨게 되었다. 물이 갇힌 댐 위쪽은 더이상 양쯔강이 아니라 양쯔호가 되어버렸다. 한반도 두배의 면적이 호수가 되어버린 것이다. 중국 총 발전량의 11%가 샤샤댐에서 생산되고 있다.

샤샤댐 건설 과정을 두고 중국 정부의 발표와는 달리 서구인들은 샤샤댐을 '가장 비민주적이고 비과학적인 중국 정부의 정치공정' '스탈린주의의 산물'이라고 혹평한다.

세계인들은 이를 대재앙으로 생각하며 차이나리스(Chinaless ; 중국산을 쓰지 않는 행위)나 차이나프리(Chinafree ; 물건을 만들 때 중국산 재료를 넣지 않는 행위)라는 신조어를 만들어 중국에 대한 불만을 표출하고 있다.

우리가 흔히 볼 수 있는 조지 워싱톤의 얼굴이 들어있는 녹색지폐(greenback)와 마오의 초상이 들어 있는 적색지폐(redback)를 번갈아 들여 보자. 어떠한 생각이 드는가?

F6

중국의 콘클라베(Conclave) 베이다이허 회의北戴河會議 10)

중국 국가주석 시진핑習近平의 아버지 시중쉰習仲勳

홍콩 유력언론 봉황망(鳳凰網)은 홍광쟈오紅廣角를 출처로 중국현대사 인물 시중쉰(1913~2002년)을 보도했다. 1979년 당시 광둥廣東 성장이던 시중쉰이 '눈물로 백성의 고충을 처리하다'는 내용이다. 혁명1세대인 수많은 중국공산당 인물 중 유독 그의 이름이 관심을 끄는 이유는 무엇일까?

1970년대말 시중쉰은 광둥 주민들의 '홍콩으로의 탈출(偷渡)'에 직면했다. 이러한 사태를 놓고 시중쉰은 선전深圳 당 간부들과 논쟁을 벌였다. '사회주의 계급투쟁'과 '생계의 현실'을 놓고 논쟁했다. 사태의 심각성을 깨달은 시중쉰은 쉼 없이 홍콩으로 향하는 차량행렬을 본 후 다음 회의에서 자기비판을 한다. 그리고 탈출 실패로 수용소에 잡혀온 농민들을 보며

10) 중국공산당 지도자들이 매년 여름 베이징 북동쪽에 있는 휴양도시 베이다이허에 모여 피서 겸 국내외 주요 현안을 논의하는 자리를 말한다. 1958년 8월 타이완 진먼다오金門島 포격과 인민공사 설립 등을 결의했던 첫 회의를 통칭하기도 한다. 1987년부터 비공식 회의로 연례화했고 '베이다이허 공작회의'로 불리게 됐다. 개최 시기는 대체로 7월 하순부터 8월 초순까지. 베이다이허 회의는 국가 법률이 정한 공식회의는 아니지만 마오쩌둥 시절부터 고위 지도자들이 피서를 즐기며 매년 가을에 열리는 공산당 중앙위원회 전체회의의 주요 의제를 사전 조율하고 차기 지도부 구성 등 주요 인사문제를 논의해왔다. 논의 내용이 공식 발표되지는 않지만 중국의 권력 향배를 점칠 수 있는 자리인 만큼 국내외 언론의 시선이 집중된다.

눈물을 흘렸다. 탈출의 문제를 해결하는 길은 하루빨리 경제성장을 추진해야 하며 사회주의 정책에 얽매이지 않고 현실에 맞게 유연하게 해결해가는 인식, 그것이 당내 개혁파 시중쉰의 고충처리 방식이었다. 중국의 '경제특구(特區)'가 건설된 것이다.

개혁개방 초기 선전은 그야말로 황무지였다. 지금은 홍콩 앞바다를 바라보고 24시간 불빛이 꺼지지 않고 수출입 하역하는 장면은 휘황찬란하기 그지없다. 지방정부의 수장으로 파견된 정치지도자가 '탈출'의 현실을 무시하고 계급투쟁만 견지했다면 큰 반발에 직면했을 것이다.

당 중앙은 좌경에 빠지지 않는 당내 개혁가 시중쉰에게 황제의 보검인 상방보검(尙方寶劍)을 하사한 것이 옳았다는 것을 홍광쟈오는 웅변하고 있는 것이다.

시중쉰은 중국공산당 원로 중 가장 존경받는 인물이다. 따라서 공산당내 3개 파벌중 하나인 '태자당(太子黨)' 즉 원로2세 정치인의 대표주자이며 현 국가주석인 시진핑의 역경과 성장과정을 살펴보는 일은 중국현대사와 관련해 의미가 있다.

시진핑은 아버지로부터 피와 품성은 물론 정치적 후광까지 이어받았기 때문이다.

시중쉰은 산시陝西성 북부 푸핑富平현에서 태어났다. 시중쉰은 1935년에 이르러 대장정을 주도한 마오와 만난다. 반혁명으로 수감중이던 시중쉰은 마오가 며칠만 더 늦게 옌안延安에 왔다면 목숨을 잃었을 것이다.

마오는 22살의 젊은 나이에 홍군의 든든한 후방기지의 리더이던 시중쉰에게 큰 감명을 받았다. 이후 6년에 걸친 항일민족통일전선을 훌륭하게 수행한 시중쉰에게 친필로 '당의 이익이 최우선(黨的利益在第一位)'이라는 제자를 써주기도 했다. 이후에도 마오는 시중쉰의 능력을 높이 평가해 4차례에 걸친 찬사를 했다.

1945년 당 중앙은 33살이던 시중쉰을 중앙조직부 부부장 겸 시베이국西北局을 총괄하는 당 서기로 임명한다. 이 자리에서 마오는 "그는 군중으로부터 검증된 군중 영수(他是從群眾中走出來的群眾領袖)"라고 극찬했다.

1947년 장제스蔣介石 군대가 속전속결 전술로 진격해 왔다. 이때 시중쉰은 펑더화이彭德懷와 함께 곳곳에서 전투에 승리한다. 시베이 홍군은 10배나 많고 장비까지 우수한 국민당 군대를 격퇴시켜 대첩으로 평가된다. 토지개혁 정책에서도 좌편향에 빠지지 않고 업무를 훌륭히 수행해 당 중앙의 높은 신뢰를 받았다.

1952년 신중국 수립후 마오는 시중쉰의 시베이국 업무보고를 접한다. 토지개혁 통일전선 민족문제 등에 관한 보고서를 읽던 마오는 옆에 있던 보이보薄一波에게 시중쉰에 대한 평가를 해 보라고 묻는다. 전 충칭시 서기이자 차세대 정치지도자였던 보시라이薄熙來의 아버지 보이보는 "젊고 유망하다(年輕有為)"고 대답한다. 이 말은 옌안시절 이미 마오가 언급했던 말이기도 하다. 마오는 곧바로 "루훠춘칭爐火純青"이라고 말한다.

도교에서 도사들이 수련을 해 극단의 경지에 오른다는 뜻을 빌어 시중쉰이 최고라고 표현한 것이다.

마오가 시중쉰에 대한 최고의 찬사는 바로 제갈량을 비유해 언급한 것이다. 신중국은 정부수립 초기 중앙집권을 유지하기 위해 민족문제에 곤란을 겪었다. 시베이 지역은 티베트족 후이족 위그르족 몽골족 등이 광범위하게 산재해 있었다. 특히 칭하이青海성 앙라昂拉 부락에 있던 티베트족(藏族) 지도자 샹첸項謙은 장제스 국민당 잔당인 탄청샹譚呈祥 부대를 규합해 신중국과 대립했었다. 시중쉰은 좌파적 경향을 지양하고 민족화합을 통한 인민정부 수립을 견지했다. 또한 국민당 잔당과 소수민족을 구분하고 지속적인 정치투쟁을 전개했다. 군사작전보다는 직접 당사자들을 만나 설득 공작을 병행했던 것이다.

1950년 8월 샹첸은 투항했으며 인민정부에 "깊이 뉘우친다"고 발언해 당시 전국 각지의 민족문제를 해결하는데 큰 영향을 미치게 되었다. 그러나 앙라 부락으로 돌아간 샹첸은 곧바로 또다시 배신을 한다.

1951년 9월 샹첸과의 정치협상이 결렬되자 공산당은 즉시 앙라를 소탕할 것을 결의하기에 이른다. 하지만 시중쉰은 군사동원을 중지하고 인내심을 발휘한다. 결국 1952년 5월 반란군과의 전투 후 샹첸이 고립돼 있을 때 시중쉰은 사람을 보내 진심으로 항복을 권유한다. 8월에 이르러 샹첸은 신이나 존경할 만한 인물에게 경의를 표하는 스카프인 하다哈達를 바치며 시중쉰의 손을 잡기에 이른다. 이 일은 당 중앙과 신중국 건설 초기에 큰 힘이 된 것이다.

얼마 후 마오는 시중쉰을 만난 자리에서 〈삼국지연의〉의 칠금맹획(七擒孟獲)을 비유하며 "당신은 제갈량보다 더 대단하다"고 극찬한다.

1952년 가을 마오쩌둥은 자신의 정치적 입지를 강화하고 정적을 견제하기 위해 지방에 있던 5명의 서기들을 베이징으로 불러들인다. 시난국西南局에 있던 덩샤오핑을 비롯 화둥국華東局의 라오수스饒漱石 중난국中南局의 덩쯔후이鄧子恢 둥베이국東北局의 가오강高崗과 함께 베이징에 온 시중쉰은 당 중앙 선전부장이자 정무원(지금의 국무원) 문화교육위원회 부주임이 된다. 젊은 당내 일꾼들을 요직에 배치했던 것이다. 마오쩌둥이 중앙정치무대로 시중쉰을 불러들인 것이다.

시중쉰이 베이징에 온 다음해 시진핑이 태어난다. 베이징으로 이름이 변하기 전까지 베이핑北平이라 불리던 곳에서 태어난 시진핑은 아버지의 검소하고 정의롭고 개혁적인 면모를 어릴 때부터 배우며 자랐다. 아이들에게 다정다감한 아버지였지만 누나들의 낡은 꽃신에 검은 칠을 해 신고 다녀야 할 정도로 소박한 생활을 가르쳤다.

시중쉰은 3남 4녀중 여섯째로 배 다른 형과 누나 둘, 친누나 둘과 남동생이 있다. 재미있는 것은 친누나 둘은 어머니 치신齊心의 성을 따서 치차오차오齊橋橋 치안안齊安安이라고 개명했다. 치차오차오의 회고에 따르면 "시(習)는 매우 드문 성으로 이목을 끌기 쉬워 아버지는 어머니의 성을 따라 바꾸게 했다"는 것이다.

시중쉰은 혁명과 전쟁 속에서 성장했다. 약관의 나이에 신중국의 핵심간부가 될 정도로 마오의 찬사를 받았다. 그렇지만 문화대혁명 중 마오쩌둥에 의해 돌연 파벌싸움의 희생양이 됐다. 죽을 고비를 넘기며 감금과 감시 속에 살았다. 이 때문에 시중쉰의 아들 딸은 큰 고초를 겪게 된다.

9살이던 시진핑 역시 하루아침에 온갖 난관에 봉착한다. 역경 속에서 어린 시절을 보내고 오랫동안 아버지를 만나지도 못한다. 그렇지만 시진핑은 아버지의 실각으로 인해 자신의 정치인생에서 가장 중요한 정치적 자양분을 얻게 된다. 바로 기층민들과 7년간의 동고동락을 하게 되는 계기이기도 했던 것이다.

시중쉰은 마오쩌둥의 사망과 사인방(四人幇)이 체포되고 나서야 복권돼 광둥에서 개혁개방을 주도하게 된다. 1980년 베이징으로 돌아온 시중쉰은 당 중앙서기처 서기가 된다. 시진핑 역시 2007년부터 아버지 시중쉰처럼 중앙서기처 서기를 역임했다.

시중쉰은 보수파의 공격으로 실각한 후야오방胡耀邦(당시 총서기)을 정의롭게 변론하고 원칙 준수를 직언하다가 한직으로 밀려난다.

〈시진핑 평전(習近平 評傳)〉에 따르면, 오히려 이로 인해 '역사에서 아름다운 이름을 얻었고 당내외의 광범위한 찬사'를 받았기에 '시진핑에게 더 많은 정치적 자원'을 가져다 줬다고 평가한다.

시중쉰에 관한 회고나 언론보도는 언제나 존경이다. 중국 현대사 인물을 거론할 때도 늘 시중쉰은 저우언라이와 더불어 인기가 높다. 오랫동안 저우언라이의 비서를 맡은 경험도 시중쉰을 선비같은 이미지로 각인시킨다.

마오쩌둥은 제갈량보다 더 대단하다고 격려했지만 결국 정치적으로 이용해 버렸다. 나중에는 "그런 적이 없다"고 부인까지 했다.

시진핑이 푸젠福建성장이던 2002년 5월, 시중쉰은 향년 89세로 조용히 여생을 마감했다. 결국은 아들 시진핑이 국가주석이 되는 삼국지보다 더

멋진 반전 드라마를 이룬다.

시진핑은 다른 후보군에 비해 아버지의 후광이 정치적 자산이 된 아주 찾기 드문 지도자라고 볼 수 있다. 적어도 대부분의 사람으로부터 존경받는 아버지의 아들이니, '피는 속일 수 없다'는 말이 새삼스레 떠오른다. 중국에 이런 지도자가 있다는 것이 신선해 보이기조차 한다.

"6개월만 참자" 했던 마오쩌둥파, 보시라이 정변에 대거 동참

전 부총리 보이보薄一波의 아들 보시라이薄熙來

향후 10년동안 중국을 이끌어갈 차세대 지도부를 구성하는 18차 당 대회에 앞서 열린 베이다이허 회의는 세계적으로 깊은 관심을 끌었다. 중국 당국은 예년과 마찬가지로 베이다이허 회의의 개막을 공표한 적이 없다. 중국 매체들이 시진핑 국가 부주석이 베이다이허에서 과학 교육 국방 예술분야 전문가들을 접견했다는 사실을 보도하면서 베이다이허 회의의 개막을 알리고, 이후 중국 고위층의 동정이 각종 매체에서 일제히 사라졌다가 신화통신(新華通訊)을 통해 원자바오溫家寶 총리가 이틀간 저장성을 방문했음을 확인하면서 중국 지도부가 베이다이허 회의를 마치고 일상업무로 복귀했음을 보도하면서 회의가 폐막했음을 알리는 방식이다.

이번 베이다이허 회의에서는 충칭重慶시 서기 보시라이薄熙來 사건 등으로 표면화된 계파 간 갈등을 조속히 봉합하고 정치질서 정비를 통한 차기 권력지형에 대한 합의가 이뤄졌다.

혁명1세대 보이보薄一波의 아들 전 충칭시 서기 보시라이는 베이징 입성을 위해 창홍타흑(唱紅打黑) 운동과 '충칭 모델'을 지지하는 학자들에게 집권 후 요직을 약속했고 충칭 현지에 있는 서남정법대학(西南政法大學) 교수들은 보시라이를 치켜세우기 위해 앞 다퉈 조폭과의 전쟁(打黑)을 연구 과제로 삼았다. 중국 인터넷 검열 설계자인 베이징우전대학(北京郵電大學) 총장 팡빈싱方濱興은 보시라이로부터 거금을 지원받고 보시라이의 심복 왕리쥔王立軍 전 충칭시 부시장 겸 공안국장에게 인터넷 해킹이나 전화 도청 등 기술을 제공해 보시라이가 원하는 기밀 정보를 얻도록 도와줬다.

보시라이를 중심으로 마오쩌둥파들은 '6개월 후 중국에 거대한 변화'가 올 것이라며 충칭 밀모(密謀)에 동참하였다. "조만간 한정가(漢正街; 우한시 중심가)에서 10만 시민들의 시위가 벌이질 것"이며 권력 교체 후 쿵칭둥孔慶東 베이징대 교수는 교육부, 쓰마난司馬南은 선전부, 우파톈吳法天 베이징정법대 교수는 정법위 요직을 약속받은 것으로 전해졌다. 이들은 TV 사이트 블로그 웨이보微博(중국판 트위터) 등을 통해 마오쩌둥과 문화대혁명 그리고 충칭의 '홍색 캠페인'을 찬양해 왔다. 쓰마난은 파룬궁 탄압을 지지하면서 유명세를 타기 시작한 인물이다. 쿵칭둥 교수는 '영국인의 앞잡이 노릇을 하는 홍콩인들은 개'라는 등의 막말 발언으로 홍콩과 중국 본토간의 갈등을 촉발하기도 했다. 보시라이를 지지한 해외파 학자에는 왕사오광王紹光 홍콩 중문대 교수, 미국 코넬대 경제학 객원교수인 추이즈위안崔之元 등이 있다. 추이 교수는 일부러 미국에서 충칭으로 건너가 1년 동안 체험하면서 신뢰를 얻어 충칭 국유자산감독관리위원회 주임 조수(助理)가 됐다.

2012년 2월 보시라이의 측근인 왕리쥔 공안국장이 미국 총영사관에 망명을 신청한 사건을 시발로 3월 15일 보시라이는 충칭시 서기에서 해임되고 9월 28일 중국공산당 중앙정치국은 보시라이의 공직과 당적의 박탈 및 사법처리를 결정하였다.

10월 26일 전국인민대표회의 상무위원회는 보시라이의 전인대 대표 자격을 박탈했다.(전인대 대표 자격 박탈은 불기소특권의 박탈을 의미하기 때문에 앞으로 그에 대한 형사처벌이 급물살을 타게 될 전망이다)

시중쉰 習仲勳과 보이보 薄一波

1999년 10월 1일 신중국 건설 50주년 국경절 행사가 열린 천안문 성루에 시진핑 국가 주석의 아버지 시중쉰이 86세의 노구를 이끌고 모습을 드러냈다. 부총리와 전국인민대표대회 부위원장을 지낸 시중쉰은 그 무렵 보시라이 전 충칭시 서기의 아버지 보이보와 함께 당내에서 가장 원로로 대접받고 있었다. 덩샤오핑 鄧小平 천윈 陳雲 펑전 彭眞 등은 이미 세상을 떠났다.

중국에서 당 고위간부는 죽을 때까지 원로로 대우받는다. 집이 제공되고 비서와 승용차가 배치되는 것은 물론 매달 일정액 생활비도 주어진다. 당시 시중쉰은 노인성 치매를 앓고 있었다. 이에 따라 당 중앙은 혹시 불미스런 사고라도 발생할까 특별기를 배정하는가 하면 1990년부터 그가 광둥성 선전에서 휴양하며 지낼 수 있도록 배려했다.

당시 장쩌민江澤民 주석은 천안문 성루에서 시중쉰에게 각별히 안부를 물었고 시중쉰은 장쩌민에게 "인민이 곧 강산이고 강산이 곧 인민"이라 찬사를 보냈다. 푸젠福建 성장 대리를 맡고 있던 시진핑이 아버지를 내내 수행하면서 당내 고위층과 접촉할 기회를 가졌음은 물론이다.

보이보는 '8대 원로' 중 마지막까지 생존했던(2007년 사망) 인물로 덩샤오핑과 절친했다. 1987년 1월 개혁파였던 후야오방胡耀邦 전 총서기를 축출하는 과정이나 천안문 사태 이후 장쩌민을 지도자로 발탁하는데 있어서도 덩샤오핑을 도와 영향력을 행사했다. 시중쉰이 후야오방을 지지하고 천안문 사태 무력진압에 비판적인 입장을 보인 것과는 대조된다.

보이보는 1966년 문화대혁명이 일어나자 숙청된 뒤 1978년 복권됐다. 시중쉰이 '류즈단劉志丹 사건'으로 1962년 숙청됐다가 1978년 덩샤오핑이 실권을 잡자 복권된 것과 비슷하다. 류즈단 사건이란 마오쩌둥 일파가 류즈단(시중쉰의 전우)이라는 인물을 그린 장편소설을 반당(反黨)소설로 몰아 책 출판에 간여한 시중쉰을 제거한 것을 말한다.

국가경제위원회 주임, 부총리를 지내는 등 경제 분야에서 두각을 나타낸 보이보는 80년대에 반마오(反毛)운동이 한창일 때 〈마오쩌둥은 진리의 탐구자〉 등 4편의 문장을 발표하기도 했다. 보시라이가 좌파적 행보 창홍타흑(唱紅打黑)운동을 보인 것과 연결되는 부분이다.

시중쉰과 보이보는 자녀교육에서 특히 비교가 된다. 시진핑의 두형제는 어려서부터 누나들이 입었던 옷이나 꽃신을 검게 물들여 신었다.

이에 비해 보이보의 자녀들은 손목시계 수입 자전거 트랜지스터 라디오 등을 갖고 있을 만큼 사치스러웠다고 한다. 이러한 가풍이 시진핑과 보시라이의 성격 형성에 직접적인 영향을 미쳤다는 얘기다. 즉 시진핑은 겸허하고 신중한 태도를 보이는 반면 보시라이는 일을 크게 벌이며 자신을 드러내기에 급급했다. 두 사람의 운명이 엇갈린 데는 이러한 배경이 크게 작용한 셈이다.

시진핑과 보시라이를 보면서 성격이 운명을 결정한다는 말을 새삼 떠올리게 된다. 시진핑이 이끌고 가는 자리 뒤에는 과연 어떤 모습을 보일까?

F7

두부(豆腐)와 혁명(革命)

수천년간 중국인에게 가장 정감어린 식품인 두부는 중국혁명의 또다른 에피소드이다. 1907년 프랑스 파리 교외 불로뉴 숲속 두부공장에 리스쩡李石曾이 있었다. 프랑스에 유학한 그는 청나라 군기대신을 지낸 이홍조의 막내아들이었다. 19세 때인 1900년 의화단의 난이 일어나자 그는 아버지의 품을 떠나 프랑스 유학을 결심하고 아버지와 경쟁관계에 있는 양무파(洋務派)의 영수 리훙장李鴻章을 찾아간다. 리훙장은 프랑스 공사로 부임하는 쑨바오치孫寶琦를 매수해 수행원 자격으로 파리에 가 리스쩡을 감시하라고 하였고 리훙장의 예측은 적중했다. 쑨바오치를 따라 파리에 온 리스쩡은 고향에서 마시던 두유가 그리워 동향 후배에게 편지를 보낸다. "두부를 만들 농민을 모집해 프랑스까지 인솔해라" 농민 40명이 프랑스에 왔고 프랑스 여인 70명까지 고용해 파리 근교에 두부공장을 차렸다. 사업에 성공하자 리스쩡은 청 왕조의 전복을 위해 쑨원孫文에게 혁명자금을 지원하고 파리에 야학을 개설해 유학생을 모집했다. 1910년에서 1920년까지 10년간 17차례에 걸쳐 3,000여명의 가난한 중국 청년들이 프랑스에 건너와 공부했다.

1922년 6월 18일 일요일 오전, 파리 교외 불로뉴 숲에 프랑스 독일 벨기에 등지에 흩어져 있던 학생 대표 18명이 집결했다. 이들 중에는 중국 공산당 초대 서기 천두슈陳獨秀의 아들 천옌녠陳延年과 왕뤄페이王若飛 리웨이

한李維漢 등 후에 국민당과 공산당사에 큰 획을 긋게 될 청년들이 있었다. 덩시센鄧希賢(훗날의 덩샤오핑)은 나이가 어려서 참석하지 못했다.

이 모임에서 '소년공산당' 창당을 주창하며 입당선서를 하자고 제안한 이가 바로 이탈리아에서 온 저우언라이周恩來였다. 저우언라이는 소년시절부터 협상력이 뛰어났던 것이다. 수천년간 중국인에게 가장 사랑받는 식품이었던 두부(豆腐)가 중국 혁명(革命)의 도화선이 된 것이다.

'첫째는 돈을 사랑하고 둘째는 조국을 사랑하고 셋째는 권력을 사랑했다'

인민은행 총재를 지낸 대부호 쿵샹시孔祥熙와 결혼한 쑹아이링宋靄齡 중국 국부 쑨원孫文과 결혼한 쑹칭링宋庆龄 그리고 국민당 장제스蔣介石와 결혼한 쑹메이링宋美齡 세자매를 두고서 흔히 하는 말이다. 이 중에서 중국 근대사상의 아버지이며 중국 국부로 존경받는 혁명가이자 사상가인 쑨원을 택한 쑹칭링(1892~1981년)은 그 사랑에 대한 보답인지 아직도 중국인들의 변함없는 사랑을 받고 있다.

저자가 찾은 베이징 지하철 2호 순환선 지쉐이탄积水潭 역에서 조금 떨어진 호우하이后海 큰 호수가에 쑹칭링의 옛집(故居)은 매우 크고 화려한 가옥이었다. 이 집은 원래 청대 마지막 황제 푸이溥儀의 아버지인 순친왕 소유의 화원(花園)이었다. 중국 정부는 이 집에 '중화인민공화국 명예주석 송경령 동지 고거'라는 영예로운 명칭을 부여했다.

세자매의 가치관, 이들의 인생은 20세기 중국 현대사이기도 하다. 그들은 같은 부모 같은 학교를 다녔으며 나란히 함께 미국 유학길에 올라 똑같이 위슬리대학을 졸업하였다. 무엇하나 그들의 인생을 전혀 다른 길로 이끌 것 같아 보이지 않았다. 그러나 그들은 가치관이 서로 달랐다.

침착하고 사려깊은 성격의 쑹칭링은 제2혁명에서 실패하여 일본으로 망명한 쑨원의 비서로 가족의 반대와 많은 나이 차이에도 불구하고 쑨원과 결혼을 감행했다. 쑨원과 사상적 동지로서 삼민주의 사상에 깊이 공감하며 혁명가로 성장한 그녀는 조국과 민족을 생각하는 지도자로 변모했다.

쑹칭링은 장제스가 남편 쑨원의 이념과 이상을 왜곡하고 중국의 당면 과제를 해결하기 보다는 권력 야욕에 젖어 있다고 판단하고 그와 대립하였다. 이때부터 시작된 장제스와의 대립은 평생 이어졌고 장제스의 아내이자 여동생 메이링과의 관계도 여기서 끝을 맺게 된다. 남편 쑨원의 뜻을 이어받을 정부로 중국공산당을 택한 그녀는 반일반제국주의와 중국혁명의 주요 문제인 농민과 토지에 많은 관심을 가졌다. 그녀는 항일전쟁 승리 후 마오쩌둥과 손을 잡고 장제스와 여동생 메이링을 타이완台湾으로 몰아냈다.

1949년 중화인민공화국 성립이후 쑹칭링은 두차례나 국가 부주석을 역임하였다. 이후 1981년 89세의 파란 많은 삶을 마칠 때까지 그녀는 중국 현대정치사에서 빼놓을 수 없는 인물로 죽음에 임박한 시점에서 쑹칭링은 중화인민공화국 명예주석 칭호를 받기도 하였다.

언니 쑹칭링 뒤를 이어 두번째 중국의 퍼스트레이디가 된 쑹메이링(1897~2003년)은 남편 장제스를 따라 1933년 공산당 토벌에 참가하고

1936년 시안사건 때에는 직접 장쉐량张学良과 담판 끝에 남편을 구했다.

1943년 미국 루스벨트 대통령의 초청으로 외국여성으로서는 처음으로 상하양원 회의에서 미국원조를 요청하는 연설을 하고 기립 박수를 받았다.

남편 장제스를 세계적 인물로 만드는데 성공했으나 자녀가 없어 남편이 사망한 1975년 이후 미국으로 건너가 살다가 2003년 106세의 일기로 타개하였다. 그의 도미는 장제스의 첫 부인이 낳은 장징궈蔣經國 전 타이완 총통과의 권력갈등 때문이었다. 세자매는 '세기의 이산자매'가 되어 죽을 때까지 서로 만나지 못했다.

프랭클린 루스벨트 미국 대통령, 윈스턴 처칠 영국 총리, 장제스가 참석한 1943년 4월 카이로 회담 때는 영어를 못하는 장제스를 위해 통역을 맡기도 했다. 뛰어난 미모와 언변으로 언니 쑹칭링 못지않게 쑹메이링 역시 중국 현대사의 한 페이지를 장식한 여성이다.

장제스蔣介石 11)의 본명은 장지칭莊志清이다. 쑨원을 따르기 시작한 후 장

11) 저장성 펑화奉化현 출생. 1906년 바오딩保定 군관학교에 입학하고 다음해 일본에 유학하고 1909~11년 일본 군대에 근무하였다. 1911년 신해혁명(辛亥革命)이 발발하자 중국으로 돌아와 중국혁명동맹회에 가입하였다. 쑨원 휘하에서 1924년 황푸黃埔군관학교 교장, 1926년 국민혁명군 총사령에 취임하였고 1927년 상하이 쿠데타를 일으켜 공산당을 탄압하고 1928년 베이징을 점령하였다. 난징南京 국민당 정부 주석과 군총사령이 되어 당과 정부의 지배권을 확립하였고 광등廣東 광시廣西 군벌과 펑위샹馮玉祥 옌시산閻錫山 등 지방군벌을 누르고, 1930년부터 중국공산당 포위전을 수행하였다. 1936년 항일독전(督戰)을 위하여 시안西安에 갔다가 장쉐량 군대에 감금을 당하는 사건이 일어났으며, 1946년 다시 중국공산당과 내전에서 완전히 패퇴하여 1949년 타이완臺灣으로 정부를 옮겨 중화민국 총통과 국민당 총재로 타이완을 지배하였다.

중징莊中正으로 개명했다.(쑨원의 호가 중산中山이었기 때문이다) 장제스는 광둥군 총사령관 천중밍陳炯明 휘하의 광둥군 작전과장이었다. 1922년 4월 천중밍이 반란을 일으킬 거라는 소문이 파다했다. 결정적인 순간에 의외의 행동으로 사람을 당황케 하는 것이 장제스의 특징이었다. 그는 위기를 두려워하지 않고 위기를 다루는 수완이 탁월했다. 심지어는 위기를 스스로 만들 줄도 알았다. 천중밍이 반란을 일으키자 장제스는 쑨원 편에 섰다. 천중밍도 놀라고 쑨원은 더 놀랐다. 천중밍의 반란을 계기로 쑨원은 장제스를 신임하기 시작했고 장제스는 1924년 황푸黃埔 군관학교 교장에 취임했다.

처음 만난 날이 정확히 언제인지는 알 수 없지만 1922년 12월 8일자 장제스의 일기에 쑹메이링의 이름이 처음 등장한다. '쑹 여사와 인사를 나눴다. 평생 반려자로 삼을, 가장 이상적인 여인이라는 생각이 들었다. 이런 일은 서둘러야 한다'

당시 쑹메이링의 인기는 하늘을 찌르고도 남았다. 중국 최초의 미국 유학을 마친 신여성 그것도 대부호 쿵샹시와 쑨원의 처제이다 보니 그럴만도 했다. 청혼이 줄을 이었고 쑹메이링은 거들떠보지도 않았다.

국민당군 상장(上將) 장쉐량만은 예외였다. 장쉐량이 동북에서 자가용 비행기를 몰고 상하이에 올 때마다 산책은 물론이고 극장과 댄스홀도 함께 다녔다. 장쉐량도 "결혼은 일찍 할수록 손해다. 내가 미혼이라면 쑹메이링은 내 여자"라며 분통을 터뜨렸다. 이런 쑹메이링의 눈에 장제스 따위가 들어올 리가 없었다. 무슨 일이건 중도에 포기하는 법이 없었던 장제스는 쑨원에게 속내를 털어놨다. 5년에 걸친 세기의 러브스토리는 이렇게 시작되었다.

20세기초 중국이 겪고 있던 변화의 고통은 상상을 초월했다. 그 시대의 지도자는 외세를 물리치고 조국을 근대화하고 다시 통일을 이룩하는 세가지 혁명대업을 동시에 달성해야 했다. 하나만도 어려운 대업을 동시에 셋씩이나 달성해야 했기 때문에 인도적이고 민주적인 '왕도'를 실천할 수 없다면 지도자는 공포와 자비라는 '패도'만이 최선이었다. 공포정치로 분파들과 반대세력의 입을 틀어막는 한편 토지개혁이나 세제개혁 같은 자비로운 정치로 민중의 환심을 사는 것이다.

장제스는 '인을 말하며 불인을 행하는' 그 이상의 것을 하리라 선택했다. 그래서 그의 천명은 바뀌어 쫓겨간 타이완에서 공포와 자비를 실천할 수 있었고 대륙의 새로운 천명은 마오쩌둥의 손에 놓이게 되었던 것이다.

1949년 이전까지 베이징 톈안먼天安門에는 현재의 마오쩌둥 초상화보다 좀 더 큰 장제스 초상화가 걸려 있었다. 일본군 항복문서를 받은 뒤부터 장제스가 타이완으로 가기 전까지 3년 정도 걸려 있었다.

천명이 바뀐 것이다.

"그의 딜레마는 그가 서둘러 만들어낸 국가의 근대적인 겉모습이 개인의 창조물에 머물렀고 그 사적인 성격을 완전히 제거할 수 없었다는 점 이었다"
– 레이 황 〈장제스 일기를 읽다 2009〉

F8

“북한과 중국은 순망치한이자 호파당위의 관계이다. 우리가 참전하지 않으면 미국의 창끝은 동북을 향할 것이며 그들이 설령 압록강을 건너지 않더라도 우리는 두려움에 떨어야 한다. 우리는 반드시 참전해야 한다” – 1950. 10. 5. 중앙정치국 회의의 마오쩌둥 발언 중에서

미국 대신 소련을 선택했던 마오쩌둥

1950년 당시 중국 인민혁명군사위원회 주석이었던 마오쩌둥은 스탈린과 김일성의 요청을 받아들여 한국전 참전을 결정했다. 그의 명령에 따라 10월 19일부터 6개 군, 18개 사단 약 30만명의 인민군이 압록강을 건넘으로써 한미국과의 관계는 완전한 파국으로 치닫게 된다. 60년대 후반부터 중소간의 관계가 급격히 악화되고 1971년 7월 헨리 키신저 Henry Alfred Kissinger의 방중까지 20여년간 미중 양국은 적대관계가 되었다.

타이완으로 옮긴 국민당 정부는 타이완 전역에 계엄령을 선포해 3권을 장악하고 철저한 반공주의를 내걸며 1954년 미국과 상호방위조약을 체결하고 미국으로부터 군사 경제 원조를 받아 경제발전에 주력해 고도성장을 이뤘다.

미국은 1950년 한국전쟁때 중국이 북한에게 군사적 지원을 했기 때문

에 중국을 침략국으로 규정하고 대중국금수조치 등 경제봉쇄정책으로 국제사회에서 중국을 고립시키는 외교정책을 채택했다. 하지만 1969년 1월에 출범한 닉슨행정부는 중소분쟁을 기회로 삼아 중국과의 대화 채널을 열게 됐으며 중국은 미국 대신 소련을 제1의 가상적으로 간주하고 대소전략상 미국과의 관계개선을 시도하게 됐다.

이런 두 나라간의 이해가 맞아 들어가 1971년 미국 탁구 선수팀이 중국을 방문하게 되는 역사적인 '핑퐁외교'가 시작되었고 이후 1971년 미국은 대중국금수조치를 해제했다. 1971년 10월 유엔 안전보장이사회 상임이사국 지위가 중국으로 넘어가고 유엔에서 타이완이 축출되었다. 이후 1972년 2월 미국 닉슨대통령이 중국을 방문해 타이완은 중국의 일부이며 미국은 타이완에서 군사력을 철수할 것 등을 약속했다. 이 사건 이후 많은 나라들이 본토 중국을 공식적으로 인정했으며 타이완과의 외교관계를 단절했다.

마오쩌둥과 공산당군에게 있어 원난사변皖南事变[12]은 생존이 걸린 문제

12) 신사군 사건(新四軍事件) 또는 원난사변(皖南事变)은 1941년 중국공산당과 국민당이 공동 항일전선을 펼 당시 일어난 사건으로 이 사건으로 국공합작은 사실상 결렬되었다. 제2차 국공합작이후 양쯔강 남쪽에서는 공산당의 지휘를 받는 신사군이 일본군과 유격전을 벌이고 있었다. 공산군과 공산당의 세력에 불안을 느낀 장제스는 1940년 12월 신사군 병력을 양쯔강 이북으로 이동하라고 명령했다. 예팅이 이끄는 신사군의 정예 병력 9,000명은 3개 방면으로 나눠 양쯔강을 도하하였다. 이때 갑자기 8만명의 국민당군이 나타나 이들을 포위하고 공격을 개시하였다. 숫적 열세에 밀려 신사군은 병력의 상당수를 잃었고 2,000명의 병사만 살아서 포위망을 돌파하였다. 이 사건으로 사실상 제2차 국공합작은 결렬되었고 국민당은 항일전선을 깨뜨렸다는 비난에 당면한 반면 공산당은 항일의 영웅으로 인식되었다. 비록 공산당은 이 사건으로 인해 양쯔강 남쪽의 영토에 대한 영향력을 상실했지만 인민의 지지를 얻을 수 있었다.

이었으나 소련은 마오쩌둥의 생각과 달리 "그것은 오해이며, 양자관계의 훼손은 피할 수 없는 것이 아니다. 중국공산당은 모든 노력을 다해 국공양측의 긴장을 조속히 해소하여 항일 투쟁에 주력해야 한다"고 답변한다.

마오쩌둥은 순진하게 스탈린을 믿었지만 소련은 언제나 그러하듯 이념보다 자국의 이익이 우선이었고 이것은 국제사회의 냉엄함이었다.

"소련은 중국의 현 내부 상황에 대해 일체 관여하지 않으며 더욱이 지금 중국 일부지역(연안)에서 거지꼴이 되다시피 한 궁핍한 사람들이 모여 공산주의자를 자처하고 있는데 그들은 공산주의와는 아무런 인연도 없는 사람들이다. 그들은 단지 자신들의 경제적 궁핍에 대한 불만일 뿐 조금 먹고 살만해지면 언제라도 공산주의를 잊어버릴 사람들이다. 소련 정부는 그런 자칭 공산주의자들과는 일절 관련이 없다" - 소련 외상 몰로토프 발언 중에서

매몰차게 선을 그은 소련과 달리 오히려 국공관계와 원난사변에 관심을 보인 것은 미국이었다. 1941년 2월 루스벨트는 장제스의 요청에 따라 무기대여법과 대중원조 논의를 위해 자신의 특별보좌관 로클린 커리를 중칭으로 파견했다. 장제스를 만난 커리는 "국공 양자간의 이견을 없애고 공동단결해야 항일에서 승리할 수 있을 것"이라는 루스벨트의 서한을 전달하였다. 커리는 귀국후 루스벨트에게 장제스 정권은 무능 부패하고 마오쩌둥의 연안정권이야말로 민중의 지지를 받고 있는 유일한 정당이라고 보고한다. 이런 미국의 시각은 태평양전쟁과 국공내전 막판으로 갈수록 더욱 반장친공(反蔣親共)으로 기울어가는 모습을 보였다.

여기다 장제스의 참모장이자 군사고문이었던 스틸웰 대장이 장제스의 연안봉쇄를 격렬히 비난하고 심지어 장제스 암살과 쿠데타까지 꾸미다가 결국 루스벨트에 의해 해임되어 소환되는 사건이 있었다.

왜 이렇듯 미국은 반장친공적인 모습을 보였던 것인가? 당시 루스벨트 정권은 오로지 전쟁을 단기간에 끝내는 것만이 지상과제였고 국공 양자가 서로 계속 싸우는 것은 소련의 입장만 곤란하게 하고 연합국의 결속을 깨뜨릴 수도 있다고 생각했다.

한편, 소련은 1945년 8월 중소우호동맹조약을 조인함으로써 중국내 유일 합법정부로서 장제스 정권을 인정했다. 모스크바 주재 미 대사관은 국무성에 '소련은 제정 러시아이래 제국주의 노선을 버리지 않고 있음을 경고하며 소련군은 마음만 먹는다면 만주(滿洲)에서 자기들이 원하는 것은 뭐든지 할 수 있을 것'이라는 전문을 보낸다.

실제로 소련군은 만주의 일본 공업시설과 기계류 식량 의료품 연료 수송자재 등 각종 물자 대부분을 전리품으로 약탈했다. 또한 만주국 은행에서 미화 300만 달러 상당의 금괴와 5억 원을 몰수했으며 여기다 100억 원에 달하는 만주화폐를 유통시켜 만주에 심각한 인플레이션을 조장했다. 이런 행동은 만주에 심각한 혼란과 중국인들의 고통을 야기시켰고 한편으로 장춘(長春)을 비롯한 대도시에 국민당군의 진주를 방해하면서 린뱌오의 공산당군이 접수하도록 직간접적으로 돕는 매우 교활하고 이중적인 태도를 보였다.

국공 양자의 대립이 심화되자 미소는 장제스와 마오쩌둥 양자를 일단 협상 테이블에 앉도록 압력을 가했다. 내전 즉각 중단, 연정 실시, 양측 군대 축소, 해방구 해체 등이 논의되었으나 서로간의 입장이 워낙 강경하여 원칙론만 합의되었을 뿐 구체적인 합의는 도달하지 못했다. 장제스와 마오쩌둥 양자 모두에게 만주는 서로 결코 양보할 수 없는 것이었다.

그러나 당시 중국 전구 사령관이자 장제스의 군사고문이었던 웨드 마이어 중장은 "국민당 정부군은 만주를 장악할 병참과 수송의 뒷받침이 전혀 없으며 무리한 만주 진공 대신 차라리 산하이관山海關 이남을 공고히 하는 데 총력을 기울여야 한다"고 건의한다. 또한 만주의 안정을 위해 미영소 3국이 일정기간 신탁통치하자는 주장을 했다.

1947년 6월부터 전세는 기울기 시작하여 1948년에 3대 전역에서 대참패를 당하고 1949년초가 되면서 장제스 정권의 붕괴는 초읽기에 들어간다. 1949년 4월 21일 제3야전군은 양자강을 도하하여 최후의 공세에 나섰다. 국민당 정권을 지탱하고 있던 미국은 고민 끝에 장제스의 직접개입 요구를 거부하고 등을 돌리기로 결정했다.

내전기간 내내 미국의 정책은 그야말로 딜레마의 연속이었다. 장제스 정권을 지지하지 않으면서도 그렇다고 지지하지 않을 수도 없는 입장이었다.

미국은 공식적으로만 약 23억 달러에 달하는 막대한 원조를 장제스 정권의 유지와 파괴된 중국의 재건, 중국군의 재무장, 내전 수행에 지원하였다.

미국은 극동에서의 최대 우방국이자 소련에 대한 견제를 위해 장제스 정권을 지원하지 않으면 안 되면서도 공산당군과의 내전은 정치적 이유로 반대하였고 여러차례 양측의 화해를 추진했다.

미국의 중재와 개입이 실패한 것은 미국이 중국의 정치적 상황과 국공 양자의 뿌리깊은 불신과 증오심에 대한 사전 이해없이 단지 미국식 방법만을 이들에게 억지 강요했기 때문이다.

장제스 입장에서는 공산당군은 여러차례 정전협정을 깨뜨려 협정을 지킬 의사가 없는데도 무조건 일방적인 정전과 양보를 강요하고 있다고 생각했고 마오쩌둥 입장에서는 입으로는 미국이 평화운운하면서 국민당군에게 막대한 원조와 병력 수송을 지원하여 양자의 전쟁을 부추기고 있다고 생각했다. 또한 마오쩌둥은 "마셜의 중재를 믿었는데 국민당군은 협정이 체결되자 말자 다시 공격해 왔다. 우리는 다시는 외세를 믿어서는 안된다"고 말했다.

1949년 8월 5일 미 국무장관 딘 애치슨Dean Gooderham Acheson은 이른바 〈중국백서〉를 발표했다. 1,000여 페이지에 달하는 내용 내내 '장제스와 국민당 정권은 썩어빠진 정권'이었으며 '우리가 그들을 위해 지원한 막대한 자금을 엉뚱한 곳에 낭비했다'고 기록하고 있다. 반면 공산당에 대해서는 '그들은 유능하고 활기 넘치며 민중의 지지를 받고 있다'고 표현하면서 장제스 정권을 지원한 것은 자신들의 실수였다고 간접적으로 시인한다.

국공내전 내내 어설픈 양다리 외교를 펼치다 미국은 뒤늦게 실수를 깨닫기는 했지만 이후에도 여전히 오판의 연속이었다.

타이완의 2. 28사건[13] 직후 타이완에 친미정권을 세우고 장제스 정권을 붕괴시킨 다음 타이완을 미국 주도의 유엔 신탁통치에 맡기려는 계획을 추진하였으나 실패로 돌아간다. 1947년 3월 이른바 트루먼 독트린(Truman Doctrine)에 의한 '타이완은 아직 법적으로 중국령으로 인정된 것이 아니다'라는 〈타이완 지위 미정론〉의 실체이기도 하다.

타이완 장악음모가 실패하자 미국은 타이완도 포기하고 또한 장제스 정권에 대해서도 포기하는 제3의 선택을 한다. 바로 마오쩌둥의 신중국에 대한 관계 개선이었다. 이런 상황에서 나온 것이 바로 1950년 1월 12일 이른바 애치슨 라인이다.

당시 미 국무장관 애치슨이 발표한 〈아시아의 위기〉에서 '미국의 극동 방위선을 얄류샨-일본-오키나와-필리핀으로 정하며 남한 타이완 인도차이나는 UN의 보호에 맡긴다'라고 선언한 것은 바로 마오쩌둥 정권에 대

---

13) 중국 본토의 남동 해안에서 160km 떨어진 곳에 있는 타이완섬에는 17세기 중반부터 중국 대륙의 한족(漢族)이 이주해 정착하기 시작했던 본성인(本省人)과 1949년 전후에 장제스의 국민당 정권과 함께 건너온 외성인(外省人)으로 나뉜다. 본성인은 전인구의 85%, 외성인은 13%를 차지하고 있는데, 이 둘의 갈등으로 일어난 사건이 소위 '2·28사건'이다. 1947년 2월 27일 타이베이역 근처에서 전매품인 담배를 몰래 팔고 있던 여성을 본토 출신의 전매국 단속반원이 구타하면서 시작되었다. 사태는 일거에 확대돼 28일에는 타이베이시 전역에서 파업과 철시 및 데모대의 시위가 시가지를 휩쓸었고, 3월 1일 이후 전 섬으로 확대되었다. 이에 당황한 국민당은 계엄령을 선포하고 3월 8일 본토에서 2개 사단의 진압군을 타이완으로 불러들여 3월 9일부터 대대적인 살육과 약탈을 자행하면서 진압에 나섰다. 이 과정에서 학생 등 무고한 타이완 원주민들이 무참히 죽었고 현지의 정치 지도자들과 경제인 언론인들도 체포되거나 처형됐다. 정부 발표로만 2만 8,000여 명이라는 희생자를 냈다. 이 사건 이후 국민당 정부의 군사 독재는 1949년에서 1987년까지의 계엄령으로 이어졌으며, '백색공포'로 알려진 40년의 탄압정치로 이어졌다. 계엄령이 해제되기 전에는 이에 대해 말을 꺼내는 것조차 금기로 여겨졌다. 1995년에 2월 28일 사건발생 48년만에 리덩후이 총통이 국가수반으로는 처음으로 희생자 가족에 사죄의 뜻을 표시하는 한편 2월 28일을 평화의 날'로 제정하고 사건 진상규명을 약속했다. 이날 타이완 타이베이 공원에는 희생자를 추모하는 위령비가 세워졌다.

한 유화 제스처였다. 만약 중국과 국경을 맞대고 있는 한반도와 타이완 인도차이나를 미국의 영역으로 선포했다면 이는 마오쩌둥의 신중국에 대한 엄청난 압박이었을 것이다. 또한 미국은 중국에 대해 어떤 간섭이나 개입도 하지 않을 것이며 타이완으로 철수한 장제스 정권에 대해서도 어떠한 군사 경제적 지원도 하지 않겠다고 선언했다.

이러한 미국의 화해 제스처에 대해 마오쩌둥의 반응은 국공내전 과정에서 미국은 이율배반적이었다며 "자본주의 외세는 믿을 수 없다"고 맹비난을 하고 신중국 선포직후인 1949년 12월 직접 모스크바를 방문하는 등 소련에 접근했다.

모스크바까지 날라와 스탈린을 만나 경제원조 요청과 협력 강화를 희망하던 마오쩌둥과 중국 인사들에 대해서 소련은 융숭한 연회만 열어줄 뿐 중요한 대화는 회피했다. 항상 화법이 직설적이었던 마오쩌둥은 "우리는 여기와서 먹고 싸는 것만 하고 있다"고 격분하였고 저우언라이의 노력으로 소련을 대화 테이블로 끌어낼 수 있었다.

마오쩌둥 나름의 이유는 있었겠지만 결과만 놓고 말한다면 미국이 내민 손을 뿌리친 대신 소련을 선택한 것은 뭔가를 얻기는 고사하고 철저하게 이용만 당하는 소련의 실체와 전략을 전혀 모르는 일방적인 짝사랑에 불과했다.

대표적인 사례가 바로 한국전쟁이었다. 김일성의 남침준비에 중국과 마오쩌둥이 어느 정도 개입하고 있었는가에 대해서는 여전히 논란의 여지가 있다.

1949년 7월부터 김일성의 요청에 따라 마오쩌둥은 단계별로 북한에 제4야전군 산하 3만 5,000명을 파견했다. 이를 두고 일부학자들은 마오쩌둥이 남침계획에 처음부터 깊숙하게 개입하고 적극적으로 지원하고 있었다고 주장한다. 그러나 여러 정황을 볼 때 세부추진 과정에서 김일성과 스탈린 둘이서 의논하고 마오쩌둥은 배제되었을 가능성이 높다는 것이 통설이다. 마오쩌둥 역시 내부 안정과 타이완 티벳 해남도 등 미수복 지구에 대한 문제가 당면한 과제였다.

한국전쟁이 발발하자 미국은 배후에 소련과 중국이 있다고 규정하고 1950년 6월 28일 필리핀과 홍콩 해역에 배치되어 있던 제7함대를 즉각 타이완 해협으로 이동시키고 해협을 봉쇄했다. 미국 입장에서는 중국의 속셈이 의심스럽기는 하지만 아직 의도를 정확하게 파악하지 못한 상태에서 성급하게 대응하기보다 일단 최소한의 대처를 한 것이라 할 수 있다. 장제스 정권에 대한 원조를 재개하지도 중국에 대한 경제봉쇄를 단행하지도 않았다.

인천상륙작전으로 전황이 바뀌자 스탈린은 김일성의 구원 요청을 받았으나 소련군을 파병할 계획은 조금도 없었다. 독일과의 전쟁으로 지칠대로 지친 소련이 이제와서 미국과 정면 대결하는 것은 얻는 것보다 잃는 것이 더 많다는 판단이었다. 따라서 자신을 대신할 소모품으로 마오쩌둥에게 중국군 5~6개 사단을 즉시 파병해 줄 것을 요청했다. 이 요청에 따라 중국공산당은 저우언라이를 보내 참전의 선결조건으로 “무기와 탄약 제공, 소련

공군의 엄호"를 내걸었으나 스탈린은 소련공군이 아직 준비가 부족하다며 거절하였다.(당시 소련 극동공군은 전투기 2,800대를 비롯해 5,300대의 항공기를 보유하였고, 중국공군은 통틀어서 MIG-15 38대, LA-11 39대, TU-2 폭격기 9대, 일루신 Ilyushin-10 25대가 전부였다)

"나는 모스크바에서 멀리 떨어진 곳에서 휴가를 보내고 있어 북한의 정세를 제대로 알지 못합니다. 오늘에야 모스크바로 부터 보고를 받고 북한 동지들이 곤경에 빠져 있다는 것을 알았습니다. (중략) 나는 중국이 북한 동지들을 위해 지원군을 제공할 여건이 된다면 5~6개 사단만이라도 좋으니 신속히 38선으로 보내 그들이 38선 이북에서 재편할 시간을 벌 수 있도록 도와주기를 요청합니다. 중국군은 지원군의 신분으로 나타나도 괜찮다고 생각합니다. (중략)" - 10월 1일자 스탈린이 마오쩌둥에게 보낸 전문 중에서

이 전문을 보면 스탈린은 그야말로 남의 일인 양 태평스럽게 이야기하고 있는 것이 여실하게 느껴진다. "나와는 별상관이 없는데 그들이 불쌍하니까 당신이 여건이 되면 좀 도와줘라" 하는 식으로 자신의 책임을 남에게 전가하고 있다.

중국은 미국이 일본과 다를 바 없는 침략자이며 만약 북한이 망하면 1,000km가 넘는 압록강을 방어하는 것이 훨씬 더 힘들기 때문에 북한에서 싸우는 것이 낫다고 생각했다. 일본과 달리 아직 중국에게 총 한발도 쏘지 않은 미국에 대한 막연한 공포심에 사로잡혀 무조건 미국은 중국을

침략할 것이라는 전제를 내리고 있는 것이었다. 이 결정으로 만주에서 명령만 기다리고 있던 동북변방군 산하 제13병단을 비롯해 6개 군, 18개 사단 3개 포병사단 1개 고사포연대 2개 공병연대 등 약 30만명이 일제히 압록강을 건너게 된다. 그럼으로써 더 이상 미국과의 관계는 돌이킬 수 없게 되었다. 미국은 중국군의 참전이 명백해지자 장제스 정권에 대한 경제원조 재개와 중국에 대한 경제봉쇄를 단행했다.

한국전쟁 3년의 공방전으로 마오쩌둥은 100만에 달하는 중국인들의 희생을 강요하였고 가뜩이나 어려운 경제상황에서 막대한 전비부담까지 떠안아야 했다. 한국전쟁이 종결되고 소련과의 관계는 스탈린이 사망하고 곧 경색되기 시작했고 마오쩌둥이 기대했던 원조는 거부되었다. 중국은 소련의 지원없이 스스로 경제 부흥에 힘써야 했다.

1969년 8월 신강 위구르자치구에서 중소국경수비대간의 격렬한 충돌로 양자는 일촉즉발의 상황까지 벌어졌다. 한달 후 코시긴 소련 총리가 베이징을 방문하여 저우언라이와 양국 총리 회담을 개최하여 최악의 상황은 피하지만 중국은 소련이 언제라도 핵공격을 감행할 것이라며 두려움에 떨게 되었다.

그 해 새 미국 대통령이 된 닉슨은 중국에 대해 화해 제스쳐를 취했다. 여기에 가장 적극적으로 응한 것은 마오쩌둥과 저우언라이였다. 아이러니하게도 대미강경파는 한국전쟁 참전을 반대했던 린뱌오였다.

1971년 4월 한밤중에 마오쩌둥은 미국 탁구 선수단을 초청토록 지시하였고 나중에 '핑퐁외교'라고 불리게 된 양국의 첫 스포츠 친선경기는 당시로서는 전 세계에 큰 충격을 주었다. 그리고 7월 9일 헨리 키신저가 극비밀리에 파키스탄을 통해 북경 교외의 남원 비행장에 내려 저우언라이를 만났다.

10월 20일 공식적으로 중국을 방문한 키신저는 저우언라이와 타이완 문제와 중국의 유엔가입을 논의하였다. 그리하여 장제스의 중화민국은 유엔에서 추방되었고 유엔 안전보장이사회 상임이사국 자리와 중국 정통 정권으로서의 정당성을 중화인민공화국이 확보하게 되었다.

다음해인 1972년 2월 21일 북경에서 마오쩌둥과 닉슨은 역사적인 만남을 가졌다.

닉슨과 마오쩌둥의 악수. 마오쩌둥은 이때서야 '국제사회에 영원한 적도 아군도 없다'는 진리를 깨달았을까? 바로 얼마 전까지 '미제국주의 타도'라는 구호로 7억이 넘는 인민들을 세뇌시켜 오다가 어떻게 하루아침에 뒤집었을까? 과연 마오쩌둥은 20여년전을 돌이켜보며 그때의 결정을 속으로 어떻게 생각했을까 궁금하다.

F9

1966~76년 문화대혁명 기간 중 공자사상은 중국에서 배척의 대상이었다. 마오쩌둥 같은 혁명 지도자들은 공자사상이 소작농을 노예처럼 부려먹은 관료와 황실의 철학이라고 비난했다. 문화대혁명 당시 공자와 관련된 사원이 많이 파괴되고 책들은 불탔다. 더욱이 1971년 린뱌오의 쿠데타 실패로 린뱌오와 공자를 모두 비판하는 비린비공(批林批孔) 운동으로 유가사상과 관련한 모든 중국의 전통문화를 무자비하게 파괴하는 결과를 초래하였다.

2007년 열린 중국공산당 17차 당 대회에서 〈문화적 소프트파워〉를 채택한 중국 정부는 공자사상 부활에 힘을 실어줬다. 2억 위안을 들여 공자 일대기를 그린 영화로 2010년 개봉된 〈공자〉는 후진타오 정권의 전폭적인 후원 속에 만들어진 것이다. 당시 부모들은 공자사상이 무엇인지 보여주기 위해 아이들 손을 잡고 극장으로 몰려들었다.

1979년 중국의 경제개방 선언 이후 30여년이 지난 오늘날 중국에서 공자사상은 새로운 시대의 정치 경제이념으로 다시 주목 받고 있다.

중국은 공자를 다시 이야기하고 있다.

중국학자들은 공자관련 책들을 쏟아내고 있다. 공자사상 옹호론자들은 공자의 인문주의 철학에 기반한 국가를 지지한다. 칭화清華대학 국제문제연구소의 옌쉐퉁閻學通 소장은 저서 〈고대 중국사상과 현대 중국의 역량(古代中國思想與當代中國力量)〉에서 '미국과 벌어진 힘의 차이를 줄이는 것은 물론 미국보다 나은 사회모델을 제시하는 게 목표'라고 적었다.

베이징北京대학 '공자사상 포럼'에서는 전통 인(仁) 사상이 중국의 소프트파워에 어떤 도움을 줄지, 과도한 물질주의로 인한 정신적 위기와 어떻게 조화를 이룰지, 당이 지배하는 권위주의가 공자사상을 원칙으로 삼는 한 개인에 의한 정부로 대체될 수 있을지 활발한 논의가 이뤄졌다.

양명정사(陽明精舍) 설립자인 장칭蔣慶은 "사회주의 체제를 공자사상에 기반한 시스템으로 바꾸는 데 대해 지지한다"고 밝혔다. 그가 말하는 공자사상 기반 시스템이란 입법기관의 선출직 관리와 상징적인 군주에 의해 완수된다.

푸단復旦대학 철학과 바이퉁둥白彤東교수도 "현 1당 체제의 정당성이 비리로 훼손됐다"며 "한편에서는 대중 투표로 선출되고 또다른 한편에서는 현명하고 유능한 엘리트에 의해 선택되는 양원제를 지지한다"고 말했다. 그는 현대국가들의 경우 "일반인들이 이해하기에는 너무 크고 복잡하다"고 지적하고 있다.

최근에는 공자사상을 정치뿐 아니라 경제 부문에도 적용하자는 움직임이 일고 있다. 공자가 작은 국가를 지지한 것은 민간주도 경제에 대한 가치로 해석할 수 있다는 주장이다. 톈쩌天則 경제연구소의 성훙(盛洪) 소장은 작은 정부와 세금 억제를 주장한 공자의 사상이 18세기 스코틀랜드 사회철학자이자 정치경제학자인 애덤 스미스의 '보이지 않는 손' 개념과 유사하다고 주장한다. 성 소장은 "정부의 개입없이 개인 스스로 이익을 추구한다면 경제는 번영할 것"이라고 말했다.

일례로 상하이에서 소액대출업체를 운영하는 몇몇은 공자사상이 사업에 일조한다고 말한다. 그들은 대출 신청자들이 부모에게 얼마나 효도하는지 따져 대출 여부를 결정한다고 한다. 그에 따르면 부모에게 효도하는 사람이 대출금도 잘 갚는다는 것이다.

한때 중국에서는 공자를 도구(盜丘)라 하여 근대화의 장애물로 타도의 대상이 되었다. 문화대혁명 때 그 절정에 이르렀으나 덩샤오핑의 개혁개방 이후 공자의 새로운 평가가 이루어지고 있다.

중국의 공자 열풍은 2008년 베이징 올림픽 개막식에서 본격화 되었다. 당시 산둥山東항공 기내에는 공자의 어록인 논어 글귀로 차 있었다. 그리고 개막식에는 3,000명의 공자 제자들이 논어를 암송하는 퍼레이드를 벌렸다. 그리고 노벨 평화상에 필적하여 공자 세계평화상(孔子世界平和賞)을 제정하였고 중국의 얼굴인 천안문 광장에 높이 9.5m의 공자상을 만들어 놓았다.

마오쩌둥이 20세기 혼란의 중국을 통일하였다면 21세기의 중국은 공자에게 길을 묻겠다는 것이다.

서울의 주요 대문은 공자의 가르침으로 현판을 내 걸었다. 예(禮)를 숭상하는 남대문(崇禮門) 인(仁)을 일으키는 동대문(興仁之門) 의(義)를 돈독히 하는 서대문(敦義門)이 있다. 그리고 성균관을 위시하여 전국에 200여개의 향교(孔子廟)가 봄 가을 석존대제로 공자에게 제사를 지낸다.

공자의 어록이 담긴 논어(論語)는 삼국시대부터 있었다. 일본에 논어와 천자문을 전달해 준 사람이 백제인 왕인(王仁)이었다. 중국 송(宋)대 이후 북방의 소수 민족에 의해 지배되어 유학이 쇠퇴되고 있을 때 한국은 오히려 유학을 존숭하여 일반인의 생활 속까지 뿌리를 내렸다.

2007년말 일본의 후쿠다 야스오福田康夫 수상이 중국을 방문하였을 때 공자의 고향 취푸曲阜를 찾아 일본의 정신문화에 영향을 준 공자에게 존경을 표시하였다. 지금도 일본 동경東京대학이 있는 곳을 홍고本鄕라고 부른다. 이곳은 에도江戸 막부 초기 도꾸가와 이예야스德川家康의 젊은 참모 하야시 라잔林羅山의 사설학원이 있었던 곳이다. 이곳을 에도 막부는 공식 교육기관으로 만들어 공자를 숭배하는 의미에서 이곳의 지명을 취푸의 옛이름인 창평향昌平鄕으로 불러왔다. 홍고는 창평향의 중심이라는 뜻이다.

인근의 유시마湯島 성당은 공자를 모신 일본 최대의 공자묘(孔子廟)이다. 유시마 성당에는 매년 공자에게 제사지내는 대성전이 있고 세계 최대라는 공자상도 있다.

16세기 중국에 온 예수회 선교사 마테오 리치에 의해 〈孔夫子 : Confucious〉로 서양에 소개된 공자의 인본사상은 유럽에 중국의 바람을 일으켰고 볼테르 몽테스퀴에 등 당시 계몽학자들은 공자사상으로 당시 유럽 절대왕정을 비판하였다.

공자사상은 중국의 문화적 소프트파워만이 아닌 인류 보편적인 가르침을 연대하는 공자 문화공동체(Confucious community)로 중국을 이야기하는 키워드로 공자의 세계 브랜드화가 필요하다. 이미 공자라는 이름은 예수 석가모니 소크라테스와 함께 세계 4대 성인으로 추앙받을 만큼 세계인들에게 알려져 있다는 점이다.

중국은 공자사상이 추구하는 궁극적 목적을 화(和)라고 말한다. 즉 모든 나라가 평화공존하고 모든 민족이 평등하게 지내는 대동(大同)세계의 구현이 공자사상의 핵심이라는 것이다. 특히 중국이 미국과 맞서는 G2가 되면서 제기되는 중국위협론에 맞서는 논리로 공자사상을 내세운다. 이와 함께 중국의 급격한 개방으로 중국 전통사상의 핵심인 공자의 윤리 도덕관을 강조할 필요성도 있다.

후진타오 전 주석의 미국 국빈방문의 마지막 방문지가 미국의 최초 최대의 공자학원이 있는 시카고의 월톤 페이톤 칼레지고등학교였다. 그는 중국어와 중국문화를 배우고 있는 학생들을 격려하고 선생들을 중국에 초청하였다. 공자학원은 유럽 31개국 105개로 가장 많고 아시아 30개국 81개 미주 12개국 103개 아프리카 16개국 21개 오세아니아 2개국 12개 공자학당은 34개국에 369개가 개설 운영되고 있다.

프랑스의 알리앙스 프랑세즈가 120년간 137개국 1,000여개 영국 브리티시 카운슬이 70년간 110개국 250여개 독일 괴테 인스티튜트가 50년간 83개국 147개를 각각 설립한 것과 비교하면 엄청나게 빠른 속도다.

중국에서 학원(學院)은 단과 대학의 성격이며 학당(學堂)은 이보다 규모가 작다.

또 후진타오는 "세계에서 가장 훌륭한 중국어 교재를 만들라"는 특별지시에 따라 2010년에는 창청한위長城漢語 중국어 학습 프로그램이 제작돼 전세계로 보급중이다. 만리장성이 중국을 대표하는 역사 유적이듯 창청한위는 중국어 입문단계부터 고급수준까지 말하기 듣기 읽기 쓰기 등 모든 분야를 애니메이션으로 제작해 흥미롭게 쌍방향으로 공부할 수 있다. 창청한위 외에도 콰이러 한위快樂漢語(즐거운 중국어) 건워 쉐 한위跟我學漢語(함께 중국어 공부하기) 등도 중국어 교재로 한국어판 영어판 러시아어판 등 전세계 언어로 번역본이 나와 있다.

한 나라가 세계적인 강국이 된다는 것은 그 나라의 전략적 중요성과 잠재성이 글로벌 수준에 이르렀다는 것을 뜻한다. 이들은 자신들의 지배력을 강화하면서 이익을 지킨다. 강국의 가치관은 세계적 지배력을 강화해주는 중요한 요소다. 중국은 보편적 가치의 확립이란 점에서 제5의 근대화(민주주의와 법치)가 중국의 변화를 이끈다면 그런 시대는 반드시 올 것이다. 중국이 세계적 강대국으로 설 수 있느냐는 이 문제를 어떻게 해결하느냐에 달렸다.

F10

공자는 중국의 산둥山東성 취푸曲阜 동남쪽, 기원전 551년 춘추시대의 노(魯)나라의 작은 마을인 추읍(陬邑)에서 태어났다. 이때는 인도의 석가모니가 태어난 지 10여년 뒤이고 소크라테스가 태어나기 얼마 전 시기에 해당한다. 공자를 일컫는 콘휴셔스(Confucius)는 존칭인 공부자(孔夫子)의 라틴어식 표기이다. 나아가 공자는 세계 4대 성인으로 칭송받고 있다.

공자는 나중에 벼슬을 하기는 하였지만 공자의 일생을 통틀어 보면 젊은 시절부터 죽기 직전까지 가장 많은 시간을 남을 가르치는데 보낸 직업적인 교육자였다. 그리하여 덕행에 뛰어난 제자로는 안연(顔淵) 민자건(閔子騫) 염백우(冉伯牛) 중궁(仲弓) 같은 인물을 꼽을 수 있고, 언어에 능한 이로는 재아(宰我)와 자공(子貢)이 있으며, 정사에 유능한 제자로는 염유(冉孺)와 계로(季路)가 있으며, 문학을 잘 하는 이로는 자유(子游)와 자하(子夏) 같은 인물을 꼽을 수 있고 각 분야에 뛰어난 수많은 인재들이 배출되었다.

공자가 꿈꾸던 세상은 예(禮)와 덕(德)과 문(文)이 지배하는 사회였다. 공자가 살던 당시 춘추시대에는 약육강식의 힘의 논리가 횡행하여 온갖 명목의 전쟁과 난리가 연이어 일어나 민중들은 피폐할 대로 피폐해지게 되었다.

기본적으로 인(仁)의 실천 곧 백성을 사랑하는 것을 자기의 임무로 생각했던 공자로서는 그러한 현실을 목도하고서도 책이나 읽고 학생들을 가르치는 일에만 매달려 있을 수는 없었다. 그래서 그는 정치에 관여하게 되었다. 당시의 정치가들에게 자신의 덕치주의(德治主義)를 설파하기 위해 수레를 타고 여러 나라를 주유하기도 하였고 직접 벼슬을 맡아서 자기의 이상을 실현하려고 노력하기도 하였다. 그러나 현실정치의 벽은 그의 꿈을 실현하기엔 너무나 두터웠고 많은 좌절과 오해를 받기도 하였다.

그러나 그의 합리적인 도덕정치 철학은 시대를 넘어 후대에 계승되어 한(漢)나라에서 국정이념으로 채택된 이래 동양의 역사상에 큰 영향력을 행사하게 되었다.

여러 나라를 떠도는 가운데 양식이 떨어지기도 하고 테러의 위협을 받기도 하였다. 그래서 노년에는 이런 모든 것을 잊고 춘추(春秋) 같은 책을 엮고 역경(易經)에 재미를 붙여 공부하는 한편, 고향에서 젊은이들을 가르치는 일에 전념하다가 기원전 479년 73세를 일기로 세상을 떠나 노(魯)나라 도성 북쪽 사수(泗水) 언덕에 묻혔다.

공자의 수염

영국 런던대 중국학 교수 버나드 퓨어러Bernhard Fuehrer는 "공자 말씀은 학자들 자신이 살았던 시대의 정치사회적 맥락에 따라 수없이 다르게 해석했기 때문에 '공자의 원래 뜻은 이것'이라고 말하기 어렵다"고 강조했다. 공자와 그 제자들이 사라지고 나서 '공자가 말씀하시기를'이라면서 가르치는 사람들이 나타났는데 공자가 무엇을 이야기했는지 정확히 말하기 어렵고 다만 의미를 추정하고 상상해볼 뿐이라고 했다.

'진짜' 의미를 탐구하는데 적용하는 객관적인 시각이 있다는 게 허구라는 것을 인식하지 못한 채 우리의 관심으로부터 문헌을 해석할 뿐이라고 말한다.

그가 공자의 진짜 모습과 후대에 만들어진 전통 사이의 간극을 대표하는 사례로 든 것이 바로 공자의 수염이다. 공자에 대한 전통적 그리고 현대적 묘사를 보면 얼굴에 수염이 풍성하다. 하지만 중국 산둥지방의 가족 사당에 있는 2세기 중반 공자와 〈도덕경〉의 저자 노자(老子)의 만남을 묘사한 벽화를 보면 두 명 모두 수염이 보이지 않는다는 것이다. 사당은 황허黃河의 범람으로 잠겼다가 1786년 재발견됐다.

공자의 9대손이 편집했다고 하는 〈공총자(孔叢子)〉에도 공자의 손자인 자사(子思)가 제나라 군주에게 할아버지의 용모를 묘사하며 "우리 선조는 수염과 눈썹이 없었다. 이 때문에 공자에 대한 왕과 제후들의 존경심이 줄어든 것은 아니었다(先君生無鬚眉 天下王侯不以此損其敬)"고 말한 기록이 나온다. 하지만 8세기 전반 당나라 화가가 나이와 지혜의 상징으로 공자의 수염을 그린 이후 이는 주류 전통이 됐다.

중국이 서구에 대항하는 전가의 보도(傳家之寶)는 특수성의 강조다. 중국의 정치체제는 2,000년 동안 근본적으로 바뀌지 않고 중화(中華)다움을 유지해 왔고 관방 지식인들은 중국 문명의 특수성을 소리 높여 찬양했다.

〈사회주의 3.0〉 이론을 창안하여 중국식 사회주의가 실패하지 않았고 성공적으로 진화하고 있다고 주장하는 왕사오광王紹光 홍콩 중문대학 교수의 이론은 작은 예일 뿐이다.

중국은 서구의 보편적 가치를 적용하기가 어렵다는 '특수론'과 중국 경제발전을 설명하는 관점으로 '중국모델론'을 드는 것은 중국 지도층과 지식인들이 가장 선호하는 강력한 방패이다. 마치 당나라 화가가 나이와 지혜의 상징으로 공자의 수염을 그렸듯이 말이다.

현대의 중국특수론은 반제국주의를 가치로 내걸고 민족주의를 기반으로 창건한 중국공산당의 태생적 한계와 뿌리가 맞닿는다.

공자 아카데미의 설립이나 유교의 부활 시도가 30년전 공자를 타도하자던 비림비공 운동처럼 언제든지 중국공산당 정권의 통치 이데올로기에 꿰맞춰 전통문화의 부분적 편취와 왜곡의 가능성이 나타나지 않을까하는 우려를 해본다. 세계인들은 다만 인류 보편적 가치에 기반한 새로운 중국의 탄생을 원하는 것이다.

사람을 뜨겁게 사랑하라

중국에서 "어려서는 〈수호전(水浒传)〉을 보지 말고 늙어서는 〈삼국지(三国志)〉를 보지 마라" 라는 말이 있다. 수호전과 삼국지는 〈금병매(金瓶梅)〉 〈서유기(西游记)〉와 함께 중국의 4대 기서(四大奇书)라고 불릴 정도로 중국 문화를 대표하는 위대한 소설로 꼽힌다. 또 루쉰鲁迅이 "삼국지와 수호전의 분위기가 사회에 남아 있다"고 했을 정도로 아직까지 중국인들의 정신에 큰 영향을 미치고 있다. 그런데 왜 보지 말라는 말이 전해지게 됐을까?

특별히 쌍전(双传)이라 불리우는 수호전과 삼국지가 '인간 마음의 지옥'을 만들어내기 때문에 보지 말라는 것이라 풀이해 본다. 5·4 신문화운동[14] 때 공자가 아니라 수호전과 삼국지를 주요 비판의 대상으로 삼았더라면 좋았을 것이라는 생각을 해본다. 두 소설을 비판하는 이유는 단적으로 말해 비인간적인 문화를 심어주기 때문이다.

수호전은 호보의(呼保義) 송강(宋江)을 비롯한 108명의 호걸들이 량산포梁山泊를 근거지로 삼아 봉건 왕조의 학정에 맞서 싸움을 다룬 작품이다.

---

14) 중국에서 일어난 항일운동이자 제국주의에 반대하는 운동이지만, 중국의 신민주주의 혁명의 출발점으로 평가되며 또한 근현대사의 새로운 기원을 여는 사건. 제1차 세계대전이 끝나자 독일이 중국 산둥성에 가지고 있던 권익을 일본에게 양보하라는 일본의 요구에 격분한 베이징의 학생들은 5월 4일 천안문 광장으로 모여들어 반대집회를 벌였다. 또한 베이징대학을 중심으로 한 문학혁명(文學革命 : 1917년) 이후의 신문화운동도 경험하였다. 이 5·4운동은 애국운동에 그치지 않고 봉건주의에 반대하고 과학과 민주주의를 제창하는 문화운동의 요소를 띤 광범한 민중운동으로 발전하는 계기가 되었다. 학생들은 민족 위기를 호소하고 국산품 장려, 일본 상품의 불매(不買) 등을 외쳤다. 6월 3일 군벌정부는 대규모 탄압을 감행하여 학생 약 1,000명을 체포하였다. 6월 3일의 이 사건은 광범한 민중의 분노를 불러일으키는 결과가 되어 6월 5일부터 상하이 기타 도시에서의 노동자의 파업, 상점의 폐쇄 등으로 나타났으며, 전국의 각계 단체의 연합인 통일전선조직이 성립되었다. 처음에 지식인으로 시작된 이 운동은 조선의 3·1운동에 고무되었고 러시아 혁명의 영향도 있었다. 그 후 공산주의 운동의 출발점이 되기도 하였다. 코민테른은 보이틴스키G. Voitinsky를 밀사로 중국에 파견하여 당시 중국의 공산주의 중심인물이었던 리다자李大钊와 천두슈陈独秀를 통하여 공산당이 결성되도록 하였다.

북송 말기 송강을 수뇌로 일으킨 실제 농민봉기를 역사적 배경으로 송강 등 36명은 실존 인물이다. 수호전의 주인공들은 탐관오리에 대항해 반란을 일으킨 영웅으로 대접받아 왔다. 또 그들의 개인사와 활약상을 통해 불의에 맞서는 의협과 부패한 권력에 대한 민초의 저항심을 거침없이 드러내고 있기에 시대를 뛰어넘어 중국인들에게 사랑받아 온 작품이다. 수호전은 '관에 민이 맞선다'는 반체제적 성격으로 인해 명(明)나라 때는 금서였다.

지은이는 그 속에서 '반란은 어떤 수단을 써도 정당하다'와 '욕망은 죄악이다'라는 논리가 숨어있어 읽는 사람에게 마음의 지옥을 만들어 낸다.

특히 흑선풍(黑旋風) 이규(李逵)는 동료를 포섭하기 위해 도끼로 갓난 아이를 쳐 죽이고 몰우전(沒羽箭) 장청(張淸)과 손이낭(孫二娘)[15]은 인육 만두를 먹고 판다. 행자(行子) 무송(武松)과 이규 등은 살육행위 자체에 희열을 느끼기도 한다. 또 이들은 욕망 자체를 죄악으로 여기며 특히 여성에 대해 무자비한 폭력을 휘두른다. 이규가 단지 사랑을 나누고 있다는 이유만으로 남녀의 목을 치는 것이 대표적이다.

호랑이를 맨손으로 때려잡은 무송(武松)과 수양버들을 뿌리째 뽑아버린 노지심(魯智深) 하늘높이 날아가는 기러기의 눈을 맞출 정도로 활솜씨가 뛰어났다고 하는 이화영(李花榮)의 이야기는 참으로 소박하다.

저자가 찾은 량산포 정상 후토우펑虎頭峰에는 산채의 본부였던 쥐이팅聚議

15) 손이낭은 량산포의 여걸 3명 가운데 한 명이다. 인육(人肉)으로 소를 빚은 만두를 팔아 '어미 야차(母夜叉)'라 불리기도 했다.

廳 건물 앞마당 장대 위에 높다랗게 매달린 깃발이 바람에 휘날렸다.

깃발에는 체천행도(替天行道) 즉 '하늘을 대신해 도를 행한다'는 량산포 호걸들의 기치가 적혀 있다. 양 옆으로는 색색의 의(義)자 깃발이 나부꼈다. 공자의 의(義)의 의미를 다시 생각해 보게 했다.

소년 시절부터 〈수호전〉을 즐겨 읽었던 마오가 보기에 송강은 충(忠)과 같은 유교의 봉건사상에 얽매였던 인물임이었음에 비해 이규는 뿌리부터 철저히 혁명가였다.

집권 이후 마오쩌둥은 수호전을 자신의 통치에 활용하기도 했다. 문화대혁명 말기인 1975년 송강의 투항주의 노선을 비판하면서 당시 재집권한 덩샤오핑과 그의 후견인 저우언라이를 공격했다. 다음해에는 사인방(四人幇)이 덩샤오핑의 재실각을 노리고 투항주의를 비판하는 여론을 전국적으로 확산시켰다.

마오쩌둥이 죽고 사인방이 체포된 뒤에는 수호전 비판에 대한 재비판이 제기됐다.

수호전이 이처럼 정치 공방의 무기로 활용됐던 까닭은 이 작품이 문학과 역사의 차원을 넘어서 정치 지도자와 인민 사이에 쉽게 공감을 불러일으킬 만큼 현재까지 중국인들에게 깊은 영향을 끼치고 있기 때문이다. 따라서 현대 중국을 이해하는데 수호전은 필수적인 참고서라고 할 수 있다.

온갖 권모술수를 집대성한 삼국지는 인간의 가장 어두운 마음을 드러내고 있기 때문에 수호전보다도 문제가 더 심각하다. 삼국지의 영웅들은 누가 최대한 잘 위장하고 기만해서 남을 속여 넘기는지를 겨룬다.

유비는 유교적인 방법으로 조조는 법가적인 방법으로 사마의는 음양술적인 방법으로 각자의 권모술수를 펼친다. 제갈량의 지혜 역시 나라를 바르게 다스리는 지혜가 아닌 권모술수를 일상생활과 인간관계 속으로까지 끌어들인 가짜 지혜가 되어버렸다. 여성은 수호전에서처럼 물건이 되어 권모술수의 도구로 이용당한다.

권모술수의 문제는 그것이 사회 공공의 이익을 따지는 제도를 가벼이 보고 극단적으로 사심(私心)을 추구하는 데에서 비롯한다. 이 가운데 권력이라는 목적만이 강조되고 그 밖에 어떤 가치도 들어설 자리가 없는 것이다. 가장 강조되는 의(義)란 가치는 소집단 형제관계 등에 충실한 사사로운 의리로 변질되어 보편적인 윤리는 외면받고 있다.

수호전은 암흑적인 수단(폭력)의 집대성이고, 삼국지는 권모술수 음모의 집대성이다.

문명국가 중국은 여기에 이끌려 변질되어서 본연의 형태가 변하고 성질이 바뀐 문화, 즉 위형 문화(爲形文化)로 나타난다. 수호전과 삼국지는 폭력과 권모술수를 숭배하며 사람을 사람으로 보지 않는 문화를 담기 때문에 위형문화라는 것이다.

진짜 문제는 이 두 소설이 '진정으로 중국인의 마음을 통치해 왔다'는 사실에 있다. 중국에서는 마르크스주의마저도 수호전의 기본 사상이었던 '반역은 어떤 수단을 써도 정당하다'를 벗어나지 않는다.

여러 차례의 정치운동에서 등장한 폭력과 권모술수, 음모도 쌍전의 영향에서 벗어나지 못했다. 곧 쌍전 자체가 중국 민족의 '집단적인 무의식'이 되어버렸다는 것이다.

이 때문에 저자는 현재 중국의 문화와 국민성을 비판하며 "당신들이 이 두권의 위대한 고전에 심취해 있을 때 지옥에 떨어지지 않도록 조심해야 한다"고 충고한다.

중국 문화의 원형으로 꼽을 수 있는 〈산해경(山海经)〉[16] 〈홍루몽(红楼梦)〉[17]에 담겨 있는 정신은 '사람을 뜨겁게 사랑하라'는 것이다. '죽의 장막' 중국이 베일을 벗으면서 아름답고 신비로운 죽(竹) 피리소리를 내어야지 죽창(竹槍)의 모습으로 묘사되어서는 안 된다는 것이다.

16) 중국 고대의 지리서. 모두 18권이며 오장산경(五藏山經) 해외사경(海外四經) 해내사경(海內四經) 대황사경(大荒四經) 해내경(海內經)의 5부로 되어 있다. 2세기 이전에 만들어진 것으로 추정되는데, 작자는 알 수 없다. 뤄양洛陽을 중심으로 동서남북의 지리 산맥 하천 등의 모양을 기록하였는데 산물 풍속 괴수(怪獸) 요괴 신 등에 대한 기록도 있고, 특히 곤륜산(崑崙山)과 서왕모(西王母) 이야기 등이 유명하다.

17) 중국 소설 최고의 명작으로 꼽히는 홍루몽의 배경은 청나라 건륭 연간의 베이징이었다. 시대적으로 보면 일대를 풍미하던 명대 사대기서에 비해 길게는 수백년이나 늦은 시기였다. 처음 전해지던 필사본은 〈석두기(石頭記)〉로 되어 있었으나 미완성된 마지막 부분을 수정하고 보충한 120회 간행본이 나오면서 〈홍루몽〉으로 이름이 확정되어 급속하게 전 중국에 전해졌다. 청말 문인들 사이에서는 "홍루몽 이야기를 하지 않으면 시서(詩書)를 아무리 읽어노 모누 허망한 얘기일 뿐"이라고 하며 마침내 경학(經學)에 빗대어 홍학(紅學)이란 말을 만들어냈다. 근대 중국의 석학과 사상가들은 새로운 홍학 연구를 통해 중국의 인문 정신과 전통문화의 정수를 밝히고자 노력했다.

F11

중국의 과거를 알려면 시안西安을 가보라는 말이 있다. 시안은 중국의 13개 왕조에 걸쳐 1,100여년의 천년제도(千年帝都)로 모든 국도(國都)의 대명사였다.[18] 진시황릉(秦始皇陵) 병마용(兵马俑) 양귀비의 화청지(華清池) 등 역대 왕조의 유적지가 늘여있다. 옛 이름 창안長安인 시안은 명(明)을 세운 주원장이 천하를 통일하면서 서쪽의 평안과 발전을 염원하여 붙인 이름이다.

최근 시안을 다시 찾았다. 중국 연안의 도시들이 그러하듯 이제 시안은 중국의 과거가 아니고 중국의 미래로 보였다. 고도(古都) 시안은 이제 잊어야 할 것 같다. 시안의 까오신취高新區라는 하이테크 신도시에는 30층 이상의 고층건물이 숲을 이루고 있다.

시안은 중국의 서부 대개발의 전략적 요충 도시로 전기와 용수[19]가 풍부하여 성 밖의 동교(東郊)와 서교(西郊)에는 글로벌 IT기업과 항공산업의 생산 연구 거점이 모여 있고 특히 면방직공업은 규모가 큰 여러 공장

---

18) 중국 산시성의 성도이며 행정구역은 8개의 구와 5개의 현으로 나뉜다. 관중분지(關中盆地)의 중앙부, 북쪽으로 웨이渭강이 동류하고 남쪽에 중난산終南山이 위치한다. 시안은 주(周)나라 무왕(武王)이 세운 호경(鎬京)에서 비롯되며 그뒤 한(漢)나라에서 당(唐)나라에 이르기까지 약 1,000여 년 동안 단속적이었으나 국도(國都)로 번영한 역사적 도시로 그 동안 장안(長安)이라는 이름으로 불려왔다. 명(明) 청(靑)대에 서안부(西安府)를 설치한 바 있으나 중화 건국 때에 그것을 폐지하고 산시성에 직속시켰다.

19) 시안은 팔수요장안(八水绕长安 ; 여덟 개의 물줄기가 감싼다는 뜻)이라고 불리었다. 시내지역 주위로 파하 로하 풍하 산하 경하 위하 등의 강이 흐른다. 그 중 다수가 황하 유역인 위하 수계에 속한다.

이 가동되어 생산량이 많은데 그 원면은 질양이 다같이 뛰어난 관중분지산(關中盆地産)의 목화로 충당된다. 남교(南郊)에는 문교지구를 이루어 시안교통대학 시베이西北공업대학 시베이전자과학기술대학 등 여러 기술 분야의 대학과 연구소 등이 모여 있다. 산시陝西성은 112개 대학과 133만의 대학생을 가진 고급인력이 풍부한 곳이다.

개혁개방 이전에도 시안은 중국 경제의 중요한 지위를 차지해 왔지만 최근 경제발전이 더욱 가속화 되고 있다. 중공업이 차지하는 비율이 매우 크고 국방산업 등의 특수공업을 기반으로 경공업이나 기술 개발력을 중시한 공업 정책의 결과이다. 최근에는 하이테크 신기술 산업 개발구, 경제기술 개발구, 곡강(曲江) 신구, 생태구, 옌량閻良 국가 항공 하이테크 기술 산업기지의 〈4구 1기지(4區1基地)〉를 설치해 첨단기술 개발과 산업화를 추진하고 있다.

시안은 지리적으로 중국 동서남북의 한가운데이다. 시안은 중국 서부와 중부 경제권의 관문이고 북서부 연안으로 나아가는 현관문으로 유라시아 대륙의 연결통로로 가장 완전함을 갖춘 중국 서부 최대의 도시이다. 시안을 '중국의 배꼽'이라고 부르는 것도 이러한 이유에서 이다.

대박 난 특이한 상품

고도 시안 동북쪽 30km 떨어진 동현의 야산 리산驪山 남쪽 기슭에 진시황릉(秦始皇陵)이 있다. 현재 발견된 유적지는 진시황제 무덤과 3곳의 병마용 갱이다. 병마용 일부를 제외한 나머지는 아직 발굴이 끝나지 않은 상태이고 진시황제의 무덤 발굴이 시작되면 세계인들은 다시 시안을 주목하게 될 것이다.

중국사에 가장 큰 영향을 미친 역사인물은 누구인가? 중국에서 이런 설문을 해보면 거의 언제나 진시황과 마오쩌둥이 1, 2위를 다툰다. 마오쩌둥은 오늘날의 사회주의 중국을 만들었고 진시황은 그 중국 자체를 만들었기 때문이다. 물론 진시황 이전에도 중국 역사는 오래 이어져 왔지만 그가 중국을 하나의 거대한 제국으로 통일하지 않았다면 중국은 마치 유럽처럼 여러 나라로 나뉜 채로 발전해 왔을지 모른다. 그랬다면 중국사는 물론이고 세계사도 크게 달라지지 않았을까 라는 생각은 충분히 가능하다.

이처럼 중요한 인물임에도, 진시황제에 관한 역사 기록은 많지 않고 확실히 믿기도 어려운 점들이 있다. 진(秦)왕조 자체의 역사기록이 전해지지 않는 상태에서 진시황 관련 자료는 사마천(司馬遷)의 〈사기(史記)〉와 유향(劉向)의 〈전국책(戰國策)〉 정도에서만 찾아볼 수 있다. 이 책들은 모두 진시황 시대보다 백년 이상 지난 뒤에 씌어진데다 사실과 전설의 구분이 모호하고 일부는 의도적인 왜곡을 했다는 의심마저 들기 때문이다. 진시황이 실제로 어떤 인물이었고 어떤 일을 했는지 지금 정확히 알기란 불가능에 가깝다.

진시황제는 이름이 영정(嬴政 : 기원전 259~210년)이다. 영정은 조(趙)나라에서 출생하였기 때문에 조정(趙政)이라고도 한다. 왕위계승 후 기원전 230년부터 기원전 221년까지 10년 사이에 6국을 차례로 멸망시키고 전 중국을 통일한 후 함양(咸陽 ; 지금의 섬서성 함양시)에 도읍을 정하고 중국 역사상 최초의 통일 봉건 중앙집권 국가를 건설하였다. 영정은 천하를 통일한 후 스스로를 시황제(始皇帝)라 일컬었다. 왕의 자리에 25년 황제의 자리에 12년간 재위하다 49세에 병으로 죽었다.

전해지는 자료에서 보면, 모종의 음모까지 깃들어 있는 진시황의 탄생은 매우 흥미롭다. 그는 기원전 259년에 조나라에 인질로 가 있던 진나라의 왕족 자초(子楚)의 아들로 태어났는데, 운명의 장난이 아니었다면 자초나 그의 아들 영정(嬴政)은 역사에 단 한 줄도 채우지 못한 채 사라졌을 것이다.

진나라의 상인인 여불위(呂不韋)가 조나라에 갔다가 우연히 자초를 보고는 "특이한 상품이다. 사 놓으면 큰 이익을 보겠구나" 이렇게 소리쳤다고 한다. 그리고 자초에게 거금을 주어 당시 진나라의 유력자였던 안국군(安國君)의 양자로 들어가도록 했다. 안국군이 효문왕(孝文王)으로 즉위하여 불과 사흘만에 죽자, 자초는 장양왕(將襄王)으로 왕위를 계승한다. 다시 장양왕이 죽고 영정이 왕위에 오른 한동안 여불위는 진나라의 최고 실권자로서 세력을 떨친다.

〈사기〉에는 여불위가 이처럼 대담한 도박을 했을 뿐 아니라 세상을 모두 속이는 음모까지 꾸몄다고 적혀 있다. 자초에게 자신이 총애하던 무희를 보냈는데 그 무희는 이미 여불위의 자식을 잉태하고 있었고 낳은 아들이 바로 영정, 미래의 진시황이라는 것이다. 그러나 이는 너무 교묘한 이야기로 사마천이 이를 〈사기〉에 기록한 것은 진시황을 폄하하기 위한 의도이거나 한때 나는 새도 떨어뜨렸던 여불위의 세도에서 비롯된 뜬소문이 아닌가 하는 의심을 해본다. 또 애초에 진나라 왕이 될 가능성이 거의 없었던 자초가 대권을 잡는 과정도 기이하다. 여불위의 억지스러운 음모가 그렇게 척척 통할 만큼 당시의 진나라 왕실이 허술했다면 과연 천하통일을 이룰 수 있었을까? 치욕과 멸시의 생애를 살아야 했던 사마천[20]의 사심이 작용했던 것은 아닐까? 실제 역사에서는 어떤 일이 있었을지 의문이 든다.

13세에 왕이 된 영정은 10년 뒤에 태후(본래 여불위의 애첩이었다고 하는 무희)와 손잡고 역모를 꾀하던 노애를 처단하고, 태후는 옹이라는 고을에 유폐시켜 버렸다. 그리고 이 사건에 대한 책임을 물어 여불위까지 숙청했다. 1년 뒤 여불위는 자살한다. 이후 진나라는 명실공히 영정의 천하가 되었다.

---

20) 산시陝西성 용문(龍門; 현재 한성현)시 하양(夏陽) 출생. 부친은 사마담(司馬談)으로 천문 역법과 도서를 관장하는 태사령(太史令)이 된 이후 사마천은 그 영향을 받았다. 아버지 사마담이 죽으면서 자신이 시작한 〈사기〉의 완성을 부탁하였고 BC 104년 사마천은 태초력(太初曆) 제정에 참여한 직후 〈사기〉 저술에 착수하였다. 그러나 그는 흉노의 포위 속에서 부득이하게 투항하지 않을 수 없었던 이릉(李陵) 장군을 변호하다 황제 무제의 노여움을 사 BC 99년 사마천의 나이 48세 되던 해 남자로서 가장 치욕스러운 궁형(宮刑; 생식기를 제거하는 형벌)을 받았다. 사마천은 옥중에서도 저술을 계속하였고, 황제의 신임을 회복하여 환관의 최고직인 중서령(中書令)이 되었다. 그는 환관 신분으로 일부 사대부들의 멸시를 받았으며 운신의 폭도 자유롭지 못했다. 이러한 어려움 속에서 〈사기〉는 완성되었고 BC 91년 사마천이 친구인 임안이 옥에 갇혔다는 소식을 듣고 보낸 서한 〈보임안서(報任安書)〉을 통해 추정해 보면, 사마천은 자신이 옥에 갇히고 궁형에 처한 경위와 그에 더욱 분발하여 사기를 저술하는데 혼신의 힘을 쏟은 심경을 고백하였다. 〈사기〉는 본기(本紀) 12권 연표(年表) 10권 서(書) 8권 세가(世家) 30권 열전(列傳) 70권 모두 130권, 52만 6천 5백자에 이른다.

적어도 폭군은 아니었다.

영정의 진(秦)나라는 기원전 230년 한(韓)나라를 시작으로 221년 제나라를 멸망시켜 천하를 통일할 때까지 약 10년 동안 한(韓) 제(齊) 위(魏) 조(趙) 연(燕) 초(楚) 6개국을 잇달아 무너뜨렸다. 한번에 한 나라씩, 전력을 기울여 단번에 적의 수도를 함락시키는 방법으로 무너뜨려갔다. 이들 나라가 수백년동안 할거해 왔음을 생각하면 평균 2년도 안 되는 기간에 한 나라씩...... 믿기 힘든 일이다. 어떻게 그럴 수 있었을까?

기록으로만 볼 때 우선 진나라는 중국의 서부지역에 떨어져 험준한 지형에 의존해 외침을 잘 받지 않았고 오랫동안 군사력을 키웠던 점, 진 효공 영거량(秦孝公 嬴渠梁 : 기원전 381~338년) 시절 상앙(商鞅)의 변법(變法)[21]을 통해 부국강병을 가져왔던 점, 진시황이라는 지도자가 보여준

---

21) 중국 전국시대 진(秦)나라의 정치가. 위앙(衛鞅) 또는 공손앙(公孫鞅)이라고도 한다. 위(衛)나라 출신으로 위(魏)나라로 건너가 공숙좌(公叔座) 아래서 사관으로 봉직하였다. 공숙자는 자신이 죽으면 상앙을 재상으로 등용하거나 아니면 국외로 나가지 못하게 그를 죽여야 한다고 진언했다. 공숙좌가 죽자 상앙은 위(魏)나라를 떠나 진(秦)나라 효공(孝公)에 의해 변법의 책임자로 발탁되었고 부국강병책 등 여러 방면에 걸친 대개혁을 단행함으로써 후일 진제국(秦帝國) 성립의 기반을 세웠다. 진(秦)나라가 부강해지자 이웃한 위(魏)나라를 공격하여 대승을 거두었으며 그 공적으로 열후(列侯)에 봉해지고 상(商 ; 협서성 상현)을 봉토로 받으면서 상앙이라 불렀다. 20년간 진나라의 재상(宰相)으로 있으면서 엄격한 법치주의 정치를 펼쳐 나라를 강국으로 성장시켰다. 기원전 338년 효공이 죽고 아들인 혜문왕(惠文王)이 즉위하자 상앙은 정치적 의기에 몰려 반대파들에 의해 반역죄로 체포 처형되었고 그의 시신은 사지가 찢어지는 거열형(車裂刑)에 처해졌다. 저서로는 〈상군서(商君書)〉를 남겼으며 통일국가 형성기에 관한 귀중한 사료로 평가된다.

리더십도 무시할 수 없을 것이다.

진나라의 야심을 저지하기 위해 서로 힘을 합쳐 공동 대응하는 합종(合縱)은 연나라를 제외한 5개국이 진나라를 공격했다가 패배한 후로 다시 합종이 성사되지 못했다. 마지막 남은 방법은 단숨에 진나라의 중추를 파괴하는 방법, 암살이었다. 연나라의 형가(荊軻)[22]가 암살에 거의 성공할 뻔 했으나 결국 실패로 끝나며 연나라의 멸망만 가져온다.

기원전 221년 진왕 영정은 천하통일을 선포하면서 스스로 전설의 성군들인 삼황오제(三皇五帝)에서 덕은 삼황(三皇)을 겸하고 공은 오제(五帝)를 능가한다고 하여 황제(皇帝)라 칭했다.

진시황은 사람됨이 몹시 잔인하고 냉혹했다고 한다. 그를 폄하하기 위한 역사왜곡의 가능성을 염두에 두더라도 모든 기록이 한결같이 지적하고 있는 점에서 실제 그런 성격의 소유자였으리라 여겨진다. 그러나 자료를

---

22) 형가(荊軻 : ?~BC 227년) 위(衛)나라 출신으로 연나라의 태자 단(丹)의 식객이었다. 연 태자 단에게서 진(秦)나라의 왕 영정을 암살해 달라는 부탁을 받았다. 이에 형가는 연나라 곡창지대의 지도와 당시 진나라 사람으로 죄를 짓고 연나라로 망명 중이던 번오기의 머리와 무사 한 명을 요구하였다. 태자 단에게 승낙을 받은 형가는 번오기를 찾아가 사정을 설명하고 번오기에게서 목을 받아내었다. 형가는 처음에 요구하였던 조건 중 무사를 절친한 벗이자 검객이던 노구천(魯句踐)과 함께하기로 생각했으나 당도하지 않아, 연 태자 단이 추천한 무사 진무양(秦舞陽)과 진왕 영정의 암살 길을 떠났다. '바람은 쓸쓸하고 역수 물은 차구나, 장사 한번 가면 돌아오지 못하리' 이 시구는 사기 중에서도 가장 유명한 장면의 하나로 인구에게 회자되고 있다. 형가는 배를 타고 떠나며 끝내 뒤를 뒤돌아보는 일이 없었다. 진나라에 당도한 형가는 연나라의 지도와 번오기의 머리를 헌상하는 형식을 취하며 진왕 영정을 찾았다. 형가는 직접 진왕 영정에게 연나라 지도를 해석해 주겠다며 진왕에게 가까이 접근했고 미리 지도 속에 준비해 두었던 검으로 진왕을 암살하려 시도하였으나 영정이 진무양의 떨고있는 모습을 보고 낌새를 채 결국 실패하고 죽음을 당하였다.

잘 살펴보면 진시황이 잔인무도한 폭군이라는 비방은 숱하게 있지만 사치향락을 일삼았다는 비방은 별로 없다. 주지육림이나 삼천궁녀 같은 이야기는 전설로조차 남아있지 않다.

반면 의심이 많고 신하들이 일을 잘하나 계속 감시하므로 괴롭다는 푸념이 많이 보이며 스스로 죽간으로 지어진 공문서를 매일 120근씩 처리하지 않고는 먹지도 쉬지도 않았다고 하니 적어도 자기 개인의 쾌락을 위해 국가와 국민을 희생시키는 폭군은 아니었던 것 같다.

진시황의 일생은 왜곡되고 변형됐다.

진시황은 천하통일을 뒷받침하고 안정시키기 위해 경제적 문화적 사회적 통일 또한 강력하게 추진한다. 여러 나라의 화폐를 모두 폐지하고 진나라에서 주조한 통일 화폐를 쓰도록 했다. 나라마다 제 각각이었던 도량형과 문자를 통일했다.

북방민족을 막기 위한 북부의 장벽만 남기고(이것이 증축 보완 과정을 거쳐 만리장성이 된다) 국내의 성벽들은 헐어버리고 넓고 잘 포장된 도로를 건설하여 중국이 두루 하나로 이어지도록 했다. 심지어 마차 수레바퀴의 크기까지 통일(멀리 떠나는 마차의 수레바퀴가 부서지면 어느 곳에서든 바로 교체할 수 있도록) 했다.

우리가 흔히 알고 있는 과거의 암행어사들이 무엇을 가지고 다녔는가? 신분을 나타내는 마패와 자(尺)를 휴대하였다. 지방마다 제 각각의 도량형을 이용하여 백성들을 수탈하던 관리들에게 기준점을 제시하고자 함이었다.

무엇보다 오랜 전통의 봉건제를 폐지하고 군현제를 실시한 것은 혁명적인 조치였다. 그때까지 국가는 중앙의 군주 직할지 외에는 여러 제후의 분봉지로 나뉘어져 있었다. 분봉지마다 독립된 왕국에 가까운 자치를 누렸다. 그런데 진시황은 전국을 36개 군으로 나누고 군마다 수(행정 장관) 위(사령 장관) 감(감찰관)을 두었다. 모두 직접 관리를 파견하고 세습을 일체 허용하지 않는 강력한 중앙집권 체제를 이루었다.

진시황 최대의 악행으로 거론되는 분서갱유(焚書坑儒)는 사실일까? 말 그대로 '모든 경전과 사서를 불태우고 모든 유학자를 구덩이에 파묻어 죽여버리는' 식으로 이루어졌는지는 의문이 많다.

〈사기〉에 따르면 분서갱유를 제안한 사람은 승상 이사(李斯)이고 "박사관(博士館)에 있는 책과 의약 복서(卜筮) 농업에 관련한 책을 제외한 민간 서적을 30일내에 불태우고 명령을 지키지 않는 자는 묵형에 처하고 성 쌓는 노역을 시키십시오"라고 되어 있다. 떳떳이 경전을 갖고 연구해도 되는 박사(유학자)들이 있었다는 말이다. 제자백가(諸子百家) 서적과 역사서를 불태운 것은 과거를 그리워하는 일부 세력이 반기를 들 수 있다고 판단해서 이다. 이제 막 새롭게 시작하는 왕조가 기반을 탄탄하게 다지려면 사상적 통일이 필요했던 것이다. 그래서 분서 때 특히 강조한 게 전국시대 육국(六國)의 역사기록을 불태우는 것이었다.

한 문제 유항(漢文帝 劉恆)때 인물인 가의(賈誼)가 쓴 진나라의 멸망 원인을 돌이켜 보며 이를 거울삼아 올바른 정치를 하기를 권하는 〈과진론(過秦論)〉을 보면 여기서 진시황의 여러 악행을 지적하면서도 분서갱유는 전혀 언급되지 않았다.

〈사기〉에도 승상 이사를 "학자들은 지금 필요한 것을 배우지 않고 옛날 것만 배워 현재를 비난하며 백성들의 마음을 어지럽히고 있습니다. 이런 것을 금하지 않으면 위로는 군주의 권위가 실추되고 아래로는 당파가 형성되니 금하는 것이 좋습니다. 따라서 진(秦)의 책이 아닌 것은 모두 태워버리고 두 사람 이상이 만나 감히 시와 서를 거론하면 공개 처형하고 옛것을 들먹여서 현재를 비방하는 자는 멸족에 처하십시오"라고 적고 있다.

갱(坑)이라는 한자도 문자 그대로 '파묻어 죽인다'고 읽을 수 있지만 '광산을 파게 한다' 또는 '성을 쌓는다'고 풀이할 수도 있다는 점 등이 지적된다.(분서갱유는 단지 책을 압수하거나 학자들을 단속하는 것에 지나지 않았는데 진이 멸망한 후 유학자들이 한 왕조 성립의 명분을 위해서 확대했다는 설이 있다)

이를 볼 때 분명 언론과 사상을 탄압했던 조치가 취해졌던 것은 분명하지만 우리가 분서갱유에서 상상되는 정도의 잔혹함은 없지 않았을까 한다. 일단 지금까지 살아남은 경전 사서도 많으며 유학 역시 오랫동안 중국의 지배 이념으로 남았으니 말이다.

진시황을 닮고자 했던 마오쩌둥

기록에 의하면 말년에 접어든 그는 점점 죽음이 두려웠던지 암살을 피하기 위해(218년에 박랑사에서 암살을 모면한 적이 있다. 이 암살 음모를 꾸민 사람은 나중에 한 고조를 도와 천하를 통일하는 장량(張良)[23]이었다) 백성들이 무기를 가지고 있지 못하게 하였으며 한 사람이 죄에 연루되면 그 삼족을 몰살시켰고 나아가 한 집이 법을 어기면 그 마을의 모든 가구들도 그에 똑같은 형벌을 받도록 하였다.

북방에 흉노의 침입을 염려하여 대장군 몽염에게 서쪽으로는 임도로 부터 동쪽으로는 요동까지 그 유명한 만리장성을 쌓도록 명했다. 이 만리장성에 동원된 인부가 150만여 명이나 되었다.

수도 함양 인근에는 궁전 270개를 짓고 지하도를 통해 드나들며 자신이 어디에 있는지 비밀로 했다. 거대하고 화려한 본궁을 지었는데 그 일부인 아방궁만 완성을 보았다. 그것만으로도 일찍이 볼 수 없었던 거대함과 화려함을 갖고 있어 이후 사치스러운 건물의 대명사로 쓰이게 되었다.

---

23) 한나라 고조 유방의 공신. 흔히 장자방(張子房)으로 일컫는다. 한나라 출신으로 BC 218년 박랑사(博浪沙 : 하남성 박랑현)에서 시황제(始皇帝)를 습격했으나 실패하고 하비(下邳 : 강소성 하비현)에 은신하고 있을 때 황석공(黃石公)으로부터 〈태공병법서(太公兵法書)〉를 물려받았다고 한다. 진승(陳勝) 오광(吳廣)의 난이 일어났을 때 유방의 진영에 속하였으며 후일 항우(項羽)와 유방(劉邦)이 만난 '홍문의 회(會)'에서는 유방의 위기를 구하였다. 선견지명이 있는 책사로서 한나라의 수도를 진나라의 고지(故地)인 관중(關中)으로 정하고자 한 유경(劉敬)의 주장을 지지하였다. 소하(蕭何)와 함께 책략에 뛰어나 한나라 창업에 힘썼다. 그 공으로 유후(留侯)에 책봉되었다.

또한 여산 기슭에 70만 명의 인부를 동원하여 자신의 능묘를 조성하고 거대한 지하 궁전을 만들어 죽어서도 생전에 못지않은 영화를 누리고자 했다. 이런 대토목공사를 하는 동안 국가의 재정은 엉망이 되고 민생에 커다란 부담을 주었을 것이다.(이후 진나라는 기원전 202년에 농민반란으로 멸망하고 한(漢)이 들어섰다)

자신이 세운 나라가 영원불멸하리라 생각했던 그는 결국 겨우 50세의 나이로 객사했다. 춘추전국의 수많은 나라들이 허무하게 무너지는 모습을 본, 아니 그렇게 무너뜨렸던 장본인이 영원히 멸망하지 않을 나라가 있으리라고 여겼다면 그것도 우스운 일이다. 그런데 그는 한 술 더 떠서 그런 생각과는 스스로 모순되는 꿈을 꾸었다. 바로 불로불사를 염원했다는 것이다. 그는 연나라 출신의 노생(盧生)에게 불로장생한다는 영약을 구해오게 하고(노생은 "진나라는 호(胡) 때문에 멸망한다"는 예언을 전해주었다) 또 서복(徐福)에게 멀리 동쪽에 가서 불로초를 구해 오도록 했다.(서복이 갈 배에는 수많은 보물과 소년 소녀 3,000명이 실어졌고 서복이 탄 배가 지금의 일본으로 가서 그곳에서 정착했다는 설이 있다. 불로초 이야기도 뜬소문을 적당히 가공한 것이며 서복 등은 동방 영토를 개척하기 위해 파견되었으리라는 추측도 있다)

사실 진시황 이전에도 불사약을 구하는 사람은 많았다. 제나라 위왕과 선왕, 연나라 소왕 등은 사람을 곳곳에 보내 불사약을 구하고자 했다. '신선술' '불사술' 등은 일찍이 있었고 이런 것으로 부귀를 누리는 술사(術士)도 많았다.

결국 기원전 210년 9월 진시황은 다섯번째로 천하를 순행하는 길에 나섰다가 사구(沙丘)에서 병을 얻어 죽고 만다.

〈사기〉에 따르면 이 때 진시황은 북방에 가 있던 태자 부소에게 황위를 물려준다고 유언했으나 환관 조고와 승상 이사가 이를 감추고 음모를 꾸며 다른 황자인 호해(胡亥)를 내세우고는 부소와 그를 지지하던 공신들을 살해하였다고 한다. 그 사이 진시황의 시신이 함양으로 돌아오는 길이 지체되어 심하게 썩어 냄새가 나서 절인 생선을 실은 마차를 써서 은폐했다고 한다. 전무후무한 통일제국을 세운 황제의 어이없는 마지막이었다. 제국 자체도 그 뒤 겨우 4년만에 힘없이 멸망해 버렸다.

진시황 이야기는 관련 자료는 크게 부족하고 의심스러운 부분이 많다. 이 모두가 역사적 사실이라 할지라도 어찌 보면 그의 일생은 유학자들의 눈으로 군주가 결코 행해서는 안 되는 일들로 점철되어 있다.

유교적인 모범 군주는 효성이 지극해야 하며(진시황은 '친아버지(여불위)를 핍박해 죽게 하고 친어머니(조희)를 유폐했다') 유교의 가르침에 따라 늘 수양과 학문에 힘써야 하며(진시황은 '분서갱유로 책을 불사르고 유생들을 죽였다') 거대한 토목공사를 비롯한 불필요한 사업으로 백성을 괴롭히지 말고(진시황은 '만리장성을 쌓고 아방궁을 짓고 거대한 능묘를 만들었다') 스스로 국사를 챙기기보다 훌륭한 신하를 기용해 그에게 매사를 위임해야 한다(진시황은 '신하들을 믿지 않고 일일이 참견하고 모든 업무를 도맡아 하려 했다'). 여기에 결국은 환관이 날뛰게 한 점까지 든다면 이는 후대의 제왕이 경계해야 할 자세인 셈이다.

사마천은 결국 〈사기〉를 통하여 이런 교훈을 남기고자 진시황의 일생을 어느 정도 왜곡하고 변형하지 않았을까 하는 생각을 해본다.

결국 진 왕조를 이은 한 왕조를 비롯해 중국 역대 왕조는 진시황의 군현제를 유지하고 황제라는 권위와 지배원리를 답습했으며 사상을 통일하려고 했다.

결국 진시황은 이후 마오쩌둥에 이르기까지 수천년간 중국 군주들의 모델이었다.

1973년 의문의 비행기 사고로 린뱌오가 사망하고 마오쩌둥은 "린뱌오나 국민당이나 모두 공자를 존경하고 법가(法家)를 반대하는 무리이다. 법가는 역사를 전진시켰고 공자는 역사를 후퇴시킨 사람이다"라고 말함으로써 비림비공(批林批孔)이 시작됐다.

한비자(韓非子)로 대표되는 법가의 사상은 춘추전국시대 후기에 나타난 사상이다. 진시황이 춘추전국시대의 혼란을 정리하고 통일왕조를 세우는 데 결정적인 역할을 한 통치논리가 법가사상이다. 법가사상은 법과 규율에 의한 통치를 주장한다. 이른바 제자백가(諸子百家)로 표현되는 수많은 이념세력들을 정리할 필요가 있었던 진시황으로서는 죽간(竹簡)을 태우는 분서(焚書)는 하나의 위력이었을 것이다.

진시황 이후 2,000년이 흐른 뒤에 마오쩌둥의 지지자들이 스스로 자기가 무슨 일을 해야 하는지 금방 깨달았던 것처럼……

F12

기원전 210년 진시황제 영정(嬴政)이 사망했다. 영원하리라 장담하던 제국은 곧바로 불안과 혼란에 휩싸였다. "진시황제는 비루하고 탐욕스러웠다. 자신의 꾀만 믿고 신하들을 믿지 않으며 선비들과 백성들을 모두 따돌렸다. 공명정대한 정치를 폐하고 자기 개인의 권위만 내세웠다. 언론을 통제하고 형벌을 가혹히 했으며 사술과 무력을 앞세우고 인과 의를 소홀히 여기니 그 통치는 포악하였다" 한 문제 때의 학자 가의(賈誼)는 〈과진론(過秦論)〉에서 진나라의 통일과 그 허무한 멸망을 논하며 진나라가 가혹한 정치를 한 결과 모처럼 이룩한 통일을 오래 지키지 못하고 왕조 자체도 사라졌다고 주장했다.

이런 관점은 오랫동안 의심없이 받아들여져 오늘날 통설이 되고 있으나 진나라의 법률은 가혹했다기보다 세밀했으며 오히려 일반 백성에게 혜택을 주는 면이 강했다는 최근의 반론도 있다.

수백년동안 여러 나라로 갈라져 지내온 중국 대륙이 하나로 통일된 이상 반발 세력이나 후유증도 만만치 않았을 것이다. 그런 움직임을 법제와 무력 통치 그리고 진시황이 비교적 일찍 세상을 떠난 이상, 통일을 깨고 옛 전국시대 6국의 후예들이 다시 전국시대로 돌아가려는 움직임은 당연했다.

"왕후장상에 어찌 따로 씨가 있겠는가?" 하며 중국 최초의 농민반란이라는 '진승-오광의 난'이 일어났다. 그들은 비록 6개월 만에 패망했으나 전국 각지에서 진나라에 반기를 들고 일어나면서 진시황의 통일대업은 허무하게 쓰러져 버렸다. 남방 회계군에서도 강대한 농민 봉기가 일어났는데 주동자는 항량(項梁)[24]과 그의 조카 항우(項羽)였다.

유방(刘邦)은 패현(沛縣 ; 강소성 패현) 출신으로 진나라 때 정장(亭長)이라는 작은 벼슬을 지냈다. 열 개의 리가 한 정(亭)이었으니 정장은 열 개의 리를 관할하는 관리였다. 어머니가 교룡과 교합하여 태어났다느니 망탕산에서 흰 뱀(오행설에서 진나라를 상징한다)을 베어 죽였다느니 하는 말이 있지만 나중에 덧붙여진 전설로 보이고 실체는 전혀 보잘것없는 출신의 백수건달이었다. 진승이 봉기했을 때 그는 이미 마흔이 가까웠으며 고향 패현의 장관을 죽이고 봉기하여 패공(沛公)이라 불렸다. 그는 수천명의 병력을 모은 뒤 항우에게 찾아가 합류했다.

"누구든 먼저 진나라의 수도 함양에 입성하는 자에게 그 땅을 준다"는 초나라 왕실의 후예로 살아남은 미심(芈心)[25] 초회왕(楚懷王)의 선언에

---

24) 항량은 원래 하상(下相 ; 강소성 숙천현 남부) 사람으로 초나라 대장군 항연의 아들이었다. 아버지 향연은 진나라 대장 왕전이 초나라를 멸망시킬 때 싸움에서 패하고 자살했는데 항량은 이 원수를 갚고 초나라를 재건하겠다고 굳게 결심했다. 남과 원수진 일이 있어서 회계군 오중(吳中)으로 피신해 있었다. 이때 진승이 봉기를 일으켰다는 소식에 위훈을 세울 절호의 기회라고 생각하고 젊은이들을 데리고 관가로 쳐들어가 군수를 죽이고 회계군을 점령했다. 그리고 며칠 만에 8,000명이나 되는 봉기군을 조직했다. 이 봉기군은 그곳의 젊은이들로 구성되었기에 '자제병(子弟兵)'이라고 불렸다. 항량과 항우는 8,000 자제병을 거느리고 장강을 넘어 광릉군(廣陵郡 ; 강소성 양주시)을 점령하고 이어서 회하를 건너 북으로 전진했다. 도중에 각지의 봉기군들이 찾아와 항량의 군대에 가담했다. 이듬해에 유방(劉邦)도 1백여명의 봉기군을 데리고 항량의 군대에 가담했다.

25) 모사 범증(范增)의 말을 좇아 회왕의 손자를 초나라 왕으로 세웠다. 초나라 사람들은 전국시대 말기에 초나라 회왕이 진나라의 꾀임에 빠져 진나라로 갔다가 돌아오지 못하고 죽은 일에 여전히 분개하고 있었다. 그래서 그들은 회왕의 손자를 그냥 초회왕이라고 불렀다.

따라 먼저 함양을 차지한 쪽은 유방이었다. 반면 항우는 거록(鉅鹿)에서 진나라 최후의 저항을 분쇄하느라 늦었는데 뒤늦게 도착해 보니 유방은 "살인죄는 사형, 상해죄와 절도죄는 징역이다"는 '약법삼장'을 내세워 통치를 행하고 있었다. 항우는 초회왕의 선언을 무시하고 그 땅을 차지하고는 진나라에서 내세운 3대 황제 자영(子嬰)을 죽이고 궁궐을 불태우며 황릉을 파헤치는 등 만행을 저질렀다. 유방은 부드러움으로 항우는 매서움으로 민심을 장악하려 한 셈이다.

진나라가 망하자 항우는 스스로 초패왕(楚覇王)이라 칭하고, 유방은 서쪽 변방지대인 촉에서 한왕(漢王)이라 했다. 그리고 얼마 후 항우는 자신이 받들었던 의제(초회왕)를 죽이고 사실상 천하의 주인이 되었다. 유방은 촉 땅에 들어가며 중원과의 통로인 잔도를 불살라 결코 항우의 중원을 넘보지 않겠다는 뜻을 보였다. 그러나 그 해가 가기 전에(기원전 206년) 예전에 불태웠던 잔도를 보수하고서 중원 침공을 개시했다.

'초한대전'의 시작이었다.

항우는 유방의 기습에 당황했으나 곧 반격에 나서 한동안 연전연승했다. 형양에서는 포위 끝에 유방을 사로잡을 뻔 했으나 유방이 가짜를 남겨두고 간신히 달아나기도 했다. 하지만 유방은 나중에 스스로 평가한대로 장량(張良) 소하(蕭何) 한신(韓信)을 적절히 기용해 전투에서의 부진을 만회했을 뿐 아니라 항우에게 불만을 품고 있던 영포(英布) 팽월(彭越) 등을 자기편으로 끌어들였다. 반면 항우는 유방을 없애자는 범증(范增)의 계책을 듣지 않았을 뿐더러 한나라의 간계에 속아 그를 내쫓아 버렸다.

이런 실책이 거듭되던 끝에 기원전 202년 해하(垓下)싸움에서 항우는 유방에게 결정적으로 패하고 자살해 버렸다. 천하는 비로소 한 고조 유방에게 돌아간 것이다.

난세에 영웅이 난다지만 그를 도와 대업을 이룬 공신들도 별 볼일 없는 출신이 많았다. 주발은 나팔수, 관영은 옷감장수였으며 하후영은 마부였다. 번쾌는 백정 중에서도 가장 천한 개백정이었고 한신은 백수였다. 소하나 조참 역시 지방의 최하급 관리에 불과했다. 역사상 가장 성공한 비천한 출신의 백수 집단이었던 셈이다. 젊은 시절을 술과 싸움질로 허송하던 어느 백수건달들이 놀랄만큼 좋은 운으로 이루어 낸 것이다.

나는 전설이다. 항우(項羽)

〈초한지〉 〈삼국지〉 〈열국지〉는 고대 중국의 실제 역사를 소재로 여러 영웅 책사 여인들의 대결을 드라마틱하게 재구성한 대표적 중국 군담소설이다. 왜 항우는 지고 유방은 이겼는가? 결국 항우(項羽)와 유방(刘邦)의 성격 차이가 초한전쟁의 승패를 갈랐다는 것이 〈초한지〉의 주제이자 결론이다.

고전 〈초한지〉는 〈사기〉의 "항우는 재능에서 유방을 능가하지만, 성격이 지나치게 소심하고 자기중심적이므로 큰 인물이 못 된다"에서 유추하여 유방은 후덕한 군자이고 항우는 도량이 좁은 소인배였으므로 결국 천하는 유방에게 돌아갔다는 소설적 상상력으로 풀이했다.

그러나 그것은 〈사기〉에 나타난 항우의 본모습과 거리가 있다. 사마천에 따르면 항우는 회계군수 은통(殷通)을 암살하고 그 세력을 빼앗고 이후 초나라 부흥의 기치를 내걸었을 때도 자신을 견제하는 장군 송의(宋義)를 암살했다. 나중에는 홍문(鴻門)[26]에서 유방도 암살하려 하였고 한때 의제라고 받들던 초회왕마저 암살했다. 그는 유방의 아버지와 처자식을 오랫동안 인질로 잡고 항복하지 않으면 그들을 죽이겠다고 위협하기도 했다. 특히 부족한 식량 때문에 항복한 진나라 병사 20만명을 죽였다.

그에게 지략과 간계 책략이 있었음을 보여주는 대목이다.

〈항우본기〉 후반에서는 그의 초인적인 무공과 함께 인간적인 면모가 많이 두드러진다. 한나라의 대표적인 장사 누번을 '눈빛만으로 제압'했다거나 항우가 한번 소리치기만 해도 '한나라 장수들이 바람에 쓸리듯 넘어지는' 장면은 항우장사의 진면목인 듯싶다.

해하(垓下)에서 크게 패함으로써 사면초가에 몰려 "우야 우야 너를 장차 어쩌란 말인가" 하며 눈물을 흘리고 오강 나루터까지 무사히 탈출했으나 "강동의 팔천 자제와 함께 강을 건너왔거늘, 이제 그들이 전멸했으니 혼자서 돌아갈 면목이 없다"며 자결하는 모습은 그를 낭만적인 영웅으로 바라볼 근거가 된다.

한때 항우의 밑에 있다가 등을 돌린 장량과 한신 영포와 팽월이 배신하

---

26) 항우는 함곡관에서 조금 떨어진 홍문에 진을 치고 그곳으로 유방을 불렀다. 이 유명한 '홍문의 연회'에서 범증은 유방을 죽이라고 재촉했으나 항우는 끝내 결단을 내리지 못했고 유방은 목숨을 구했다. 이어서 함양에 입성한 항우는 자영을 죽이고 궁궐을 불태우며 진나라의 명맥을 확실하게 끊었다.

지 않았다면 초한전쟁의 결과는 달라졌을 수도 있음을 생각하면 항우는 싸움터에서는 최고였지만 정치가로서는 약점이었다.

사마천의 〈사기〉에는 초한전쟁의 최종 승리를 축하하는 자리에서 유방이 스스로 자신의 승인을 "나는 행정에서는 소하(蕭何)에 못 미치고, 지략에서는 장량(張良)에 못 미치고, 군사지휘에서는 한신(韓信)에 못 미친다. 그러나 나는 이 모두를 부릴 수 있었다. 반면 항우는 범증(范增) 한 사람도 제대로 부리지 못했다. 그래서 내가 승리한 것이다"라고 적고 있다.

한 왕조의 역사가인 사마천이 한 고조 유방의 숙적이었던 항우를 왜곡한 것일까? 그럴 수도 있겠지만 유방은 타고난 능력과 재능은 항우에 비해 떨어졌지만 사람을 부릴 줄 아는 능력, 탁월한 리더쉽으로 승리했음을 보여주고 있다. 항우의 막료들을 보면 소수를 제외하면 대부분 항우의 친인척 즉 가장 믿을 수 있는 사람들로 채워져 있다. 반면 유방의 막료들은 고향에서 건달 노릇을 하다 만난 사람들을 비롯하여 천하의 곳곳에서 모여든 사람들로 구성되어 있다. 유방은 인재들을 진심으로 따르게 만들지는 못했지만 그는 믿지 못할 사람이라도 이용가치가 있는 동안에는 기용했다. 반면에 항우는 진나라를 멸망시키고 천하를 평정한 다음 어떤 세상을 만들어야 할 것인지의 비전이 불충분하거나 모순적이었던 전략의 실패였다. 결국 항우는 정치력에서 유방보다 뒤졌다.

유방은 왕조가 오래 가려면 공신세력을 확실히 제거해야 한다고 여겼다. 그래서 통일 이듬해에 최고 공로자 중 하나인 한신을 제왕(齊王)에서 회음후(淮陰候)로 격하시킨 것을 시작으로 영포 팽월 등 공신들을 하나씩 제거하고 그 봉국에 유씨 황족을 봉했다. 특히 팽월의 경우 그 시체를 젓갈로 만들어 여러 제후들에게 보내 본보기로 삼는 잔혹함을 보였다. 회음후 한신도 결국 토사구팽(兎死狗烹)이라는 외침과 함께 처형당했다.

군주는 왕궁에서 장수에게 병농일치 체제의 대군을 맡겨 전쟁을 수행하게 하고 그 장수가 조금만 힘을 얻으면 숙청해 버리는 동양적 전제체제의 패턴이 정착되었다.

그 패턴은 이후 북방민족 등과의 교류로 가끔 변형되기는 하더라도 수천년동안 중국 군사체제의 기본이 되었다.

한나라는 한 고조 유방 이후 서한(西漢) 15대, 동한(東漢) 15대를 이으며 400여 년을 지속했다. 그 사이에 중국의 강역은 중앙아시아, 인도차이나, 한반도까지 뻗었으며 유교와 도교를 중심으로 하는 중국 전통문화가 확립되었다.

진나라가 이룩한 군사 제국체제 역시 한나라에 의해 계승 발전되어 마오쩌둥에 이르기까지 수백년을 지속했다.

유럽문명의 원형이 로마에 의해 이루어졌다면 중국문명의 원형은 한나라에 의해 이루어진 것이다. 중국 글자를 한자(漢字)로 중국 민족을 한족(漢族)으로 부르는 것도 이런 사실을 반영한다.

잔인한 수단까지 쓰며 왕조를 안정시키려한 한 고조였으나 외적과 외척 두가지 점에서 불안의 씨를 남긴 채 세상을 떠날 수밖에 없었다. 북방 흉노의 위협과 황후 여씨 일족이 세력을 뻗치는 것을 막지 못했다.

한 고조 사후 여태후는 사실상 황제나 마찬가지의 권력을 휘두르며 15년간 집권했는데, 이 때문에 유씨 황족은 거의 유명무실해 졌다가 기원전 180년 여후가 사망한 뒤 주발(周勃)의 쿠데타로 여씨 일족이 도륙되며 안정을 되찾았다.

한 고조가 임종의 자리에서 "한나라를 멸망에서 구할 인물은 주발일 것이다"라고 예언했다는데 역시 나중에 만들어진 전설이 아닐까......

당당한 서초패왕 항우가 자신이 결국 패배했음을 깨달았을 때 마지막으로 "우야 우야 너를 장차 어쩌란 말인가"라고 절규한 우희, 두 사람의 슬픈 사랑을 상상하며 애틋한 마음이 일게하는 에피소드이기도 하다. 전설과 야담 속에서 우희(虞姬)는 절세미인으로 이미지화되었다. 그러나 역사서에서 찾아볼 수 있는 그녀의 흔적은 미미하다.

그녀는 원래 제나라 사람이었고 항우의 부하가 된 우자기의 누이인데 우연히 항우의 눈에 들어 열렬한 사랑을 받은 끝에 황후가 되었다고 한다. 그러나 우희 또는 우미인이 정말 황후였을까? 미인(美人)이라는 칭호는 고대 중국 왕실에서 후궁의 하나로 귀인(貴人)보다 아래인 여성에게 주어졌으며, '총애하여 항상 데리고 다녔다'는 〈사기〉의 기록은 황후의 신분과는 걸맞지 않아 보인다. 귀족 자제인 항우에게는 일찌감치 정혼한 정부인이 있었고 우희는 유방의 척희(戚姬)처럼 나중에 맞이한 애첩이었을 가능성이 높다.

묘하게도 우(虞)와 척(戚)은 모두 슬프다는 뜻을 담고 있다. 유방이 가장 사랑했다는 척희도 그의 사후 여태후의 손에 비참하게 죽었다.

3대 여걸 여태후(呂太后)

우희가 〈열국지〉의 서시(西施) 〈삼국지연의〉의 초선(貂禪) 그리고 당나라의 양귀비(楊貴妃)와 함께 '중국 4대 미인'이라면 한고조 유방의 정비였던 여치(呂雉)는 측천무후(則天武后) 서태후(西太后)와 더불어 중국 '3대 악녀'로 꼽힌다.

여치는 산양의 단보, 오늘날 산둥성의 단현에 해당하는 곳에서 지방호족인 여씨 가문의 딸로 태어났으며 아후(娥姁)라는 별명을 가지고 있었다. 그녀의 부모는 아후를 유난히 예뻐하여 반드시 제일가는 신랑을 얻어주겠다고 별렀다. 한번은 아버지 여공이 패현에 들렀을 때 그의 눈에 들고자 많은 사람들이 선물을 가지고 뵙기를 청했는데, 가장 많은 액수인 일만전을 내겠다고 한 사람이 있어 만나 보니 일만전은 커녕 한푼도 내기 힘든 백수건달인 유방이었다. 그러나 여공은 한눈에 그가 보통 사람이 아님을 알아보았고 부인의 반대에도 불구하고 여치를 그의 부인으로 또한 여치의 동생 여수(呂須)는 유방의 친구이자 개백정으로 살아가던 번쾌(樊噲)의 부인으로 주었다고 한다.

유방에게는 여치와 혼인하기 전에 얻었던 여자에게서 비(肥)라는 아들이 있었고 유방 역시 매일 술타령에 계집질을 일삼으며 한참이나 세월을 죽이고 있었다.

결국 반군의 우두머리가 되어 관중에 입성하고 한왕의 자리에 이르자

자연히 왕비가 된 여치는 기원전 205년에 유방이 팽성전투에서 패배해 달아나자 성에 머물러 있던 식구들과 함께 항우에게 사로잡혀 그로부터 2년여를 포로의 몸이 되어 언제 죽을지 모르는 공포 속에서 살아야 했다. 〈초한지〉에 따르면 항우는 그녀를 성벽 위로 끌어내서 유방에게 "이 여자를 살리고 싶으면 항복해라!"고 위협하기도 했다. 그러나 유방은 천연덕스럽게 "그러든지 말든지"라고 대답했다고 기록되어 있다. 실제로 그런 일이 있었다면 그녀의 마음은...... 또한 유방은 항우를 쓰러뜨리고 황제가 된 다음에도 척희를 비롯한 여러 후궁들과만 좋아 지냈으니 그녀의 마음은 갈수록 모질어질 수밖에 없었을 것이다

그러나 그녀는 유방의 정치적 동반자였다. 유배 중이던 팽월을 유인해서 유방에게 데려가 죽이게 한 것도 그녀였고 초한전쟁 최대의 공로자였던 한신에게 모반 혐의를 씌워 체포해 죽게 만든 것도 그녀였다. 그녀는 한신의 일족을 몰살해 버렸고 팽월은 살을 저며 젓갈로 만들어 그것을 여러 제후들에게 돌려 본보기를 보이도록 했다.

마침내 기원전 195년에 한 고조 유방이 죽자 이제는 여후의 세상이 되었다. 사마천은 이때부터 여후가 죽는 기원전 180년까지를 〈여후본기〉로 서술하여 이 시대 천하의 진정한 지배자는 여후였음을 분명히 하고 있다.

그녀는 곧바로 유영(劉盈)을 한 혜제(漢惠帝)에 즉위시키고 척희를 유폐하고 조왕에 봉해져 있던 척희의 아들 유여의(劉如意)를 소환해 독살[27]했다. 아들의 죽음을 알고 몸부림치는 척희의 팔다리를 자르고 눈을

지져버리고 코와 귀를 베고 혀를 잘라 돼지우리에 집어던졌다.

혜제는 이를 보고 넋이 나가 "이건 차마 사람이 할 짓이 아닙니다. 소자는 당신의 아들로서 천하를 다스릴 수가 없습니다"라고 외치고 1년 남짓 정무를 폐하고 술만 마시다가 죽어버렸다. 혜제의 장례식에서 여후는 눈물을 보이지 않았고 한다.

여후는 혜제의 아들 공(恭)[28]을 황제로 세웠으나, 그의 어머니 또한 여후에게 살해되었다 하여 원망한다는 말을 듣고는 3년만에 폐위시키고 살해했다.

여후는 그 밖에도 조왕 유우, 양왕 유회, 연왕 유건 등을 죽음으로 몰았으며 이들을 대신해서 여태(呂台) 여산(呂産) 여록(呂祿) 등을 각각 왕으로 봉하며 다른 여씨 일족들도 요직에 앉혔다. 좌승상에는 정부라는 소문도 있던 심이기를 앉혔다. 또한 유씨 왕족들을 여씨 일족의 여자들과 강제 혼인시켜 그녀들을 통해 유씨들의 동태를 감시하였다.

그녀의 생전 마지막 명령이 여통(呂通)을 연왕(燕王)에 봉하는 것이었다고 하니 여씨 천하를 만들려는 그녀의 집념은 실로 대단했음을 알 수 있다. '백마의 맹세'를 통해 "유씨 외의 왕을 인정하지 않는다"고 했던 유방의 원칙을 보기 좋게 깨뜨린 것이다.

---

27) 고대 중국에서 두려움의 대상이었던 짐독(鴆毒)이라는 독을 가진 새의 일종. 백로만한 크기로 녹색 날개가 있고 부리는 붉다. 살모사 같은 뱀의 머리 부위만을 즐겨 먹는다고 한다. 숫컷을 운일(雲日) 암컷을 음해(陰諧)라 부른다. 황후 여태후(呂太后)가 유방 사후에 여의(如意)를 죽였을 때 이 새의 독이 사용되었다고 전해진다. 독은 이 새의 몸 전체에 걸쳐 있어 여태후가 짐의 깃털로 잔속의 술을 저어 여의는 죽고 말았다고 한다.

28) 혜제는 아들이 없었다. 여태후는 궁 밖에서 갓난아기를 얻어와 혜제의 소생이라고 속이고 태자로 삼았다. 기원전 188년 혜제가 죽자, 이 아이가 황제가 되었고 철모르는 어린아이라 조정 대사를 맡아볼 수가 없어서 여태후가 조정에 나가 집정을 했다.

마침내 그녀가 죽자 주발(周勃)은 "여씨를 따를 사람은 오른쪽 어깨를 유씨를 따를 사람은 왼쪽 어깨를 드러내라"고 외쳤으며 이에 모든 병사가 왼쪽 어깨를 드러낸 채 무기를 잡으니 여씨 일족은 허망하게 일망타진되고 고조의 차남인 유항(劉恒)을 황제로 세웠다. 그가 바로 한나라 문제(文帝)이다.

유방은 죽음의 자리에서 여후에게 "유씨 집안을 일으킬 사람은 주발일 것이다"라고 말했다는데 사실이라면 참으로 얄궂은 일이다.

이후의 역사가들은 그녀를 대표적인 악녀로 기록했다. 그러나 당대에 피해를 본 사람은 일부 권력층에 한정되고 대부분의 백성은 오랜 전란 끝의 평화를 누리며 번성할 수 있었다는 점이다. 그녀는 보통 군사를 일으켜 나라를 내전으로 몰아넣었던 남성 권력자들과는 달리 백성에게 직접적 피해를 주지 않았다.

북쪽의 최대 위협이었던 흉노(匈奴) 묵돌 선우(冒頓單于)[29]가 여후에게 오만불손한 편지를 보냈음에도 분노를 삭이고 평화공존을 도모함에 따라 그녀의 집권기에는 전쟁을 걸어오지 않았다.

한 문제, 한 경제 시대에 한 왕조가 전성기에 이를 수 있도록 한 유능한 정치가였다고 평가하는 경우가 많다. 이 시기를 문경지치(文景之治)로 불린다.

---

29) 묵돌이라는 이름은 투르크어의 바야투르(Bayatur : 용감한 자)를 한자로 음사한 것이다. 진시황의 통일과 비슷한 시기, 묵돌 선우가 유목 세계의 패권을 세워 진한제국과 맞먹는 적수가 되었고 한 고조가 흉노에게 포위당해 큰 곤경을 치른 이래 '돈으로 평화를 사는' 화친 관계를 맺어 무제 때까지 100년 가까이 계속되었다. 여태후에게 '나도 독신이고 그대도 독신이니 잘해보자'라는 내용의 편지를 보냈다.

다만 쉽게 이해하기 힘든 것은 그녀가 왜 그토록 '여씨 천하'를 만들기에 전념했을까 하는 점이다.

저자는 초한전쟁을 보면서 문득, 한 고조 유방을 마오쩌둥毛澤東으로 서초패왕 항우를 장제스蔣介石로 한신을 린뱌오林彪로 여태후를 장칭江青으로 주발을 예젠잉葉劍英으로 한 문제와 한 경제를 덩샤오핑鄧小平과 장쩌민江澤民으로 대비해 보았다. 무리한 억측일까? 하지만 2,000년의 시공을 넘나들며 역사의 수레바퀴는 어김없이 돌고 있음을 본다.

F13

중국역사의 무수한 인물 중에서 중국인들이 손꼽는 가장 유명한 인물은 공자(孔子) 관우(關羽)와 더불어 제갈량(諸葛亮)이라고 할 수 있다. 하지만 제갈량의 진면목을 알 수 있는 기록은 많지 않고 진수(陳壽)가 쓴 〈삼국지〉[30]와 상거(常璩)의 〈화양국지(華陽國志)〉 그리고 제갈량 자신의 〈제갈량집〉(이 역시 상당 부분이 위작이라는 의심을 받는다)이 전부다.

이후 1,200년을 넘어 중국 명(明)초의 소설가 나관중(羅貫中 : 1330?~1400년)의 〈삼국지연의(三國志演義)〉에서 신기묘산(神機妙算)으로 조조의 대군을 격파하는데 결정적 공을 세운 것으로 묘사되지만 역사서인 〈삼국지〉에는 별다른 활약상을 찾아볼 수 없다.

유비가 제갈량을 군사중랑장(軍師中郎將)으로 삼아 영릉(零陵) 계양(桂陽) 장사(長沙) 등 3군(郡)을 감독하게 하였다고만 기록되어 있다.

세간에 구전하는 제갈량의 초인적 지략은 대부분 소설 〈삼국지연의〉에서 기인하지만 유비의 신임을 받아 중용된 것은 소설과 역사서를 통해 널리 알려져 있는 것과 크게 다르지 않다.

〈삼국지연의〉에서 나타나는 것처럼 그는 완벽한 인간, 신과 같은 사람

---

30) 중국 서진(西晋)의 역사가. 진수(陳壽)는 〈삼국지(三國志)〉에서 사료들을 매우 엄격하게 선별하여 다루었으며 문장도 매우 간결하고 명확하게 표현하였다. 그는 위(魏)의 선양(禪讓)을 받아 세워진 서진에서 벼슬을 했기 때문에 위를 정통으로 해서 〈삼국지〉를 서술하였다. 본문도 위지(魏志) 30권 촉지(蜀志) 15권 오지(吳志) 20권으로 나누어 삼국을 상대적으로 대등하게 서술하였다.

이었을까? 진수의 〈삼국지〉를 토대로 한 평가로는 그렇지 않다. 우선 유비(劉備)와 유선(劉禪)의 촉한(蜀漢)은 2대 42년 만에 멸망했다. 이처럼 촉한은 오랜 중국 역사에서 아주 잠깐 존속했던 지방정권에 불과했다.

특히 제갈량의 '군사전략가-군지휘관'으로서의 기량은 그렇게까지 뛰어났던 것으로 여겨지지 않는다. 우리가 읽었던 소설 〈삼국지연의〉의 모습과는 달리 정사에는 '유비가 출정하면 제갈량은 후방에서 식량과 군수물자 수송을 담당했다'라고 적혀 있다. 그리고 나중에 제갈량이 〈출사표〉를 쓰고 북벌에 나섰을 때 '위나라에서는 그동안 촉한에 유비 한 사람만 있는 줄 알고 방심하고 있었다. 그런데 돌연 제갈량이 병력을 몰고 나오니 당황했다'라고 적고 있다. 실제의 제갈량은 '천재적인 군지휘관'보다 '믿음직한 행정가'로서 유비에게 봉사했음을 알 수 있다.

제갈량이 군지휘권을 행사한 것이 분명한 다섯차례의 북벌에서도 〈삼국지연의〉에서처럼 다 얻은 승리를 무능한 부하, 어리석은 군주, 불운함 때문에 놓치는 식은 아니었다. 애초에 인구나 물자에서 위나라의 십분의 일에 지나지 않았던 익주(益州)만을 가지고(더욱이 관우 장비 조자룡 같은 맹장들도 사라진 상태에서) 위나라를 쓰러뜨릴 수 있다고 진심으로 믿었다면 제갈량은 천재 전략가는커녕 몽상가에 지나지 않는다. 그럼으로 그의 북벌은 '안 되는 줄 알면서도 유비가 내린 사명을 받들기 위한 몸부림'이거나 '공격이 최대의 방어로서의 공격'이었다는 것이다.

병력이 없는 상태로 사마의(司馬懿)의 대군을 맞았을 때 제갈량이 성문 위에 앉아 태연히 금을 타면서 노래를 불렀다. 이를 본 사마의는 '뭔가 꿍

꿍이가 있다'며 퇴각한다. 이는 단지 위험천만한 속임수이지 훌륭한 군지휘관이나 천재적인 군사전략가는 더욱 아니다. 하지만 군사적 재능은 과장되었어도 제갈량은 분명 다재다능했으며 보기드문 역량을 갖고 있었다. 촉한군의 열세를 보완하고자 그가 창안한 팔진도, 목우유마, 연노 등은 성능이 과장되기는 했지만 실제로 획기적인 발명품이었던 것으로 보인다.

그의 〈제갈량집〉에 나타난 정치사상을 보면 그는 유가와 법가를 적절히 조화시켰다. 그는 인간적인 감정을 통한 덕치로 사람을 움직이는 유가의 장점과 원리원칙을 중시하고 신상필벌을 확실히 하는 법가의 장점을 모두 살렸다.

'눈물을 흘리며 마속의 목을 베었다(泣斬馬謖)' '절박한 상황에 처해서도 집으로 돌려보내기로 예정된 병사들에게 돌아가라고 함으로써 병사들이 감격하여 전력으로 싸워 이겼다'는 에피소드는 원칙을 냉정히 지키며 따뜻한 인간미를 잃지 않은 예이다.

그 무엇보다도 제갈량의 불후의 명성은 그의 신기의 군사전략보다는 그의 진정성에 있다. 그는 마음만 먹으면 촉한의 황제가 될 수 있었고 위나라에 항복해 좋은 대우를 받을 수도 있었으나 그렇게 하지 않았다.

동탁(董卓)[31] 조조(曹操) 사마의(司馬懿) 유비(劉備)는 모두 자신을

---

31) 190년에 수도인 뤄양洛阳을 불사르고 장안(长安)에 입성하여 헌제(献帝)를 옹립하고 정권을 잡았다. 천도 후 그의 폭정에 대한 반대가 전국적으로 발생했으며 동한(东汉)의 영토도 점차 그에 대립하는 군웅들에 의해 분할통치 되었다. 동탁은 사도(司徒) 왕윤(王允 : 137~192년)의 모략으로 부장 여포(呂布 : 150~199년)에게 살해되었고 동탁의 사후

믿어준 군주를 배신했고 한 헌제 유협(漢獻帝 劉協) 유선(劉禪) 손호(孫皓)는 편안한 여생을 보내기 위해 조상이 남겨준 나라를 저버렸다.

이런 시대에 오직 제갈량만이 할 수 있는 일을 하지 않고, 할 수 없는 일을 하는 삶을 살다가 간 것이다.

태공망(太公望)[32]이나 장량(張良)같이 멋지게 성공하고서도 '출사하여 이기기 전에 몸이 먼저 가니, 후세의 영웅들은 옷깃을 적시네......' 두보가 제갈량을 기리는 싯 귀절처럼 오히려 실패한 제갈량의 명성을 따라가지 못하는 이유가 아닐까......

전후한을 통틀어 약 400년간 중국 대륙을 다스린 한 왕조(漢王朝)가 무너지고 또다시 군웅들이 난립하고 이를 통일하기 위해 위-오-촉으로 갈려 전쟁을 벌인 삼국전쟁은 이후의 중국 역사에 길이 남는 영향을 미치게 된다. 그러나 일반인들이 가지는 중국 삼국시대에 대한 관심은 삼국시대의 실제 역사가 아니라 15세기 나관중이 쓴 역사소설 〈삼국지연의〉에 기인한다.

장안은 부장들의 다툼으로 혼란이 거듭되었으며 헌제는 장안을 탈출하여 조조(曹操)에게 의탁하면서 조조가 천하를 제패하는 계기가 되었다.

32) 주 문왕(周文王)의 스승. 문왕은 주나라 초대 임금 무왕(武王)의 아버지인 서백창(西伯昌)을 말함. 여망이 위수(渭水)에서 낚시질하며 지내고 있는데 문왕이 어느 날 사냥을 가려고 점을 치니 '장차 큰 것을 잡으리니 범도 아니요 곰도 아니어라'라는 점괘가 나와 사냥을 가다가 여망을 만났고 여망은 문왕에게 등용되어 주나라의 건국에 공헌하고 제왕(齊王)에 봉해졌다. 이름은 여망(呂望) 또는 여상(呂尙). 태공은 할아버지나 아버지를 뜻하는 말로 태공망은 '문왕의 아버지 때부터 성인(聖人)을 만나기를 소망해왔음'을 뜻하고 낚시질을 좋아하는 사람을 '강태공(姜太公)'이라고도 함.

물론 역사적 사실도 들어있지만 기본적으로 소설이기 때문에 사건의 선후가 뒤바뀜은 물론 소설적인 과장도 들어있고 또 어떤 인물들을 부각시키기 위하여 하지도 않았던 일을 덧붙이기도 한다. 이와 더불어 역사적 사실여부가 분명치 않은 민간 전설까지 접목시켰다.

이 때문에 〈삼국지연의〉는 장대한 서사(Epic)로 거듭났지만 후세인들에게 〈삼국지연의〉의 내용과 실제 삼국의 역사 사이에 약간의 혼란을 가져다 주었다.

신기묘산의 제갈량의 등장이나, 100만 대군을 물리친 적벽대전, 정사 〈삼국지〉에는 나오지 않는 일곱번 잡았다가 일곱번 풀어준 뒤 심복이 되었다는 맹획(孟獲)의 칠종칠금(七縱七擒) 이야기 등이 그것이다.

적벽대전(赤壁大戰)[33]을 두고서 다양한 이견이 존재한다. 정사에서 기록한 내용도 매우 간단하기 때문에 당시의 전투 정황과 각 진영의 전략에 근거한 합리적인 추측으로 조조(曹操)는 강릉으로 달아나는 유비(劉備)를 추격하는 목적 이외 손권(孙权)을 공격하기 위해 진군하였고 군사는 100만 대군이 아니라 10~20만명의 군사였을 것이라는 점이 정설이다.

조조 진영의 참모였던 장간(蔣幹)이라는 인물이 손권의 진영으로 왔다가 계략에 빠져 상황을 오판하게 되었다는 점도 사실이 아니다.

또한 짚풀을 실은 배를 보내 조조군의 화살을 모두 가져오게 했다는 점도 나관중이 만들어낸 소설에 불과하며 현실적으로 불가능한 일이다.

---

33) 중국 삼국시대인 208년에 후베이湖北성 자위嘉魚현의 북동, 양쯔揚子강 남안에 있는 적벽에서 한 전투.

배송지(裴松之 : 372~451년)의 〈강표전(江表傳)〉에 의하면 조조가 주유에게 보낸 편지에 군영에 전염병이 돌아 조조가 스스로 역병을 방지하기 위해 배에 불을 지른 것으로 적고 있고 〈삼국지〉에서도 조조가 퇴각하면서 남아있는 배들을 모두 태워버리고 퇴각하였고 주유가 화공으로 승리한 것으로 알려져 명예를 얻게 되었다고도 기록하고 있다.

적벽대전은 나관중이 지어낸 이야기이며 조조가 유비를 기병 5천으로 추격하다가 벌어진 소규모 전투에 불과하고 중국의 학자들은 장소도 장강 적벽이 아닌 후베이湖北성 오림(烏林)에서 벌어진 오림대전이라고 주장하기도 한다. 적벽보다는 오림이 당시의 전투들이 벌어지기에 더 알맞은 곳이기 때문이라는 것이다.

저자와 담론을 즐기는 중국 교수들도 적벽의 정확한 위치를 알지 못하고 나관중이 지어낸 군담소설일 뿐이며 상상이라는 점에 동의한다.

삼국전쟁 최후의 승리자는

촉한이 멸망한 것은 제갈량이 오장원(五丈原)에서 위나라의 사마의(司馬懿)와 대치하다가 병들어 사망한 30년후인 263년이다. 유비와 제갈량이 없어 촉한이 멸망한 것이 아니라 위연(魏延)이 반란을 일으켰다가 왕평에게 패하여 죽는 계속되는 내분과 제갈량의 뒤를 이은 강유(姜維)가 내부안정이나 국력을 회복하려는 시도없이 무리한 북벌을 수차례 감행하여 국력이 더욱 약해지다가 오히려 위나라의 침공을 받아 멸망했다.

위나라가 촉한을 멸망시킨 지 불과 2년만에 사마소(司馬昭)의 아들이자 사마의 중달(司馬懿 仲達)의 손자인 사마염(司馬炎)이 위나라 황제 조환(曹奐)을 폐하고 왕조를 차지하여 진(晉)을 건국하고 자신은 진의 무제(武帝)가 되었다.

사마의가 정적인 조상(曹爽)을 물리침으로써 정권을 획득한 사마 일족은 위나라 3대 황제 조방(曹芳)과 4대 황제 조모(曹髦)를 폐립했다. 마지막 황제인 조환(曹奐)대에 이르러서는 사마 일족의 수장인 사마소는 승상에서 진왕에 올랐으나 주공과 조조의 선례를 따르고자 황좌에 오르지 않았다.

사마소가 죽고 진왕(晉王)을 승계한 사마염은 위나라 마지막 황제 조환을 겁박하여 선위를 요구했다. 선위받은 이후 낙양에서 국호를 진(晉)으로 바꾸고 황좌에 올랐다.

280년 명장 두예(杜預)와 왕준(王濬)의 분투로 손호(孫皓)가 다스리고 있던 오나라를 멸망시키면서 60년의 삼국전쟁은 막을 내렸다.

그러나 삼국을 통일한 뒤 사마염의 뒤를 이은 사마충(司馬衷)의 부인이며 가충(賈充)의 딸인 가남풍의 전횡으로 팔왕의 난[34]이 일어나 서진 왕

34) 팔왕의 난(八王之亂)은 중국 서진(西晉)의 제위 계승문제를 둘러싸고 벌어진 황족들의 대결이 내란으로 번진 것을 말한다. 이 내란으로 인해 지방 통치체제가 와해된 서진은 결국 영가의 난으로 멸망에 이르렀다. 이후 강남에서 동진이 서진의 정통성을 이었지만 결국 화북을 되찾지 못하여 화북은 오호십육국 시대로 접어들었고, 이는 남북조시대로 이어지면서 중국은 수나라가 전국을 통일할 때까지 약 250년 동안 전란의 시대를 보내게 된다.

조는 몰락했다.(훗날 사마예(司馬睿)가 건업(建業)에 건설한 동진과 구별하기 위하여 흔히 사마염이 건설한 진을 서진(西晉)이라 부른다) 결국 삼국전쟁의 최후의 승리자는 위나라인가 진나라인가 사마 일족인가?

사마의(司馬懿)는 위(魏)의 번영과 진(晉)의 통일을 이끌었고 진시황(秦始皇)과 한 무제(漢武帝)처럼 천하의 백성을 난세의 전쟁에서 구원하는 위업을 달성했으니 당대의 영웅이자 난세의 호걸이라 부를 만하다. 사마의가 없었다면 삼국 대립의 역사는 그렇게 쉽게 끝나지 않고 수십년은 더 이어졌을 것이다.

삼국전쟁의 최후의 승리자는 없고 천하통일과 평화를 위해서 나아간 시대가 아니라 남북조(南北朝)와 5호16국(五胡十六國)이라는 더 큰 혼란기를 열었다. 결국 천하태평이란 과제는 다시 멀어지고 중원의 통일은 수백년을 더 기다려야만 했다.

기록에 의하면 사마의를 평가하길 동진(東晉)의 명제(明帝)는 얼굴을 묻으며 진나라를 창업한 선조들이 정변같은 속임수로 공을 이룬 것을 수치스러워 하였다고 한다. 당태종 이세민은 진서에서 탁월한 재능으로 문으로 다스리고 무로써 위세를 떨쳤고 깊은 정과 헤아림을 평가하면서도 군사에 있어 수비만 한 것은 장수의 도를 그르쳤다 하였고 후사를 부탁한 위 명제 조예 능의 흙이 마르기도 전에 정변을 일으킨 것은 충정한 신하의 길이 아니라고 비판하였다.

난세의 영웅들이 그려내는 희로애락 속에서 후반부에 저조(低調 ; 스스로 몸을 낮추고 기회를 기다림)하고 불의의 편에 서는 경극에서조차 하얀 얼굴의 악당으로 묘사하는 사마의를 제갈량을 능가하는 전략가로 분석하고 조조와 사마의의 관계를 군신 관계가 아닌 적수 관계로 분석하더라도 조조만큼 논란의 여지가 많은 인물이 바로 사마의다. 중국은 스스로 중국인들만의 사고와 게임 규칙으로 사마의의 모습을 그려내고 있지는 않은지...... 중국에 대한 세계인의 이해는 편견으로 가득 차 있다.

F14

충신충절의 나라 중국

중국의 전통명절 단오절은 춘추전국 시대인 기원전 3세기경 기원해 지금까지 계속되고 있다. 단오절의 유래중 하나는 초(楚)나라 회왕(懷王)때 충신 굴원(屈原:기원전 343~278년, 추정)과 연관된다.

굴원은 진(秦)나라에 대항하고 현인을 천거해 부국강병에 힘쓸 것을 주장했지만 귀족들의 반대에 부딪쳐 결국 관직을 박탈당하고 9년동안 상강(湘江) 일대를 떠돌아 다녔다.

굴원가생열전(屈原賈生列傳)에 따르면 그는 유배 때도 나라와 백성을 걱정해 이소(離騷) 천문(天問) 구가(九歌) 등 시편을 남겼다.

역대로 충신을 대표하는 인물로 인식되었고 특히 〈이소〉는 충신의 안타까운 심정을 묘사한 대표적인 작품으로 흔히 인용된다. 이소란 '우수에 부딪친다'는 뜻이다.

기원전 278년 진나라 군대가 초나라를 공격하자 굴원은 회사(懷沙)라는 마지막 작품을 쓴 뒤 돌을 끌어안고 멱라수(汨羅水)에 뛰어들었다.

전설에 따르면 굴원이 투신한 후 초나라 사람들은 그의 시신을 물고기가 먹지 못하게 노를 저어 물고기를 흩어지게 했다고 한다. 그 후 매년 5월 5일이 되면 용 모양으로 뱃머리를 장식한 용선을 젓는 용주경도(龍舟競渡)는 기념행사중 하나가 됐다.

중국 단오절의 또다른 풍속은 종쯔粽子를 먹는 것이다. 굴원이 죽은 후 초나라 백성들이 멱라강변에 달려가 추모했다. 어떤 이는 주먹밥 계란 등을 물에 던져 물고기가 굴원의 몸을 물어뜯지 말기를 바랐다. 나중에 사람들은 오동나무 잎으로 밥을 싸고 겉에 비단을 감은 주먹밥을 생각해 냈다. 종쯔는 이게 변한 것이다. 중국인들은 찹쌀에 북방에서는 대추 남방에서는 콩 날고기 절인 돼지고기 등으로 소를 만들어 대나무 잎으로 감싼 다양한 무늬와 빛깔의 종쯔를 만들어 먹으며 굴원을 기린다.

다음은 회왕을 그리워하는 마음을 표현한 이소(離騷)의 한 부분이다.

일월은 홀연하여 멈추지 않고	일월홀기불엄혜	日月忽其不淹兮
봄과 가을은 어김없이 바뀐다	춘여춘기대서	春與秋其代序
초목이 영락하는 것을 생각하고	유초목지영락혜	惟草木之零落兮
미인이 늙어감을 두려워한다	공미인지지모	恐美人之遲暮

100년의 중국을 이해하려면 상하이上海 500년은 베이징北京 1,000년은 카이펑開封 3,000년은 시안西安을 장구한 5,000년 역사의 중국을 알려면 단연 뤄양洛陽[35]으로 가봐야 한다.

35) 중국 허난河南성 서부에 위치한 뤄양은 뤄허洛河의 북쪽에 위치한 도시라는 뜻이다. 뤄양시 남쪽에는 석굴로 유명한 룽먼산龍門山 북쪽에는 '살아서는 쑤저우 항저우 죽어서는 북망(生在蘇杭 葬在北邙)'으로 잘 알려진 베이망산北邙山이 자리잡고 있다. 서쪽으로는 관중평원과 시안으로 통하는 한구관函谷關 동쪽으로는 소림사로 유명한 오악(五嶽)의 하나인 쑹산嵩山이 있다. 뤄양 북쪽으로는 중화문명의 젖줄 황허黃河가 가로 지른다. 뤄양이 위치한 황허와 뤄허 사이의 땅을 허뤄河洛 지역이라 부른다.

화려한 모란(牡丹)의 도시이자 9개 왕조의 수도였던 중화문명의 요람 뤄양洛陽은 화하(華夏)에서 중화(中華)로 이어져 13억 중국인을 묶는 정신적 구심점이다.

기원전 770년 동주(東周)의 수도가 된 이래 후한(後漢) 삼국의 위(魏) 서진(西晉) 등을 거쳐 오대(五代)시대 후당(後唐)까지 아홉 왕조의 수도(九朝古都)였다.

중국은 백성의 묘를 분(墳) 귀족은 총(塚) 황제는 능(陵) 성인의 묘는 임(林)으로 칭한다. 중국에 임은 두 개에 불과하다. 문성(文聖)인 공자의 무덤 공림(孔林)은 산둥山東성 취푸曲阜에 있다. 무성(武聖)으로 추앙 받는 〈삼국지연의〉 관우(關羽)의 목을 묻었다는 관림(關林)이 뤄양에 있다.

관림은 좌우로 돌사자 104개가 관운장을 지키고 있고 청(淸) 도광제(道光帝)가 관우에게 바친 '충의신무영우인용위현관성대제림(忠義神武靈佑仁勇威顯關聖大帝林)'이란 시호를 새긴 비석이 있다. 하지만 관우의 유해가 어디에 묻혔는지는 현재까지 아무도 모르며 기록조차 남아있지 않다. 즉 관림은 관우의 위패를 모신 묘(廟)이다.

하지만 관우는 중국인들에게는 더 이상 무신이 아니다. 돈을 가장 많이 잘 벌게 해주는 재신(財神)으로 변했다. 관우가 재신이 된 이유를 소금에서 찾는다. 관우의 고향인 산시山西성 셰저우解州는 중국 최대의 염호(塩湖)가 있어 소금 생산지로 유명했던 곳이다. 소금이 국가 전매품이어서 밀매가 성행했는데 관우도 소금 밀매에 관여하다가 폭리를 취하는 관리를 죽이고 유주(幽州)로 도피한 것으로 알려져 있다. 이 과정에서 원래 장생(長生)이라는 성과 이름을 바꾸어 관우(關羽)라 하였다고 전해진다. 이후 세저우 소금상들은 전국을 누비며 향토 영웅 관우상을 들고 다니며 재운을 빌었다.

매년 9월 29일이면 중국인들은 관림에서 성대한 제사를 지내며 재운을 빈다. 사실 1949년 중화인민공화국 성립 전까지만 해도 관우의 탄생일(음력 6월 24일)에는 학교가 휴교하고 각 가정에서는 공양을 하는 등 관우만큼 중국인에게 친근한 인물도 드물 것이다.

중국인들은 관우와 더불어 역사상 가장 뛰어난 2대 무성(武聖)의 하나로 악비(岳飛)를 꼽고 있다. 악비는 허난河南성 탕인湯陰현의 가난한 농노의 가정에서 태어나자마자 황하가 범람해 태어난 고향이 파괴되고 그의 부친인 악화(岳和)는 홍수에 익사하여 그의 모친인 요부인(姚夫人)과 허베이河北성에 정착해 살았다. 야사에는 악비의 아버지는 홍수에서 살아남아서 훨씬 후에까지 생존했다고 전하고 8살의 악비는 들판에서 악화와 만나게 되었다고 전하기도 한다.

악비는 1126년 여진족이 세운 금나라 군대의 화북(華北)지방 침입에 맞서 싸워 전공을 세우고 1137년 선무사(宣撫使)에 임명되어 양쯔揚子강과 화이淮강 남부 사이에 위치한 중원(中原) 지역의 회복에 진력했으며 이로써 금이 점령했던 일부 지역을 수복할 수 있었다.

북벌론을 주장했던 악비는 1141년 금나라와 화평론(和平論)을 주장하는 재상인 진회(秦檜)에게 무고한 누명을 쓰고 투옥된 뒤 살해되었다.

그리고 재상 진회는 북방의 영토를 포기하고 금(金)을 섬기며 조공을 바친다는 내용의 화의(和議)를 체결했다.

정치적인 이유에서 주살당한 악비는 1155년 진회가 죽고 난후 혐의가 풀리고 명예가 회복되었으며 1178년 무목(武穆)의 시호를 받고 구국의 영웅으로 1204년 악왕(鄂王)으로 추존되어 항저우 杭州의 시후 西湖 부근의 악왕묘(岳王廟)에 배향되었다. 뒤에 충무의 시호가 가증되었다. 악비의 등에는 그의 어머니에 의해 진충보국(盡忠報國)이라는 문신이 새겨져 있었다고 하는데 악왕묘에도 진충보국이라는 글자가 새겨져 있다.

진회의 손에 옥사한 악비가 민족의 영웅으로 존경받는데 반하여 진회에게는 간신이라는 낙인이 찍혔다. 악왕묘에는 무릎을 꿇은 진회 부부의 모습을 한 철상(鐵像)이 만들어져 천년의 모욕을 감내하고 있다. 실제 중국인들은 진회의 회(檜)자를 이름으로 쓰지 않으며 부작동창적회생(不作東窓賊檜生 ; 도적 같은 진회처럼 구차한 삶은 짓지 않으리)라는 표현을 곧잘 사용한다.

지금까지 악비는 관우와 함께 외세의 침략에 대항하여 투쟁한 구국의 영웅으로 민간에서 무신(武神)으로 대우를 받을 만큼 지지를 받아왔다. 하지만 한족이 아니라 중국을 다스렸던 모든 민족을 끌어안으려는 중국의 역사 공정에 의해 다시 평가절하되고 있다. 금나라의 역사도 곧 중국의 역사라는 역사 인식으로 인해 금나라에 대항했던 악비는 민중의 지지와는 달리 국가적으로는 평가가 난처해지고 있다.

중화(中華)는 중국(中國)과 화하(華夏)의 합성어

이제 중국은 새로운 국제질서를 만들어 가는 힘의 한 축으로 자리 잡으면서 중화세계를 다시한번 건설하려는 야심에 차있다. 그래서 중국인들의 마음 속 깊이 자리잡고 있는 충신들, 세계인들이 알고 있는 공자를 비롯한 삼국지 초한지 수호지 등을 이야기 했다. 이를 통해 중국의 국가관과 과거와 현재 그리고 미래의 중국인을 이해하는 데 많은 도움이 되리라 믿는다. 이제 중화주의를 만든 그들의 세계관은 무엇이며 그들은 어떤 세계를 만들고자 했는가 차근차근 살펴보는 것은 매우 의미 깊은 일일 것이다.

중국은 한족(漢族)을 비롯한 56개의 민족으로 이루어진 거대한 인종전시장을 중화(中華)라는 단어로 풀이하고 있다. 중국의 공식적인 국명도 중화인민공화국(中華人民共和國)이다. 중국인들은 스스로 중화임을 대내외에 표방하고 있다. 중국의 역사는 통일과 분열, 융합과 분리를 반복하며 중화라는 기치아래 꾸준히 모여들었다. 중국인에게 깊게 각인되어 있는 중화주의란 도대체 무엇인가?

중화사상의 근간을 이루는 중국(中國)이란 용어는 중국의 고전인 〈시경(詩經)〉에서 최초로 사용되었다. 〈시경〉에서 사용된 중국은 사방(四方)과 사이(四夷 ; 중국 사방에 거주한 변방민족)의 대칭되는 개념이다. 이를 미루어 볼 때 주(周) 왕조 시대에 처음 출현한 중국은 주 왕조를 지칭하거나 주나라 왕이 통치했던 지역 일대를 지칭하는 용어로 쓰였다.

이후 영토국가로 이행한 춘추전국시대가 되면서 중국은 그 지역적 범위가 확대되어 황하 중류지역, 즉 중원을 지칭하게 되었다.

공자에 이르러 중국 자체에 우월한 문명을 지닌 세계중심이라는 의미가 들어있는 '문화적인 우월지역'이라는 새로운 의미가 첨가되었다. 즉 주변부와 대칭되는 중심부(center)란 의미와 문화적 우월성을 지닌 중심부라는 의미로 심화되면서 민족간의 정체성을 경계짓는 의미로 확장되어 갔다.

스스로 천하의 주인으로 여긴 고대 중국인들은 문명과 중심이라는 두 가지 잣대로 자기(화 : 華)와 주변(이 : 夷)을 엄격하게 구분했다.

화하(華夏)라는 용어가 더 확실한 뜻을 지니고 있다. '중국'이 거주지역과 경계를 구분짓는 뜻이 강했다면 '화하'는 그 지역에 거주하는 구성원의 주체를 지칭하는 용어이기 때문이다.

춘추시대에 이미 화하는 특정지역에 거주하는 이들을 지칭하는 용어로 쓰였다. 당시의 구도는 크게 황하 중하류에서 활동했던 중원 화하족(中原華夏族)과 장강 이남의 남방 묘만족(南方苗蠻族) 동북부 지방에 거주했던 동방 동이족(東方東夷族)으로 나누어 볼 수 있다.

이중에서 화하족은 지역적으로나 문화적으로 다른 지역의 구성원들과 차별화된 정체성을 진행시키면서 그들만의 민족의식을 결집시켜 나갔다. 황하 중하류지역에 거주하면서 이른바 황하문명을 건설한 이들을 지칭하는 의미로 굳어지게 되었다.

진한시대의 등장으로 중국에 통일왕조가 성립한 이후 한대에는 흉노(匈奴) 선우(單于)에게 통치되는 장성 이북의 '활쏘는 나라(引弓之國)'와 한나라 황제에게 통치되는 장성 이남의 '의관을 정제한 나라(冠帶之室)'로 문화적 상대성을 명백하게 구분하게 되었다.

반면 당대의 중국인들은 북방의 호족과 남방의 월족이 한족과 함께 한 식구를 이루는 '호월일가(胡越一家)'가 되었다. 이 시대 종족적 구별을 넘어 중국내에 모여든 모든 종족을 포용하는 군주임을 대내외에 표방했다는 의미이다. 그 결과 당의 수도 장안에는 서역 신라 일본 월남 등에서 온 외국인 수만명이 왕래하였다. 이들 외국인들은 기존의 중국인들과 힘을 합쳐 대당(大唐)의 화려한 문화를 일구어 내었고 세계를 호령하는 제국의 강력한 힘의 축을 이루었다.

청조 이후로 중국의 영토는 현재 중국 규모를 유지했다. 만주족이 세운 청조는 300년의 태평성대를 누리다가 서구 열강의 침입으로 몰락했지만 현재 중국의 민족 구성과 영토 경계의 기본적인 틀을 제공했다.

1911년 신해혁명 이후 다시 한족에 의한 정권이 수립되었고 마오쩌둥과 공산당군에 의해 1949년 중화인민공화국이 성립되었다.

중국공산당은 쑨원(孫文)이 한족 민족주의에 호소해 신해혁명을 일으킨 것처럼 국가를 단순히 한족 위주의 차별정책을 쓸 수 없었다. 따라서 그들이 채택한 '중화' 속에는 자연스럽게 한족과 55개의 소수민족이 공동 구성원으로 내포되게 되었다.

중국은 한족만의 단일국가가 아니라 오족(漢 滿 蒙 回 藏)으로 대표되는 다민족국가이며 이들이 공화국의 국민으로서 평등한 지위를 누린다는 소위 〈오족공화론〉의 논리도 여기에서 발원한다.

중화인민공화국 헌법 전문에 '대민족주의(大漢族主義)를 반대하는 동시에 지방민족주의(少數民族主義)도 반대해야 한다'고 규정하고 있는 것도 이 중화주의와 무관하지 않다.

현대 중국의 입장에서 사용되는 '중화'란 용어 속에서 한족의 자기 동질성이란 요소는 다민족의 화해와 통일이란 요소로 바뀌게 되었고 다민족의 구성원이 주체가 되어 건설한 중국 문화의 우월성만이 공통분모로 자리잡게 되었다.

세계의 중심이라는 전통적인 문명주의를 초탈하지 못한 중화주의는 지난 100여년간 중국이 겪은 굴욕의 원인이 되기도 했지만 오늘날 많은 사람들로 하여금 21세기는 중국의 세기가 될 것이라 예상하도록 만드는 요인이다. 따라서 21세기에 들어선 이 시점에서 중화주의는 중국인들에게 있어서 가장 중요한 새로운 문화 건설을 통한 르네상스의 시작으로 변해야 한다. 21세기에 떠오른 '중화'는 곧 중국 문화의 상징이자 르네상스이다.

현재의 중국은 과연 세계 속에서 문명적 담론을 이끌어 가는 경쟁력이 있는 문명적 도덕적 대국이 될 자질이 있는가?

현재 중국은 미국을 가장 주된 적으로 간주하며 도광양회(韜光養晦 ; 일부러 몸을 낮춰 상대방의 경계심을 늦춘 뒤 몰래 힘을 기른다는 뜻)를 외치고 있다.

중국은 경제성장에 대한 자신감의 발로인 〈중국 모델〉류의 담론과 최근의 반계몽(반서구)적 민족주의적 경향을 담은 〈특수한 역사주의〉라 주장하는 담론도 경계해야 한다.

중국은 계몽과 문명에 입각한 보편의 길을 가야 한다. 특히 개혁개방으로 시장화된 사회에서 중국 지식인의 역할은 공공성 구현과 중국 민주주의 발전에 기여할 보편적 가치관을 찾아야 한다.

유구한 역사를 지닌 중국은 21세기 초에 와서 다시 부상했다. 그러나 그것은 부강(부국강병)일 뿐 문명이 아니다. 문제의식은 바로 문명적 자각에서 출발해야 한다.

F15

베이징 올림픽이 끝난 지 한달도 안되어 리먼브러더스가 갑자기 도산했다. 금융위기의 먹구름이 월가로부터 유럽을 뒤덮었다. 이러한 집단적 미망 속에서 중국은 한층 돋보였다. 헐리우드 영화 〈2012〉처럼 노아의 방주가 중국에서 만들어지고 세계의 화폐가 집중되는 중국은 커다란 매력으로 보여졌다. 그러나 영국이 19세기를 주도하고 미국이 20세기를 주도했던 것처럼 중국이 21세기의 주역이 될 것이라는 중국인의 아름다운 상상만큼 중국에 대한 서양인의 이해는 편견으로 가득 차 있다.

'자본의 유혹'에 빠져있는 중국은 마치 세계를 향해 햄버거를 대신하여 썩힌 발효두부(臭豆腐)를 소개하고 있고 거대한 중국문명은 문화대혁명의 거대한 프로젝트에 가려져 중국인들은 평균적 바보로 비쳐지고 있다.

훌륭한 문명국가임에도 불구하고 중국 발전모델은 쓰촨 샤브샤브(四川火鍋)처럼 무엇이든 만들어 내는 1962년 덩샤오핑의 "흰 고양이든 검은 고양이든 쥐를 잘 잡는 것이 좋은 고양이다"라는 구호는 정치학자 루시안 파이Lucian Pye의 지적과 같이 '현대 세계를 분명하게 이해한 사람들이 아니고, 중국 전통의 게임규칙에 더 익숙한 사람들이고, 폐쇄적인 정치 시스템으로 스스로 음모론의 신봉자가 되어가는' 모습으로 보여지고 있다.

21세기 세계를 이끄는 하나의 축으로 등장한 중국은 그들의 신화에서 스스로 깨어나야 한다. 5,000년의 역사에서 스스로 외쳐왔던 중심(中國)

이 되려면 나아가 이제 세계의 중심(China)이 되려면 문명적 자각에서 출발해야 한다. 중국인들이 세계적으로 자랑하는 만리장성이 실은 중국의 폐쇄적 구조를 드러내는 치욕적인 유적인 것처럼 진시황의 분서갱유와 같은 류샤오보劉曉波 사건이 재현되어서는 안된다.

후야오방胡耀邦이 세상을 떠나자 중국에서는 뜻밖의 격렬한 반응이 일어났다. 죽음은 사람들의 정서와 상상력을 자극한다. 마치 1976년 저우언라이周恩來의 죽음이 10년 문화대혁명에 대한 사람들의 분노를 폭발[36]시킨 것처럼 후야오방의 죽음에 정체되고 부단하게 방치되어 온 좌절과 억압을 폭발시킬 돌파구로 나타난 것이다.

1989년 후야오방의 사망은 긴장되고 혼잡하고 시끄러운 사회정서를 하나로 결집시켜 집중적인 폭발을 가능하게 했다.

1989년 6월 4일 베이징 천안문 광장에서 팡리즈方勵之 등 지식인[37]을 중심으로 민주화를 요구하는 대규모 시위가 빈번히 일어나고 있었다. 그해 4월 15일 후야오방이 사망한 후 당시 베이징에서는 5월 13일 이래 베이징대학과 베이징사범대학을 중심으로 전국에서 모인 학생대표들과 함께 텐

36) 1976년 4·5사건을 의미. 중국 총리 저우언라이가 1976년 1월에 세상을 떠난뒤 많은 사람은 자발적으로 기념활동을 시작했다. 이 활동은 사인방(四人幇) 비판뿐만 아니라 당시 정부 고위층에 대한 정치투쟁의 성격을 띠고 있어 공산당의 비판과 탄압을 받았고 덩샤오핑도 이 활동에 연루되어 당 내외의 모든 직무를 박탈당했다. 이 사건은 1978년에 재평가되었고 이에 연루된 사람들도 모두 복권되었다.

37) 반체제 물리학자 팡리즈는 베이징 주재 미대사관에 피신해 있다가 1990년 6월 미국으로 망명하였고 베이징 사범대 교수 류사오보劉曉波 가오신高新 허우더젠候德健 등을 6·4 사군자라 칭한다.

안먼 광장에서 단식 연좌시위를 계속했다.

5월 15일 소련의 고르바초프가 베이징에 도착했으나 17일 발생한 100만명이 넘는 대규모 시위로 일정을 변경해야만 하는 사태가 발생했다. 이에 당국은 학생들의 시위를 난동으로 규정하고 베이징시에 계엄을 선포했다.

한편 학생들의 요구에 유연한 대응을 보이던 공산당 총서기 자오쯔양趙紫陽의 행방이 묘연해지고 그의 해임설이 떠도는 가운데 덩샤오핑의 후계자로 알려진 양상쿤楊尙昆 국가주석과 리펑李鵬 국무원 부총리 등 강경파가 주도권을 잡았다. 이들은 6월 3일 밤 인민해방군 27군을 동원하여 무차별 발포로 톈안먼 광장의 시위 군중을 살상 끝에 해산시켰으며 시내 곳곳에서도 수천명의 시민 학생들이 시위 진압과정에서 죽거나 부상했다.

그러나 중국은 이 사건을 반혁명 폭동으로 규정하고 참가한 학생과 지식인들 다수를 체포하여 탄압하였다. 이 때문에 운동지도자의 대부분은 국외로 피신하고 재외 유학생은 귀국을 거부하였으며 파리에서는 〈민주중국진선(民主中國陣線)〉이라는 반체제 조직이 결성되었다. 중국지도부 중 운동에 호의적이었던 자오쯔양 당 총서기는 정치적 책임을 물어 실각하고 장쩌민江澤民 상하이上海 시 당서기가 총서기로 선출되었다.

이 사건은 당시 중소회담 취재차 입국했던 외신기자들에 의해 즉각 전세계로 보도되었고 미국을 비롯한 유럽 여러 나라는 이와 같은 비인도적 처사에 항의하고 강력한 비난성명을 냈다. 이른바 '피의 일요일'로 불리는 이 사건이후 중국 지도부는 반혁명분자에 대한 숙청, 개인숭배 조장, 인민들에 대한 각종 학습 등 체제 굳히기와 함께 개방정책 고수를 천명하고 마르크스 레닌주의의 확립을 내세우는 등 이율배반적 태도를 보였다.

이 사건으로 중국은 세계적인 비난과 함께 세계는 중국에 대해 첫째, 소유제 부문에서 중국은 순수한 사유제를 시행하지 않고 있고 그렇다고 전면적인 사유제가 아닌 공유경제의 혼합 소유제를 시행하고 있다.

둘째, 정치적으로 중국은 의회정치를 시행하지 않고 공산당 일당독재를 견지하며 입법 행정 사법의 삼권분립을 시행하지 않는 왕조적 혼합정치제도이다.

셋째, 이데올로기 부문에 있어서 중국은 여전히 마르크스주의의 주도적인 지위를 견지하고 있다.

넷째, 군대와 정치의 관계에 있어서 중국은 줄곧 문관이 군대를 지도하는 제도를 시행하고 군대가 정치에 간여하는 것을 허락하지 않는다. 시종일관 당이 총칼을 지휘하는 원칙을 준수한다.

다섯째, 국가와 사회와의 관계에서 상대적으로 독립적인 시민사회가 탄생했을 뿐만 아니라 그것이 사회생활에 날이 갈수록 지대한 영향을 끼치고 있다. 하지만 중국의 시민사회는 정부의 필요에 의해 조직되며 정부가 유도하는 특징이 있다. 대다수의 민간조직은 결코 서구국가 그것처럼 자주성을 갖지 못한다고 정의하고 있다.

뿐만 아니라 많은 서구의 기업인과 경제학자들은 중국의 경제적 성공을 중국 문화와 정치의 특수성으로 귀결하고 왕조적 정부에 의한 커멘딩 하이츠(commanding heights)[38]라 표현하였다. 강력한 힘으로 자기만의 고집을 고수하는 중국의 이미지가 형성된 것이다.

토끼와 거북이를 연못에서 경주하도록 해야 한다

언젠가 저자가 참석했던 중국 학회에서 중국 렌샹聯想그룹 류촨즈柳傳志회장이 했던 연설이 생각난다.

"외국의 기업을 토끼에 비유하고 중국 기업을 거북이에 비유한다면 거북이와 토끼의 경주에서 토끼가 쉬지 않으면 거북이의 대책은 두 가지다. 첫째, 어떻게 토끼를 따라 배워서 토끼의 능력을 거북이가 배양 할 수 있느냐 하는 점이고 둘째, 어떻게 거북이가 잘 달릴 수 있는 환경을 만드느냐 하는 것이다. 예를 들어 토끼와 거북이를 연못에서 경주하도록 해야 한다"는 그의 연설에서 저자가 받은 언어적 긴장감은 충격적이었다.

중국은 이제 더 이상 자신에 대한 그 어떠한 서구의 비평에도 신경쓰지 않고 기존의 국제 시스템과 가치관에 도전하고 있다.

중국인들은 엄격한 규정에 의해 모종의 경계선 안에 가두어져 있다. 모든 중국인이 한손에 아이폰을 들고 흰색 레시버를 귀에 꽂고 다른 한손엔

38) 커멘딩 하이츠(Commanding Heights)는 다니엘 예르긴과 조셉 스테니슬로의 공동저서 〈The battle for World Economy〉에서 '국가에 의해 설정된 경제목표를 위해 국가가 경제의 모든 시스템을 통제하려는 행위를 말한다. 원 뜻은 전쟁터에서 적의 동태를 빠짐없이 감시할 수 있는 고지를 말한다.

코카콜라를 들고 마실 수 있지만 〈TIME〉지나 BBC방송을 보려면 지정된 호텔에 들어가야 한다.

중국은 자유와 개방의 경계선을 분명하게 밝혀주고 있는 〈네가지 항목〉의 기본원칙이 있기 때문이다. '반드시 사회주의 노선을 견지해야 한다' '프롤레타리아 독재를 견지한다' '마르크스 레닌주의와 마오쩌둥의 사상을 견지 한다'는 원칙과 가장 핵심적인 '반드시 공산당의 영도를 견지한다'는 개혁의 전제 조건이고 최종 목표가 그것이다.

구글은 2010년 1월 중국에서 철수를 선언했다. 중국의 '단어 경고 시스템' 문제만은 아니었다. 서구와는 다른 문명을 가지고 있는 중국의 시스템을 이해하지 못했기 때문이다. 이데올로기와 실용주의라는 양 극단 사이를 진자운동 하듯이 시기를 장악하고 통제하고 있는 시스템을 말이다.

예를 들어 환구시보(環球時報)는 1993년 인민일보에 의해 창간되었다. 환구시보는 이름과는 달리 글로벌한 의식이 매우 부족하고 협소한 민족주의 정서를 대변하는 경로로 역할을 하고 있다. 1989년 공산주의 신념에 커다란 금이 가자 그 틈을 메울 뭔가가 필요해 만들어진 것이다. 즉 이데올로기의 진공을 비집고 왜곡된 어용된 민족주의를 전달하는 이데올로기의 산물이다.

인민일보와 환구시보는 서로 다른 모습을 하고 있지만 인민일보는 정확한 정부의 지도방향을 환구시보는 끊임없이 그런 지도방향을 전달하고 있

는 중국의 시스템이다.[39]

그 시스템은 때로는 관용적이고 자유롭고 개방적이고 실용적이고 진보적인 모습을 지어 보이며 사람들에게 또 하나의 새로운 세계가 도래했다고 착각을 일으키게 하고 있다.

중국 정부는 굉장히 기민하고 무원칙하고 시의적절하게 자신의 모습을 변화시킨다. 그러나 중국 정부는 언제나 어떠한 도전이나 세력균형도 용납하지 않았다.

---

39) 중국의 언론은 공산당 중앙선전부(中央宣傳部)가 총괄 통제하고 있다.

1. 중국의 주요 신문은 중국공산당 기관지인 인민일보(人民日報) 환구시보(環球時報) 광명일보(光明日報) 해방군보(解放軍報) 공인일보(工人日報) 경제일보(經濟日報) 중국공산당 청년단 기관지인 중국청년보(中國靑年報) 중국공산당 이론지인 구시(求是) 유력지방(상하이)지인 문회보(文匯報) 등이다. ※ 발행부수 순
2. 중국의 방송은 전국에 227개의 라디오 방송국이 있고 텔레비전 방송은 전국에 247개의 텔레비전 방송국이 있다. 중국중앙전시대(CCTV)를 비롯한 일부 지방 텔레비전 방송국들은 위성을 통해 방송함에 따라 가시청 지역을 확대해 나가고 있다.
3. 중국에는 국영통신사로 신화통신사(新華社)가 있는데 국무원 직속기관으로 모든 내외신 뉴스를 총체적으로 관할한다. 신화통신사는 홍콩 마카오를 포함한 중국내 각 지역에 33개 국내지사와 해외 5개 총국 100개 지사가 있다. 중국신문사(CNS)라는 통신사가 있는데 이는 해외 화교에 대한 선전을 주목적으로 운영된다.

제 2 부

미로를 헤매는 중국

미로를 헤매는 중국 제2부

F1

일본의 센카쿠尖閣(중국명 댜오위다오釣魚島) 국유화 직후 중국과 일본이 충돌 직전까지 갔을 때 원자바오 중국 총리는 "우리 영토에서 반보(半步)도 물러설 수 없다"고 하자, 일본 아베 자민당 총재는 "1mm도 양보하지 않을 것"이라고 맞받았다. 120년전 동아시아를 뒤흔든 청일전쟁 전야(前夜)도 이랬을 것이다. 청일전쟁에 이어 러일전쟁에서도 승리한 일본은 조선을 속국(屬國)으로 만들었다. 러일전쟁때 일본 전쟁비용의 60%는 일본이 발행한 전쟁국채를 영국의 로스차일드 미국의 JP모간 같은 국제 금융자본이 매입해 이뤄졌다. 영국과 미국이 이 전쟁에서 누구 편을 들었겠는가? 열강은 언제 어디서나 자국의 이익을 최우선으로 판을 짜고 있다.

러일전쟁에서 일본의 승리가 굳어갈 무렵 미국 루스벨트 대통령은 "조선은 자신을 지키기 위해 적을 단 한대라도 때릴 능력이 없는 나라다. 자신을 위해 스스로 아무것도 할 수 없는 나라를 아무런 이익 없이 도울 나라는 없을 것이다"라고 이야기 했다.

광역 경제통합 시대

세계는 지금 양자(兩者) FTA(자유무역협정 Free Trade Agreement) 시대를 넘어 광역(廣域) 경제통합 시대로 향하고 있다. 아세안이 주도하는 RCEP(역내 포괄적 경제 파트너십 Regional Comprehensive Economic Partnership) 미국이 태평양 연안에서 주도하는 TPP(환태평양 파트너십 Trans-Pacific Partnership) 등 거대 경제권 통합이 점점 가시화되고 있다. 유럽과 미주는 이미 EU(유럽연합 European Union) NAFTA(북미자유무역협정 North American Free Trade Agreement) MERCOSUR(남미공동시장 공식 영문 명칭은 Southern Common Market) 등 광역 경제통합을 이룬 상태다.

국가간 협력의 필요성이 대두되었음을 강조하지만 중국의 영토 분쟁과 중국의 일관된 외교적 강경자세는 아시아권의 평화적 협력체제의 전망을 어둡게 한다. 동북아시아만 영토 분쟁과 결부된 민족 감정에 휩싸여 세계의 흐름에 뒤처지고 있다.

이제 돌파구는 한중일 FTA와 같은 광역 경제통합에서 찾아야 한다. 한국의 IT와 고급 인력, 일본의 자본과 선진기술, 중국의 시장과 노동력이 시너지를 올리고 비효율성을 줄이도록 경제통합이 이루어져야 한다. 그렇다고 반드시 상호 관세철폐 수준을 양자 FTA보다 높게 달성해야 한다는 이야기는 아니다.

한중일 FTA에서 관세철폐 수준이 한중 FTA보다 높기는 어렵다. 삼국이 함께 갈 수 있도록 타협해야 하는 측면이 있어 아무래도 양자 FTA보다는 개방 수준이 떨어질 수 있기 때문이다.

FTA는 많이 맺을수록 수출기업들의 해외 시장이 확장되어 경제 이익이 증대하는 것은 사실이다. 수입품 가격하락은 경제의 효율성도 높인다. 이러한 이익이 국내 피해 산업의 손해보다 큰 것이 일반적이다. 하지만 FTA는 많이 맺을수록 비용도 증가하는 사실을 직시해야 한다.

서로 다른 특혜 원산지 규정이 자리 잡게되어 수출입업자들은 각 FTA의 원산지 조건에 따라 생산라인이나 수입처를 다변화해야 하는 부담(스파게티 볼 비용)이 증가한다. 특히 생산자원 대부분을 해외에 의존하고 있으며 해외 수출 주도형 구조를 지닌 한국 경제는 원자재 수입 및 완제품 수출에서 이중 부담을 안게 된다. 이러한 비용이 특혜관세 이익 10%를 상쇄한다는 연구 결과도 있다. 앞으로 더 많은 FTA가 맺어질수록 이 비용은 증가하게 된다. FTA마다 다른 통관 제도 반덤핑 제도 위생검역 규제 환경 규제 지식재산권 보호체계 등은 교역에 복잡성을 더해 거래 비용을 올린다. 양자 FTA가 일으키는 이러한 문제점들을 해결할 수 있는 통로가 바로 광역 경제통합이다.

RCEP가 타결되면 동아시아 지역에서 단일한 특혜 원산지 규정이 도입되어 역내 교역에서는 스파게티 볼(bowl) 비용이 사라진다. 통관 무역 규제 위생 지식재산권 분야에서도 공통된 원칙이 적용될 수 있게 된다. 이것이 우리가 양자 FTA를 늘려나가는 것과 병행하여 반드시 광역 경제통합 노력도 기울여야 하는 이유이다.

시장 접근의 이익은 양자 FTA가 챙기고 그에 따라 커지는 스파게티 볼 비용은 광역 경제통합을 통해 사라지게 해야 한다. 그리고 광역 경제통합의 시장개방 수준을 양자 FTA 정도로 점차로 높여나가서 명실공히 높은 수준의 광역 경제통합을 달성하는 절차를 밟아야 한다. 이는 EU가 여러 번 EU 통합 조약을 개정하고 NAFTA가 그 수준을 업그레이드 해온 절차이다.

미래가 우리가 그린 원래 그림대로 되지는 않지만 한중일 삼국은 정책을 끊임없이 수정 보완해 나아가는 노력을 경주해야 한다.

조지 워싱톤의 녹색화폐(greenback)와 마오쩌둥의 적색화폐(redback) 싸움

미국과 유럽의 대규모 재정투입과 양적완화 조치, 20여년의 불황의 기나긴 터널에서 경기부양을 위한 정부재정 지출과 유동성 공급 확대를 선언한 일본으로 이미 전 세계적인 글로벌 환율전쟁은 시작되었다.

중국 경제가 중장기적으로 성장이 지속되고 세계적으로 위안화의 수요가 증대되므로 어느 정도 절상은 불가피하다고 보고 있다. 위안화가 절상되면 중국 내수시장에 진출한 기업에게는 긍정적으로 작용을 하지만 중국 내 가공무역에 종사하는 기업에게는 경영 환경을 악화시키는 요인이 된다. 많은 학자들은 이러한 화폐전쟁에 대한 우려와 신제국주의에 대한 공포를 중국을 향한 거대한 음모론으로 진단하고 소련붕괴 일본침몰 동남아 금융위기 이후 다음 목표를 중국이라고 지적한다.

유럽 중앙은행이 위기국들의 국채를 무제한 매입하고 미국 연방준비제도이사회(FRB)는 무기한 3차 양적완화 정책을 발표했다. 당초 예상을 뛰어넘는 파격적인 수준으로 경제 회복의 돌파구가 될 것이라는 기대감의 반영으로 주식시장은 환호하며 급등세로 화답했다. 그러나 유감스럽게도 이들 정책은 근본적인 해법이 될 수 없다. 시간을 벌기위한 미봉책에 불과하다. 근본적인 해법은 결국 경제 체질개선과 생산성 향상을 통해 경쟁력을 높이는 길 뿐이다.

분석해보건대 유로체제 위기의 근본 원인은 유로 회원국간 경쟁력 격차에 있다. 독일에 비해 생산성이 크게 낮아 산업경쟁력이 떨어지는 그리스가 독일과 유로화를 공동 통화로 사용하는 한 그리스의 무역 적자와 독일의 무역 흑자라는 역내 무역 불균형은 피할 길이 없다. 그리스에 일회성 구제금융을 지원한들 결국 밑 빠진 독에 물 붓기나 다름없다.

그리스를 비롯한 위기국들이 뒤늦게 부랴부랴 경쟁력을 높인다고 임금 삭감 등의 해법을 추진하고 있지만 이 또한 답이 될지는 의문스럽다. 임금 삭감으로 경쟁력이 확보될지도 불확실하지만 임금 삭감이 내수시장 침체를 가져와 오히려 경제 상황을 더욱 어렵게 만들 가능성이 크다.

근본 해법은 임금 삭감을 통한 축소형 경쟁력 제고가 아니라 생산성 향상을 통한 확장형 경쟁력 제고이어야 한다. 하지만 생산성 격차의 해소는 단기간에 달성될 수 없는 것으로 요원한 일이다.

물론 그리스 등 위기국들에 경쟁력 제고의 기회가 없었던 것은 아니다.

유로체제 가입으로 저금리의 해외자금 활용 기회와 역내 교역 활성화 기회를 지난 10년간 경쟁력 강화를 위해 활용했다면 지금과 같은 위기 상황은 없었을 것이다. 하지만 유감스럽게도 유입된 저금리 자금은 생산적으로 쓰이지 못했고 오히려 금융 거품의 부작용만을 초래했다.

사실 이런 문제는 그리스에만 국한된 것은 아니다. 미국 일본 등 선진경제권 국가는 금융 거품을 통한 성장의 유혹에 빠져 있었고 금융위기를 겪고 난 지금까지도 크게 달라지지 않았다. 미국과 유럽은 대규모 재정 투입과 양적완화 등 파격적인 대책에도 불구하고 지난 5년간 거의 제로 성장을 했다.

노벨경제학상 수상자인 폴 크루그만Paul Krugman은 중국을 포함한 아시아 경제의 고성장 기적은 노동과 자본의 양적 투입을 늘려서 이루어진 것이지 기술진보와 생산성 증가를 통한 성장은 미약했다고 경고했다. 한발 더 나아가 아시아 경제는 성장 한계에 부딪힐 것이라고 결론 내렸다.

사실 1990년대 이후 한국 경제는 근로시간 단축과 투자 위축 등으로 인해 노동과 자본의 양적 투입이 큰 폭으로 둔화되었고 그 결과 1990년대 7%대에 달하던 경제성장률은 2000년대에는 3%대로 떨어졌다. 하지만 한국의 경우 선진국과의 기술 격차는 넘을 수 없는 장벽이기 때문에 성장 한계에 부딪힐 것이라는 지적은 지나친 것이다.

한국 기업들은 세계 초일류 기업에 맞서 특허 전쟁과 시장 쟁탈전을 벌이고 있고 외환 위기의 쓰라린 경험으로 생산성 향상과 체질 개선을 통해 선진국과의 경쟁력 격차를 줄여 왔다.

아직 갈 길이 멀긴 해도 한국은 폴 크루그만의 주장과 다른 노력과 위기극복을 보여왔다. 그런데 중국의 위기는 다른 곳에 있다.

개혁개방 이후 고도성장에 따른 중국의 부상은 더 이상 찻잔 속의 이야기가 아니다. 이러한 중국의 부상을 가능하게 만든 것이 바로 중국공산당임을 알게 된 세계인들은 역사가 끝난 것이 아니고 새로 시작되고 있는 것이 아닌가 하는 생각에 이르렀다.

영국 파이낸셜 타임즈의 북경특파원 리차드 맥그리거는 〈공산당(The Party)〉이라는 저서를 통하여 중국공산당의 특별한 메카니즘을 '보이지 않는 곳에서 보이지 않는 손을 통해 중국의 부상을 이끌어 낸 중국공산당은 신처럼 중국 사람들이 있는 곳에는 어디든지 함께 있지만 절대 보이지는 않는다'고 표현했다.

90년전 중국공산당 창당 이후 시대에 따라 당의 성격이 수차례 바뀌면서 변화를 거듭하는 중국공산당을 중국의 전통 기예 변검술(變臉術)에 비유하는 사람도 있다. 필요에 따라 매번 얼굴이 바뀌기 때문이다.

사실 중국공산당은 개혁개방으로 지금까지 적대했던 자본주의 정책을 도입하고 현대화를 위한 경제정책을 추진하는 실용적인 정당으로 다시 태어났고 거대한 산업경제를 리드하기 위해서는 과거 노동자 농민 군인 중심의 노농병(勞農兵) 정당에서 명문대학 출신자로 석박사 중심의 엘리트 정당으로 변화했다. 또한 중국공산당은 구소련 붕괴이후 레닌식 공산주의는 더 이상 중국공산당의 모델이 될 수 없고 지금 중국공산당이 만들어

가고 있는 현실이 진정한 공산주의라는 극찬도 있다.

중국은 언제나 그렇듯 내부적으로는 자신만이 최고라는 낡은 습관에 젖어 위기를 깨닫지 못하고 그들만의 신화에 빠져있다. 당원 8,000여만명으로 세계 최대의 정당이 된 현재 중국공산당은 장기 집권이 가져다 준 부패를 적극 척결하지 못하면 시장경제의 잘못된 이해와 계획경제식 사고방식에 익숙한 현실에서 나온 중국 그래프 경제는 중국을 더욱 위험에 빠뜨린다.

중국인들이 지난 60년 이상 불러왔던 "공산당이 없었으면 신중국을 누가 건국하리(沒有共産黨 沒有新中國)"라는 노래가 계속 불리워지기 위해서는 중국공산당은 다시 한 번 크게 변해야 한다.

지금까지 중국 경제를 끌어 올렸던 엔진은 투자와 수출이었다. 그러나 세계경제 침체와 함께 중국에 대한 외국인의 직접투자(FDI)는 최근 큰 폭으로 감소하였고 확대될 전망이다. 유로존의 위기로 중국의 대유럽 수출이 어려워지고 미국에 대한 밀어넣기 수출도 크게 늘어났다. 미국이 벌리는 환율전쟁으로 중국의 상품경쟁력은 커다란 타격을 입고 있다. 원가전쟁에 휘말려 수출액은 꾸준히 상승하지만 결국은 석유를 수입하는 데에 달러를 쏟아붓고 있다.

중국은 믿었던 2개의 엔진에 문제가 생기자 내수강화의 제3의 엔진을 가동시켰다. 그러나 그동안 4조 위안에 달하는 경기부양책만 믿고 몸집만 키운 중국 기업들은 비용전쟁에 휘말리면서 극심한 타격을 입었다.

건설경기가 둔화되면서 실업자는 계속 늘어나고 있고 더욱이 주식 부동산 거품이 걷히면서 소비의욕도 줄어 내수시장은 크게 위축되고 있다. 심각한 인플레이션과 노동비용의 가파른 상승, 서민자산 위축에 따른 구매력 감소는 기업 실적 추락으로 이어졌다. 불패의 중국 성장율은 연속 우측 하향으로 향하는 그래프를 보여주고 있다.

일부 학자들은 '팍스 시니카'라는 중국식 패권구조가 군국주의와 민족주의를 기반으로 하기에 위험하다고 간주하는 중국위협론에 동조하기도 한다. 위협론은 중국의 야심적인 군사 현대화 계획과 점차 강해지고 있는 민족주의가 주변국들에 불안감을 안겨주면서 주변지역의 안정을 해할 것이라는 예측이다. 대개의 서구 학자들은 이런 중국패권론 혹은 위협론을 펼치고 있다.

중국을 바라보는 서구인들의 이해는 그렇게 편견으로 가득 차 있다.

금융 위기에 빠지고도 여전히 양적완화와 대규모 재정투입과 같은 금융 대책에만 매달리고 있는 것을 보면 위기 해결은 아직도 요원해 보인다. 사상 최대 규모의 달러보유고와 수출액 성장률을 자랑하는 중국과 신용등급 강등 위협에 시달리고 있는 미국 및 유럽 국가들의 엇갈린 행보를 보면서 많은 학자들이 우려하는 환율전쟁 다음 목표인 중국을 걱정해 본다. 그들은 언제 어디서든 자국의 이익을 최우선으로 하는 판을 짜고 있다.

F2

저자는 평소 중국 공무원들과 기업인들을 만나면서 그들이 그릇된 신화에 젖어있는 모습을 발견하곤 했다. 그들의 비이성적인 문화에 당황하고 그들의 맹목적 집단주의를 걱정하기도 했다. 이러한 중국인의 이상심리는 비극적인 영웅을 숭배하고 존재자체가 불확실한 역사소설에서 고착된 중화 문화의 저주일 것이다. 특히 그 위치가 지도자일 경우 더욱 심하다.

중국인들의 잠재의식에서 리더Leader란 일상생활에서나 업무에서 그 어떠한 실수나 잘못이 없는 완벽함을 의미하고 있다는 것을 오히려 저자가 뒤늦게 인식한 것이다. 보통의 삶에서도 중국인들은 결코 자신의 조그만 실수조차 인정하지 않는다. 이러한 사고방식은 본질적으로 중국 문화의 저급한 근성이 확대된 결과라 할 수 있다.

중국의 미래, 답은 역사에 있다.

이 글은 중국과 중국인들을 비방한다거나 혐중론의 이야기가 아니다. 편견으로 가득 찬 세계인들의 중국에 대한 이해와 중국위협론이 왜 나오는가 스스로 자각을 해 보자는 이야기다. 예를 들어 아주 오래된 이야기이지만 저자가 절강성 닝보寧波시에서 회의를 마치고 상하이로 돌아오는 일정이 있었다. 비행기 시간에 맞추기 위해 서둘러 회의를 끝내고 일어서자 중국 고위 공무원은 당신을 위해 비행기 출발 시간을 늦춰 놓았다고 자랑스럽게 이야기하는 게 아닌가. 이 얼마나 당황스러운 이야기인가? 자동차나 대체 교통수단의 편의를 배려하겠다는 이야기가 아니라 비행기를 저자가 탑승할 때까지 붙잡아 두겠다니……

중국에서 우리는 정시에 출발하는 비행기보다 연발착하는 비행기를 훨씬 많이 경험한다. 바로 이러한 것들이 중국 사회의 고질적인 문제점을 고스란히 대변한다.

한국의 독자들은 ㉿ 표시를 기억할 것이다. 정부가 제시한 공산품 기준에 맞추어 생산된 상품에 붙이는 표시였다. 각 국마다 자국 공산품 기준에 따라 제품을 생산하고 나름의 표식을 붙여 수출하였다. 그런데 언젠가부터는 이 표시를 찾기가 어려워졌다. 이제는 모두가 세계적 기준인 ISO[40] 기준에 맞는 제품생산과 표시를 하기 때문이다.

중국은 G2의 위치에서 이제는 세계 최초, 최고, 최대의 구호가 아닌 보편타당한 세계문화의 가치를 지키며 일반적 기준을 제시해야 한다.

세계의 중심국가 중국(中國)이 되려면 세계의 기준을 지키며(Rule-taker) 세계의 기준을 제시(Rule-maker)해야 한다.

---

40) ISO(International Organization for Standardization)는 국제 표준화기구의 약자이며, 1946년에 설립한 국제기구를 말한다. 주로 나라마다 다른 공업규격을 조정 통일하고 물자와 서비스의 국제적 교류를 유도한다. 또 과학적 지적 경제적 활동 분야의 협력을 증진하는 것을 목적으로 한다. WTO 등 기타 전세계 500개 지역 기관들과 협력한다. 12,000개의 ISO의 규격 수가 있다. 한 나라에서 한 기관만 회원으로 가입할 수 있으며 본부는 스위스 제네바에 있다.

정치학자 루시안 파이의 지적과 같이 현재 중국은 '현대 세계를 분명하게 이해한 사람들이 아니고, 중국 전통의 게임규칙에 더 익숙한 사람들이고, 폐쇄적인 정치 시스템으로 스스로 음모론의 신봉자가 되어가는' 모습으로 보여지고 있다.

중국인의 행동과 사고에 가장 큰 영향을 미쳤던 역사의 인물은 누구일까? 가장 먼저 떠올린 사람은 저자뿐만 아니라 독자들도 제갈량(諸葛亮)을 손꼽을 것이다. 정말 남다른 지혜와 출중한 지략을 갖춘 인물로 중국인들이 존경해 마지않는 위대한 스승이자, 모두가 그대로 닮고자하는 구루(Guru)이다.

허수아비를 실은 배로 조조에게서 화살 10만개를 빼앗고, 동풍의 힘을 빌려 적벽에서 대승을 거두고, 공성계(空城計)로 사마의(司馬懿)를 물리치고...... 정말이지 하늘이 내린 모사가이다. 하지만 사실 여부를 떠나 이것은 중국 문화의 치명적 약점이다.

화살없이 전쟁을 계획하고 겨울에 불 가능성이 전혀없는 동풍을 기대하고 혹시나 하는 마음으로 빈 성마루에서 거문고를 타는 요행을 바라는 대표적 저확률 사건(event of small probability)이다.

비야디 比亞迪는 벤츠의 글로벌 전략에 맞설 준비가 되어있는가? 리튬 전지관련 특허나 전력구조 송배전 충전소를 포함한 시스템 배치 계획은? 근 몇년간 〈포브스〉가 발표한 중국내 100대 부호 명단에서 5위 밖으로 밀려난 적이 없는 비야디 창업자 왕촨푸 王傳福 회장 역시 예외는 아니다.

그의 관심은 전기자동차가 아니라 테마주에 대한 투기를 좋아한다. '독일의 다임러사와 비야디의 합작 성공' '비야디 전기자동차 연간 50만대 생산' '월렌 버핏 비야디 주식 대량매입' 등의 신문 헤드라인이 더 필요했다.

'중국 도박 산업은 향후 4,000~5,000억 위안 시장 규모에 달할 것으로 보이는 발전 가능성이 큰 시장'이고 중국인이 매년 해외에서 도박으로 소비하는 돈이 6,000억 위안에 달한다는 보고가 있다.[41] 중국은 머지않아 GDP에서 도박이 차지하는 비중이 2~3% 수준에 도달할 것으로 보인다.

1987년 처음 복권을 발행한 이래 복권발행 총 규모도 800억 위안이 넘고 1인당 평균 복권 구매량이 0.02위안에서 56위안으로 늘었다. 이는 기적을 믿고 심지어 숭배하는 비이성적 집착이고 요행심에 기대는 중국인들이 보이는 이상심리의 한 단면이기도 하다.

중국 대표적인 문화유산인 만리장성은 세계인의 눈에는 어떻게 비추어질까? 저자의 기억으로 오바마 대통령이 중국을 처음 방문해 만리장성을 유람하면서 "very great"란 표현 외에 그 어떠한 평가도 하지 않았던 걸로 기억된다.

만리장성은 세계의 중심인 중국(中國)과 그 어떠한 외부와도 단절을 의미한다. 무조건 문을 걸어 잠그고 5,000년 동안을 중국인들은 그렇게 살아 왔다. 그래서 대부분의 중국인들은 중국인을 바라보는 세계인의 편견으로 가득 찬 시각을 이해하지 못한다.

---

41) 베이징 대학 공익복권연구소 왕쉬에홍 집행소장. '2006 도박 산업 및 공익사업 국제연구토론회'에서

2009년 조지 부시 대통령이 상속세 폐지 의견을 표명했을 때 미국의 부호 120명이 상속세 폐지를 반대하는 공동성명을 냈다. 중국인들은 이것이 이해가 가는가? 이것이 저자가 이야기하는 문화의 차이다. 프로테스탄티즘의 윤리와 기업의 도덕, 사회적 책임이 강조되는 서구 자본주의의 정신이다. 중국이라는 나라는 그렇게 자신의 백성을 가르치지 않았다.

또한 세계인들은 상황에 따라 매번 바뀌는 술(術)에 치우친 중국의 문화에 대해 매우 부정적이다.

중국인들은 위기(危機)라는 단어로 경제를 설명하면서 위험(危)이 있으면 기회(機)가 따른다고 해석한다. 또 뉴욕의 월스트리트와 같은 금융시장이 중국에는 '천하의 어음이 통용된다(匯通天下)'라는 위대한 이상으로 100여년전에 있었고 그 주인공인 중국 전설적인 부호 호설암(胡雪巖)의 이야기를 종종 한다.

그러나 저자는 호설암을 투기와 실패한 패배자로 매우 비판적으로 평가하며 위기는 과학적 사고와 절차의 착각이며 선택의 기회라고 설명한다.

호설암은 상신(商神 ; 상업의 신)이라는 별명으로 불렸다. 놀랍게도 단 10년만에 중국 최고의 부를 가진 거상으로 뛰어 올랐기 때문이다. 그러나 호설암의 성공은 오늘날의 경제윤리나 기업윤리로 볼 때도 문제가 있다. 그는 오늘날 정경유착과 독점을 통해 부의 축적을 이루어 낸 것이다.

계기(戒欺 ; 거짓을 경계한다)

호설암은 1823년 안후이安徽 성 가난한 농가에서 태어나 저장浙江 성 항저우杭州에 있는 신호전장에 견습사환으로 들어갔다. 전장은 중국에서 자생적으로 생긴 근대적 은행의 전신으로 19세기말 무렵에는 예금 대부 환어음 등을 다루는 거의 은행에 가까운 사설 금융기관이었다.

호설암은 기회를 잡지 못해 울분에 찬 유학자 왕유령에게 아무 담보없이 전장에서 수금한 돈 500냥을 빌려 주었다. 왕유령의 됨됨이를 보고 과감히 투자를 한 것이지만 현대적으로 보면 거의 횡령에 가까운 행위였다. 결과적으로 호설암은 신호전장에서 해고되었다. 500냥을 받아간 왕유령은 중앙정부의 관리에게 줄을 대어 저장염대사(저장성의 돈을 관리하는 자리) 자리를 얻어 돌아왔다. 그리고 호설암에게 두고두고 그 은혜를 갚았다. 호설암은 왕유령과 결탁하여 부강전장을 열어 금융업을 시작했고 저장성의 군량미 운반과 병기 군납을 독점해 일대의 거부로 급격히 뛰어올랐다.

호설암은 어머니의 말에 따라 호경여당(胡慶餘堂)이라는 약국을 열었다. 호경여당에 계기(戒欺)라는 현판을 걸고 신의를 지켜나갔다. 호경여당은 좋은 품질의 약과 빈민구제 등으로 인해 명성을 얻어 급속도로 전국 각지로 점포가 늘어나기 시작했다.

호설암 인생의 두번째 기회는 태평천국의 난을 진압하러 항저우로 온 좌종당(左宗棠)과의 만남이었다. 좌종당의 정치적 승승장구와 함께 호설암의 부(富)도 점점 늘어갔다. 좌종당은 해군의 중요성을 깨닫고 프랑스로부터 기술 원조를 받아 조선소를 설립하였는데 이에 대한 실질적인 사업은 거의 호설암에게 맡겼다. 호설암은 서양의 상인들과 국제무역에도 관여하여 중국 거상으로 성장하게 되었다. 좌종당은 호설암이 반란진압에 공이 있다고 중앙정계 추천하여 홍정상인으로까지 올려 주었다.

호설암의 부는 애초부터 권력과 밀접한 관련을 맺으면서 일어난 점에서 처음부터 권력에 그 권리를 맡긴 것과 마찬가지였다. 리홍장(李鴻章)의 권력 암투는 좌종당을 쓰러뜨리기 위해서는 그의 경제적 배경이 되는 호설암을 먼저 무너뜨려야 했고 결국 호설암은 모든 재산과 재기의 기회를 잃고 파산했다. 권력에 의탁했던 관상상인의 당연한 결과였고 부의 덧없음을 깨달으며 파산한지 1년 만에 62세로 세상을 떠났다.

호설암 파산 이후에도 호경여당은 사람에게 많은 신뢰를 얻어 살아남아 호설암이 일으킨 사업 중 유일하게 현재까지 이어지고 있다. 호설암은 상인은 이득을 위해서라면 칼날에 묻은 피도 핥을 수 있어야 한다며 이익을 최우선으로 생각하지만 반드시 재물을 베풀어 선을 행하고 구두쇠가 되는 것을 늘 염려하였다.

기업이 오래도록 살아남고 성장하려면 반드시 성숙된 전략적 사고를 수반해야 한다. 신화에 사로잡혀 경직된 사고로 세계를 바라보면 항상 중국은 고부가가치를 창출하지 못하고 종이컵 생산과 같은 제조업에 노동력만을 제공하는 삶을 이어가야 한다.

F3

기업 경영자가 미래를 예측하는데 추가해야 할 이슈가 새롭게 등장했다. 그것은 기업을 바라보는 사회의 시각이다. 끊임없이 변화하는 사회를 깊이있게 이해하고 기업에 대한 사회의 요구를 충족시키지 않으면 성장은 물론이고 존립 자체가 위험한 시대로 접어든 것이다.

아담 스미스A. Smith[42]의 〈국부론〉 탄생과 미국의 독립선언으로 미합중국이 탄생했던 1776년부터 1932년까지 150년 동안 자본주의는 하나의 이데올로기에 순종했다. 사유재산을 근간으로 하고 개인의 이윤추구를 바탕으로 한 자유방임주의 경제 철학은 절대적 믿음을 가져다주었다. 하지만 자유방임주의적 자본주의하에서 불평등이 점점 심화되고 1930년대 경제 대공황이 발생하자 자본주의는 스스로의 모순에 의해 무너질 수 있음을 알게 되었다. 자본주의는 개혁과 생존을 선택하고 다른 한편에서는 공산주의와 국수주의의 괴물이 등장하였다.

이에 자애롭고 유능한 정부를 만들어 국민과 경제를 혼란으로부터 보호해야 한다는 케인즈학파[43]는 1945년 종전부터 1969년까지 국가 경제학

42) 아담 스미스(Adam Smith : 1723~90년)는 스코틀랜드 출신의 정치경제학자이자 윤리철학자이다. 후대의 여러 분야에 큰 영향을 미친 〈국부론(An Inquiry into the Nature and Causes of the Wealth of Nations)〉의 저자이다. 고전경제학의 대표적인 이론가인 아담 스미스는 일반적으로 경제학의 아버지로 여겨지며 자본주의와 자유무역에 대한 이론적 기초를 제공했다.

43) 케인즈 경제학(Keynesian Economics)은 20세기 영국의 경제학자 존 메이너드 케인즈의 사상에 기초한 경제학 이론이다. 케인즈 경제학은 공공 부문과 민간 부문이 함께

의 황금기를 가져왔다.

1970년 금본위제 포기와 1973년 석유파동으로 원유값이 네배로 폭등하자 세계는 스태그플레이션[44]과 높은 물가, 대규모 실업으로 그전까지는 한번도 경험하지 못한 경제 혼란이 왔다. 스태그플레이션의 황폐함 속에서 영국은 1979년 6월 마가렛 대처 수상이 등장하고 미국은 1980년 11월 로널드 레이건 대통령이 등장한다.

이 시기에 밀턴 프리드먼Milton Friedman과 시카고학파의 통화주의 추종자들은 자유시장이 왜곡되지 않는 범위에서 정부 개입과 통화팽창으로 경제안정과 인플레이션 억제 등 자본주의 경제 균형을 유지할 것을 주장하는 '자본주의 3.0'을 제시한다. 정부의 완전고용 포기, 민영화와 자유시

중요한 역할을 하는 혼합경제를 장려한다. 이는 시장과 민간 부문이 국가의 간섭이 없는 상태에서 가장 잘 작동한다고 주장하는 방임주의적 자유주의와는 상당한 차이가 있으며 실제로 케인즈 경제학은 여러 경제학자들이 방임주의의 실패로 인한 것으로 여기는 문제점들을 해결하기 위해 개발되었다. 케인즈의 이론은 거시경제적 흐름이 각 개인들의 미시적 행동을 압도할 수 있다고 말한다. 경제적 과정을 잠재 생산의 지속적인 성장으로 보는 18세기 후반 이후 고전 경제학자들의 관점과는 달리 케인즈는 (특히 불황기에) 경제를 이끌어 가는 요소로서 상품에 대한 총수요를 강조했다. 이런 관점에서 그는 1930년대의 높은 실업률과 디플레이션에 대해 거시적인 규모에서 대처하기 위해 정부가 정책적으로 소비를 유도해야 한다고 논했다. 불황 시기에 정부가 지출을 늘리면 보다 많은 돈이 유동되므로 시민들의 소비와 투자가 유도되어 경제가 정상 상태를 회복한다는 것이 케인즈의 주장이다. 이는 공급측면 경제학에 반대되는 의미로서 소비측면 경제학이라 할 수 있을 것이다.

44) 스태그플레이션(stagflation)은 스태그네이션(stagnation)과 인플레이션(inflation)의 합성어로 거시 경제학에서 고 물가(인플레이션)와 실업, 경기 후퇴(스태그네이션)이 동시에 나타나는 경우를 뜻한다. 이 경우 총공급이 줄어들어 물가가 오르고 GDP가 후퇴하며 이 결과로 투자 위축이 발생하여 실업률이 오르게 된다. 역사적으로는 1970년대 중동국가가 석유를 사원무기화 하면서 석유공급을 인위적으로 감소했고 이로 인해 원유공급가격이 급등하면서 전반적인 인플레이션이 발생했고 인플레이션 부담으로 경제침체가 오면서 실업률이 높아진 경험이 있다.

장 옹호는 1979년부터 2008년 리먼브러더스가 무너질 때까지 30년간 지속되었다.

2008년 미국에서 촉발된 금융위기 속에서 월스트리트 점령(occupy wall street)운동은 대중으로부터 폭발적인 지지를 끌어냈다. 이들은 자본주의 3.0이 천사의 모습을 한 악인(惡人)들의 포장술에 불과하였다고 주장하며 자유시장 논리에 근거하여 고삐가 풀어졌던 금융산업에 대한 규제를 강화하는 동시에 대기업의 탐욕을 억제하는 적극적인 정책을 정부에 요구하였다. 전 세계로 퍼져 나갔던 이 운동은 구체적인 정책 대안을 개발하지 못한 채 끝나고 말았지만 이제 지구촌은 자본주의가 더 이상 자유라는 명분으로 평등을 가로막지 못한다는 인식을 확실하게 갖게 하였다.

아나톨 칼레츠키Anatole Kaletsky는 〈자본주의 4.0〉이란 책에서 사회는 대기업이 마지못해 동냥같이 제공하는 책임으로는 더 이상 만족하지 못한다고 지적했다.

이런 세계적인 전환기에 나타난 새로운 움직임이 '공유가치 창출'이다. 기업이 천사의 모습만 보이지 말고 천사의 마음을 가진 자본주의로 사회를 받아들여야 한다는 주장이다. 기업가치와 사회가치를 동시에 추구하자는 주장이다.

피터 드러커Peter Ferdinand Drucker는 '인간 중심 자본주의'라는 이상사회를 제시하면서 '오늘날 사회적이고 세계적인 모든 이슈는 숨겨진 사업 기회이다'라는 표현으로 공유가치 창출 시대 도래를 강조했다. 이렇듯 공유가치 창출 방향으로 나아가는 자본주의를 '자본주의 5.0'이라고 부르고 있다.

이제까지 나타난 다섯가지 자본주의 유형을 오른쪽에 시장지배, 왼쪽에 정부지배를 나타내는 수평선 위에 표시해보면 다음과 같다.

먼저 시장의 능력을 믿는 아담 스미스의 고전경제학 자본주의 1.0은 오른쪽 끝에 정부의 능력을 믿는 케인즈학파 자본주의 2.0은 왼쪽 끝에 놓인다. 그 다음으로 자본주의 3.0은 중간과 오른쪽 끝 사이에 자본주의 4.0은 중간과 왼쪽 끝 사이에 놓여있는 모습을 나타낸다. 마지막으로 공유가치 창조를 주장하는 자본주의 5.0은 한가운데에 놓이게 된다.

기업 경영자는 이 위치에서 시장과 정부를 균형잡힌 시각으로 보면서 기업과 사회간의 조화로운 협력관계를 이끌어가게 된다.

미래를 지향하는 기업 경영자라면 기업가치와 사회가치를 동시에 구현하는 공유가치 창출을 핵심 전략으로 삼아야 한다.

시장경제의 잘못된 이해

중국에 있어서 좌우대립은 이데올로기와 실용주위를 의미한다. 그러나 시장경제에 대한 우(右)의 잘못된 이해로 지금과 같은 수많은 사회적인 문제가 발생했고 이는 좌(左)의 강한 반발로 중국의 경제는 정체되거나 심지어 후퇴하고 말았다.

대부분의 자본주의 국가에서는 전기 항공 통신 은행 보험 석유화학 등은 모두 민영화에 착수했고 민간이 운영한다. 또한 국가는 무상의료 무상교육

임대주택 그 보조금의 대출과 감세를 지원한다.

그러나 시장경제의 잘못된 이해로 유발된 심각한 결과중 하나로 국유기업의 개혁 부동산시장 규제 등의 사회문제를 중국인들은 반대로 생각한다는 것이다.

의료 교육 분야의 경우 공유제를 내세우며 국민이 실질적 수혜자가 아닌 정부 지원금과 수익으로 기관의 실적을 내는 데에만 급급하고 있다. 부동산시장 역시 대외적으로는 자유경쟁을 통한 시장경제의 기치를 높게 내걸고 있으나 1급 토지개발권은 지방정부가 운영하고 건설용지에 관한 기준 역시 관련부서가 장악하고 있으며 철광석 석유 등 건설 원자재 수입업체는 국유기업이고 금융업계도 역시 민간 자본에 대한 제대로 된 발전 환경을 제공하지 않는다.

정부의 역할은 공정한 발전을 위한 환경을 구축하는 일이지만 중국에서는 그런 모습을 전혀 기대할 수 없다. 결국 중국인들이 최종적으로 몰리는 업종을 보면 수익률은 낮은데 비하여 세금 부담률은 가장 높은 공통점을 지닌 요식 서비스 및 농산물 가공, 제조업 및 수출입업, 도소매업 및 물류업, 부동산 및 중개업이다. 이들 민간업체와 자영업자는 85% 이상의 일자리와 전체 세금의 83.5%를 부담하고 있다.

고속도로 풍력 발전 고속철 등의 대형 프로젝트가 중국 전역에서 요란하게 추진되고 있다. 이들의 공통점 역시 처음부터 높은 목표 위대한 목표

경이로운 목표를 설정하고 동원할 수 있는 모든 자원을 끌어드리는 대약진식의 개발이다.

대표적으로 세계 최대의 용광로를 선보이겠다는 수도강철(首都鋼鐵)은 결국 품질 미달로 50억 위안의 손실을 떠 앉았고 2008년 중국 정부가 발표한 10대 산업 진흥 계획하에 연간 50만대의 전기자동차를 생산하겠다는 목표가 제시되었지만 시장의 차가운 반응으로 7,181대 생산에 그치고 말았다. 또 천만호 서민용 주택건설은 어떠한가? 목표와 지나치게 수치에 매달리는 중국은 정작 중요한 사실을 망각하고 있다.

이런 점에서 중국 정부는 기존과는 전혀 새로운 경제 관리방식을 구축해야 한다. 중국의 분배정책 역시 마찬가지다. 계획경제식 사고방식에 익숙한 중국 경제는 국민소득의 감소나 내수부진 현상을 무조건 최저임금을 인상하라며 기업을 압박하는 식의 지나친 시장 간섭보다는 중칭맥주(中京麥酒)가 돌연 백신을 개발하겠다고 허위공시를 통해 상장을 했을때 투자자를 보호하고 주가조작을 감시하는 역할을 담당해야 한다.

정부의 잘못된 판단으로 현재 중국내 소득격차는 줄어들기는 커녕 오히려 더욱 벌어지고 있지 않는가.

중국 정부가 내수 진작을 위해 고정자산에 미친듯이 투자하고 기록을 갱신하는 모습들은 결국 한낱 뜬구름에 불과하고 냉혹한 현실을 맞이할 것이다.

대표적으로 2009년 상하이의 전체 경제 규모는 싱가포르나 홍콩을 뛰어 넘었다. 고속성장세를 기록한 상하이의 통계 데이터에 따르면 2006년부터 2010년에 이르는 제11차 경제개발 5개년 계획 기간동안 시의 GDP는 1조 7,000억 위안에 이르렀고 비교가격으로 계산했을 때 연간 11.1%의 성장세를 기록했다. 5년 동안의 GDP를 모두 합치면 약 6조 위안이 넘는다. 이 중 고정자산 투자를 통한 성장률은 2조 3,000억 위안이나 된다.

이 액수를 쉽게 표현하면 상하이는 1km^{2}를 개발하기 위해 4억 6,000만 위안의 돈을 들였다는 이야기다. 이러한 대규모 개발 프로젝트에 투입되는 자금은 어디서 나오는 것인가. 바로 국유은행이다. 중국에서 대규모 투자를 통한 경제성장이 더 이상 지속될 수 없는 이유이다.

2011년 11월 뱅크오브어메리카(BOA)는 협의를 통해 중국 건설은행(建設銀行) H주(홍콩 증시에 상장된 중국 주식) 약 104억 주를 몇몇 기관 투자자에게 양도했다고 발표했다. 이번 양도는 BOA가 중국 건설은행에서 사실상 발을 뺐다는 것이다.(건설은행 전체 지분 중 BOA가 차지하는 비중 19.13%에 해당한다)

한 해외통신은 이러한 사태를 '중국의 신용대출 부동산 환율과 채무를 따로 놓고 본다면 수용 가능한 안전 수위에 머물고 있다고 하겠지만, 이들 문제가 뒤엉켜 터진다면 중국내 은행들은 시스템적 리스크에 직면할 것이다'고 보도 했다.

이를 좀 더 이해하기 위해 중국 경제발전 과정을 요약해 보았다.

1. 중국 경제의 초기 발전과정

1949년 중화인민공화국이 설립된 후 중국공산당은 국민당 관료자본을 몰수하고 토지개혁과 재정개혁을 거쳐 1953년부터 제1차 5개년 계획을 시행하였다. 1950년대 이후 현실적 경제여건을 무시한 채 소련의 경제 원조를 배경으로 급속히 추진된 중화학공업 육성정책은 외화부족에 따른 사업부진 자원낭비와 경제침체를 유발하였다.

1978년 덩샤오핑이 집권한 이후 흑묘백묘론(黑猫白猫論)에서 출발하여 사회주의적 시장경제(socialist market economy) 체제로 완성되는 개혁개방 정책을 추진하였다.

먼저 집단노동방식을 철폐하고 농민에게 토지경작권을 부여하는 '가정책임경영제'를 실시하여 농산물 생산량이 획기적으로 증대되었다. 그리고 국영 집체(집단소유제)기업이 주종을 이루던 경제구조에서 민영기업을 허용함으로써 도시의 고용문제를 해결하고 시장경제의 기초를 마련하였다. 또한 자력갱생을 탈피하고 연해도시의 개방과 경제특구의 설립 등 대외 개방을 통하여 선진기술을 도입하고 경제개발 자금을 조달하였다. 아울러 기업의 진입퇴출을 규율하는 회사법을 제정하고 국유기업 노동자에 대한 고용계약제를 시행하는 등 시장경제의 초석을 마련하였다. 이 기간 중 시행된 제5차 제6차 제7차 5개년 계획은 중국경제의 안정적 성장을 뒷받침하였다.

2. 1990년대 이후 중국 경제의 발전과정

중국은 1990년대 들어 사회주의적 시장경제를 도입하기 위한 제도

개혁을 지속하였다. 이를 위해 외자유치를 촉진하고 이중환율제 폐지와 경상거래 자유화를 실시하였으며 민영기업을 위한 회사법을 제정하고 사유재산권을 인정하는 헌법 개정을 단행하였다.

상하이와 선전에 증권거래소를 개설하고 국유기업을 증권거래소에 상장하였으며 노동시장 규제완화를 위한 사회보장시스템 개혁 등을 추진하였다. 이와 같은 조치에 힘입어 중국은 1990년대 초반 이후 민간부문의 역할 확대로 경제적 호황을 유지하였으며 1990년대말 아시아 외환위기 과정에서도 8% 이상의 성장을 이룰 수 있었다.

2000년대에는 시장경제를 정착시키기 위하여 구조개혁과 대외개방을 가속화하였다. 2001년 WTO에 가입함에 따라 중국시장을 개방하고 국유기업의 민영화를 가속화하였으며 부실 금융기관의 구조조정을 단행하고 환율제도를 개편하였으며 물권법 반독점법을 제정하였다.

중국은 WTO에 가입한 이후 관세를 인하하고 금융시장을 개방하였으며 외자유치와 해외투자를 확대하였다. 또한 아시아권 국가와 자유무역협정(FTA)을 체결하는 등 개방 폭을 확대하였다.

2008년 7월 금융위기 이후 위안화는 달러당 6.82위안으로 고정(peg) 운용되었으나 2010년 6월에 기존의 달러화 페그제(peg system)를 폐지하고 통화바스켓(currency basket)을 참조 조정하는 관리변동 환율제도로 전환하였다.

3. 경제발전 방식 전환과 제12차 5개년 계획의 시행

중국 경제는 2010년말 기준으로 GDP 5조 8,800억 달러의 경제규모로 세계 2위 2조 9,700억 달러의 교역규모로 세계 2위 외국인 직접투자 순유입으로 세계 2위 1,057억 달러의 외국인 직접투자(FDI) 세계 2위 2조 8,500억 달러의 외환보유고로 세계 1위의 경제대국으로 부상했다.

중국은 1978년 이후 현재까지 평균소득이 약 56배 상승하였고 평균 경제성장률은 연평균 10.0%에 이르는 경이적인 성과를 달성했다. 다만 그동안의 수출주도형 외자의존형 고도성장전략에 수반되는 지역 계층 업종간 격차가 확대되고 환경 에너지 보전과 성장과의 부조화 등 중국 경제의 모순이 드러나고 있다.

제12차 5개년 계획(2011~15년)은 세계 금융위기에 대응하고 2020년 전면적 소강사회(全面的小康社會) 건설을 위한 경제사회 발전의 주요 목표를 제시하였다. 이는 과학적 발전관에 기초한 경제발전 방식의 전환과 전면적인 개혁혁신의 추진으로 경제사회 발전과정에서의 불균형 부조화 지속불가능 문제를 해결하기 위함이다.

9가지 주요 목표는 다음과 같다.

첫째, 거시조정의 강화개선이다. 이를 위하여 단기정책과 장기정책의 유기적인 결합으로 재정 통화 투자 산업 토지 등 각종 정책을 조화롭게 실천한다.

둘째, 장기적으로 유효한 소비수요 확대 메커니즘의 구축이다. 이를 위하여 도시화 소득분배 개혁 사회보장체계 완비 등을 통해 주민소비를 확대하고 소비구조를 업그레이드하여 국내 소비시장 규모를 확대한다.

셋째, 투자구조를 조정 최적화한다. 이를 위하여 국유기업과 정부투자의 범위를 명확히 하고 민간투자를 장려하여 맹목적인 확장과 중복건설을 억제한다.

넷째, 공업화 도시화 농업현대화를 동시에 추진한다. 이를 위하여 현대농업 발전 농민소득 증가 농촌 인프라 확충 등으로 농업과 농촌의 발전토대를 마련하고 공업화 도시화가 농촌발전을 이끌 수 있도록 유도한다.

다섯째, 과학기술 혁신을 토대로 산업 업그레이드를 추진한다. 이를 위하여 자금 인재 기술 등 혁신자원이 기업에 집중되도록 유도하여 산관학 협력이 전략적으로 이루어지도록 지원한다.

여섯째, 지역의 조화로운 발전 촉진이다. 이를 위하여 서부 대개발 전략에 지역발전 전략의 최우선 지위를 부여하고 지역별 비교우위를 충분히 발휘할 수 있도록 지역경제의 성장점을 육성한다.

일곱째, 에너지 절약과 오염물 배출감소 및 규제이다. 이를 위하여 에너지 소비 총량을 합리적으로 통제하고 에너지 절약 및 오염물 배출감소 법규정과 표준을 완비한다.

여덟째, 기본 공공서비스의 균등화 추진이다. 이를 위하여 도시와 농촌의 기본 공공서비스 체계를 합리적으로 구축하고 두지역간 생활수준과 공공서비스 격차를 점진적으로 축소한다.

아홉째, 도시주민의 소득 증대이다. 이를 위하여 국가 기업 개인의 분배관계를 합리적으로 조정하고 도농간 지역간 산업간 사회 구성원간 소득격차 해소에 주력한다.

4. 중국 경제발전 성과

중국은 2005년 미국 일본 독일에 이어 세계 4위의 경제대국으로 부상하였으며 2008년에는 독일을 제치고 세계 3위를 차지한데 이어 2010년에는 일본을 누르고 세계 2위의 경제대국으로 부상하였다.

중국의 교역액은 2009년부터 세계 2위의 교역규모를 유지하고 있는데 2010년 기준으로 교역규모 세계 1위인 미국은 3조 2,500억 달러였고 2위인 중국은 2조 9,700억 달러였으며 3위인 독일은 2조 3,200억 달러였다.

2012년 기준으로 중국의 외환보유고가 3조 3,100억 달러에 달하며 중국은 2006년 이후 전세계 외환보유고 1위를 유지하고 있다.

2010년 세계 2위의 외자유치국 지위를 유지하고 있다. 세계 1위의 외자유치국은 미국으로 1,861억 달러를 유치하였으며 2위인 중국은 1,057억 달러 3위인 홍콩은 626억 달러 4위인 프랑스는 574억 달러 5위인 벨기에는 505억 달러 6위인 영국은 462억 달러를 유치하였다.

시앙송주어向松祚 중국 인민대학 국제화폐연구소 부소장은 'GDP 성장률은 7.8%로 시장 예상치인 8%보다 낮다. 이는 여전히 중국 경제가 하락세를 면치 못하고 있음을 보여준다. 중국이 저성장에 들어간 것이 명백히 보인다. 5년안에 중국 경제 성장률은 7% 아래로 떨어질 것이다' 고 전망했다. 중국은 과잉 생산 판매 부진 수익성 하락 재정수입 침체 체감되지 않는 임금 상승 악화되어 가는 환경문제 수입 불공평 빈부격차 금융위기 글로벌 위기 등 중국 경제를 위협하고 있는 요소들을 과소평가해서는 안된다.

F4

저자는 전반적인 글로벌 경제가 하락 추세로 접어들었다고 진단하고 향후 10년동안 스태그플레이션이 세계를 휩쓸 것으로 내다본다. 이 책에서 거듭하여 강조하는 보다 구체적인 중국 경제의 문제점을 살펴보면, 먼저 주택시장의 부동산가격의 거품 문제다.

저자는 현재 중국 부동산가격은 40~50%정도 떨어져야 한다고 보고 있다. 다시 말해서 부동산시장의 거품이 50%에 이른다는 얘기다.

중국의 주택 가격이 적어도 한달 소득으로 $1m^2$를 구입할 수 있는 수준이어야 한다. 대량의 농민공이 도시에 뿌리를 내리지 못하는 주요 원인으로 부동산 거품과 호구 제도를 지적한다. 이들의 정착을 위하여 저렴한 임대주택을 대량으로 지어야 한다.

또한 현재는 무엇보다 거품 붕괴의 위기를 현명하게 극복하여 부동산시장의 연착륙을 실현할 방도를 고심해야 한다. 대량의 미분양 부동산이 늘고 있고 새로운 부동산의 개발 역시 축소되고 있다. 1992년 일본의 부동산 거품 붕괴와 1997년 홍콩의 부동산 시장이 그 예로 중국 부동산 거품은 빠져야 한다.

다음은 수출 감소와 위안화 절상의 문제다. 중국이 고속성장을 유지하려면 수출의존 모델을 버리고 내수 성장을 기초로 한 산업구조로 전환해야 하고 동시에 환율 자유 태환을 실시해야 한다.

중국의 수출 총액은 GDP의 40%를 차지하지만 글로벌 경제의 하락으로 인해 중국 수출이 점차 감소하고 있고 향후 10년동안 중국 수출의 연간 성장률은 8% 내지 6%로 떨어질 가능성이 높다.

국제무역에서 중국은 위안화 평가절상으로 인하여 임금 인상과 원가 상승으로 노동집약형 수출산업의 타격은 매우 커 시장 점유율은 크게 떨어진다. 미국은 여전히 위안화를 현재보다 24% 이상 평가절상해야 한다고 요구하고 있다.

저자가 보기에 중미간 무역에서 긴장관계를 완하하는 가장 좋은 방법은 중국이 미국 기업들의 상하이 상장을 허용하는 것뿐이다. 또한 금리를 상향 조정하고 필요하다면 위안화도 대폭 평가절상해야 한다.

셋째는 사회 양극화 문제다. 저자는 중국의 소득불평등이 세계 최고 수준이라고 지적한다. 도시와 농촌간 빈부격차는 중국의 고질적인 문제점이고 빈익빈 부익부의 양극화 문제에 대해서 사회보장 제도의 확립 등 충분한 해법을 제시해야 한다.

저자는 중국 정부가 가장 손쉽고 급진적으로 선택할 수 있는 정책으로 중국 국유기업의 주식을 일반인들에게 골고루 배분하는 정책을 권한다. 국유기업의 민영화를 통한 재원확보와 시장경제의 정착은 보편적인 소강사회로 가는 험난한 가시밭길의 첫걸음이다.

넷째는 중국 인구의 노령화 문제다. 저자는 앞으로 20년동안 중국은 일본과 한국처럼 인구 노령화와 인구이윤의 역전이라는 어려움에 봉착할 것으로 내다본다. 앞서 언급한 부동산 거품과 중국의 산아제한 정책 자체가 인구의 노령화와 전체 인구 감소를 재촉하는 역할을 하고 있다. 이런 인구의 노령화는 디플레이션을 초래하게 된다고 단언한다.

정부가 부채를 통해 인구 노령화의 원가를 부담하면서 다시 디플레이션을 자극하게 되는 악순환이 전개되고 채무 이자가 너무 높아져 지불불능 상태에 빠지게 될 때 인플레이션은 피할 수 없게 된다.

중국은 심각한 경제위기를 겪고 있으며 심지어 붕괴할 수도 있다는 중국 안팎에서 회의적인 시각들이 많이 제기되고 있다. 그러나 저자는 이러한 중국 경제 '위기론'과 '붕괴론'에 동의하지 않는다.

위기론자들은 중국의 경제발전 과정에서 나타난 일부 문제들을 지적하고 이러한 부정적 요소들의 영향을 과도하게 평가하지만 반면 중국 경제의 긍정적 요소들과 내재적 성장논리는 과소평가하고 있다. 또한 이런 식으로 본다면 중국 경제의 전반적 형세에 대해 심각한 오판을 면할 길이 없기 때문이다.

경제성장율 8%를 유지하는 나라, 위안화 절상을 끊임없이 요구받고 있는 나라, 가장 많은 외환보유고를 가진 나라가 어떻게 붕괴할 수 있는가? 이른바 위기론과 붕괴론은 모두 객관성 없는 정서적 논리의 발현이며 이미 횡행했던 논리들의 단순한 반복이다.

문제는 인플레이션이다. 중국의 인플레이션은 2008년과 2011년에 위험수위인 5%를 넘어 각각 5.9%와 5.4%를 기록했다.

중국 붕괴론자중 한 사람으로 글로벌 금융위기의 발발을 예측했던 미국 학자 누리엘 루비니Nouriel Roubini는 "GDP의 50%가 재투자되는 투자주도형 성장을 지속해 나간다면 이미 뚜렷하게 나타나고 있는 제조업 부동산 및 인프라의 포화 현상이 더욱 악화될 것이며 고정자산 투자 증가 속도를 더 이상 끌어올리기 어렵기 때문에 결국 경제성장은 둔화되고 말 것"이라고 말한다. "중국은 2013년경 경착륙을 맞게 될 것이다. 과도한 투자는 언제나 금융위기와 장기 저성장으로 막을 내렸다"는 것이 그의 예언이다.

중국학자인 자오샤오赵晓 역시 "2012년 중국 경제는 최근 10년 이래의 최악의 상황을 맞이할 것"이라고 주장한다. 지금까지 중국 경제를 이끌어 온 3대 동력인 인구 보너스 수출 보너스 및 부동산 보너스가 소멸되고 있다는 것이다. 인구 보너스의 소실로 인해 임금이 상승할 것이고 위안화 절상과 해외수요 약화로 수출이 둔화되면서 순수출의 성장기여도가 마이너스가 될 것이라는 게 그의 설명이다. 아울러 부동산 규제는 더욱 강력해져 주택 구매 제한 대출 제한 등으로 인해 부동산 투자가 얼어붙을 것이라고 본다. 이렇게 3대 엔진이 동시에 꺼지면 중국 경제는 '성장의 황혼기'에 들어서게 될 것이라고 말한다.

중국 거시경제학회 왕젠王建 비서장은 "중국 경제가 2011년부터 3년간 내리막길을 걸을 것이며 경제성장률은 2011년 9%에서 2012년 8%로 하락하고 2013년에는 7% 이하로 떨어질 것"이라고 내다본다. 그는 "긴축정책으로 물가를 잡을 수 없고 경제성장은 이미 하강 추세에 접어들었다"고 주장한다.

홍콩의 경제학자 랑셴핑郎咸平은 미국의 서브프라임 사태 이전에 중국에선 이미 위기가 발생했다고 주장한다. "중국이 수년간 대량의 자원을 인프라 건설에 투입하여 겉으로는 '영광의 GDP'를 달성한 듯 보이나 서구 선진국들이나 일본의 경우는 GDP의 70%가 소비에서 나오지만 중국의 경우는 소비 비중은 35%에 불과하며 GDP의 50% 이상이 인프라 건설을 위한 시멘트와 철근이 점하고 있다"는 것이다.

랑셴핑은 현재 중국을 과열과 냉각이 동시에 존재하는 이원화된 경제환경을 가지고 있다고 설명한다. 과열이란 부동산 국유기업 은행과 증권회사 등으로 중국 경제의 30%를 차지하고 나머지 70%는 기본적으로 냉각 상태인데 제조업을 주로 하는 민영경제가 대부분을 차지한다고 주장한다.

중국 거시경제 수치의 하강 속도가 예상보다 빠르게 나타나고 있다. 주택 거래량은 큰 폭으로 하락하고 금융주와 부동산주의 주가가 고점에서 30%나 떨어졌다. 시멘트와 철강 구리 등 원자재 가격도 하락세를 면치 못하고 있다.

중국 은행들의 건전성에 대한 우려도 나타난다. 매년 2조 달러의 신규 대출중 절반이 문제를 안고 있으며 문제의 대출 중 절반 정도만이 회수가능한 상황이니 결국 부실채권이 약 5,000억 달러에 이른다.

중국 경제의 거품이 붕괴하면 상황이 두바이[45]의 경우보다 1,000배는 심각할 것이라 보는 사람도 있다.

중국 경제에 대한 골드만삭스의 관점은 이들의 시각보다는 온건하다. "중국의 정책 담당자들이 경기 하강 위험을 저평가하는 측면이 있다"면서 "만약 대외경제 환경이 악화한다면 정책 기조와 구체적인 대응방법에서 분명한 변화가 필요하다. 긴축이 지나쳤던 2008년의 전철을 밟지 말아야 한다"고 평가했다.

여기서 "긴축이 지나쳤던 2008년의 전철을 밟지 말아야 한다"는 것은 무엇을 의미하는 것인가? 2007년에서 2008년 사이의 인플레이션은 주로 외부적인 요소에 의해 일어났지만 중앙은행이 문제의 근원을 처리하는데

---

45) 두바이(아랍어 : دبي)는 아랍에미리트의 일곱 토후국 가운데 하나이다. 부르즈 할리파라는 높이 810m 160층인 세계 최대 최고층 건물과 인공섬 더 월드, 야자잎 모양의 팜 아일랜드, 맨해튼보다도 큰 워터프런트 섬, 또다른 초고층 빌딩 알 부르즈 등을 건설하며 그곳의 중심 도시이며 최대 도시이다. 1882년 영국과 독점보호조약(두바이를 오토만 제국의 어떤 공격도 영국이 보호해준다는 조약)을 하고 그 보호하에 들어갔다. 두바이는 인도와 유럽의 중계 무역항으로서 당시 인도를 식민지로 삼았던 영국에게는 지정학적으로 중요한 곳이었기 때문에 오토만 제국에게도 빼앗길 수 없었다. 그 후 1950년대에 영국은 두바이에 전기, 전화 서비스, 공항을 두바이에 건설하였다. 1966년 두바이에 유전이 발견되어 수많은 일자리를 찾아온 이민자들로 인구가 늘어나기 시작하였고 두바이는 유전으로 벌어들인 수출자금을 바탕으로 현대화를 본격 시작하였다. 1991년에 일어난 걸프 전쟁은 두바이에 커다란 변화와 중흥기가 시작되었고 사막의 기적이라 불린다. 하지만 2008년 미국발 금융위기 직후, 2009년 11월 25일 두바이 정부는 국영기업 두바이월드의 채무 지급유예를 선언하였는데, 이것을 두바이 쇼크라고 부른다. 경제 불황으로 두바이에 거주하는 인구 대부분을 차지하는 외국인이 감소 조짐을 보이기 시작하면서 여러 가지 정책을 세우고 있다.

있어 진지하지 못하고 정부의 미숙한 정책으로 개혁을 위한 절호의 기회를 놓친 것이다.

결국 20조 위안이나 되는 재정자금과 레버리지 효과[46]까지 더해지면서 2011년과 2012년 인플레이션이 불어 닥쳤다.

과도한 투자와 세수에 매달리는 GDP주의를 벗어나지 않으면 중국은 인플레이션의 저주에서 벗어날 수 없다.

사실 2004년 이전의 지난 10년간 무역흑자는 매년 300~400억 달러에 불과했지만 2005년 1,000억 달러 고지를 밟은 뒤 꾸준히 증가했다. 2006년 무역 흑자액은 1,775억 달러 2007년에는 2,622억 달러를 넘어섰다.

그러나 2007년부터 인플레이션이 나타나기 시작했고 2008년 정부가 집계한 인플레이션은 위험수위를 넘어선 5.9%를 기록하자 정부는 대출을 엄격히 제한하고 경기과열과 인플레이션 방지 정책을 고수하면서 지나친 긴축정책을 펼쳤다.

인플레이션은 화폐착각(Money Illusion)이다. 그 신비의 베일 안을 드려다보기란 쉬운 일이 아니다. - 미국 경제학자 밀턴 프리드먼

---

46) 레버리지 효과 (leverage effect) 사채나 은행 차입금 등의 부채를 이용함으로써 자기자본의 이익률이 상승하는 효과. 부채에 대한 확정지불이자보다도 자본의 운용에 의해 발생하는 이익이 크다면, 자기자본의 이익률은 상승한다. 그러나 레버리지 효과를 높이기 위해 차입금을 과도하게 들여온다면 불황이 닥쳤을 때 금리 부담이 커진다. 최근 기업들은 이런 위험성을 줄이기 위해 레버리지 비율을 낮추는 추세이다.

F5

중국식 인플레이션

중국식 인플레이션이란 무엇인가? 이를 설명하기 위해 두가지 예를 들어 살펴본다. 중국 혁명전쟁 말기에 국민당 정부가 전쟁물자를 확보하기 위해 돈을 직접 찍어내면서 사람들은 갑작스러운 변화에 크게 당황했다. 예전에는 쌀 한가마에 100위안이면 되었지만 갑자기 돈이 시장에 과도하게 풀린 뒤로는 200위안을 내야 했기 때문이다. 물가가 두배로 뛰고 인플레이션의 충격은 삽시간에 나타나 서민의 삶과 가장 가까운 분야에서 그 영향은 파급되었다.

또다른 인플레이션은 고속도로 풍력 발전 고속철 등 대형 프로젝트를 추진하면서 돈을 찍어내는 경우이다. 앞의 경우와는 다르게 업스트림(Upstream)[47]에서 시작되는 인플레이션이다. 예를 들면 대규모 토목사업을 추진하기 위하여 10조 위안의 돈을 찍어내면서 등장한다. 단기간에 많은 철근 콘크리트 기계를 필요로 하기 때문에 결과적으로 생산능력의 확대를 유발한다. 이 과정에서 대규모 토목 건설 사업과 관련된 수요를 만족시키기 위하여 추가적 통화, 예를 들어 20조 위안을 또다시 발행해야 한다. 통화를 계속해서 남발하는 악순환이 일어나는 것이다. 겉으로 보기

47) 기업의 영업활동 가운데 제품과 용역생산의 첫 단계에서의 활동 또는 수익을 지칭한다. 석유회사의 경우를 예를 들면 원유의 탐사와 생산은 상류활동이고 정유 및 제품의 판매와 수송은 하류활동(Downstream)이다.

에는 인프라 구축 프로젝트에 동원되기 때문에 서민에게 직접적인 영향을 주지 않을 듯하다.

첫번째 인플레이션의 경우, 국민당 정부가 통화를 남발하고 서민들 손에 충분한 돈이 들려있어 국민당 정부가 그 원인임을 쉽게 알 수 있으나 두번째 인플레이션의 경우는 과도하게 통화를 발행했더라도 자금의 흐름이 정부와 프로젝트 참여 국유기업간에 이루어지며 기업의 이익이나 일부 특정인의 지갑으로 들어간 뒤 서서히 시장으로 나오면서 일부 고가 상품의 물가가 서서히 꿈틀거리기 시작해 서민들이 이를 깨닫기는 쉬운 일이 아니다. 따라서 해당 가격에 일부 특정인들은 결코 민감한 반응을 보이지 않으며 대부분의 서민들은 해당 제품을 가능한 사지 않거나 덜 사려고 한다. 그러나 업스트림에서 찍어낸 돈이 일부 공산품 가격을 큰 폭으로 끌어올리며 기업이익과 특정인의 비자금이라는 형태로 다운스트림으로 파고들어 도시 임대료와 서민 생필품 가격을 끌어 올리고 소비자가 돈의 가치가 예전만 못하다고 인지하는 순간 물가는 올라가고 더 이상 내려가지 않는다.

2011년 돼지고기 가격 폭등이 연일 뉴스와 신문을 뒤덮었다. 그러나 중국 통계국의 데이터를 보아도 돼지 출하량에는 변화가 없었고 구제역이나 전염병으로 인한 생산량의 변화가 있었던 것도 아니며 사료가격의 인상이나 기상이변이 발생했던 것도 아니며 양돈농가의 수익에도 변화가 없었는데도 2011년부터 돼지고기 가격은 4개월마다 한번씩 가격이 조정되던 기존의 법칙을 철저히 무시하고 큰 폭의 상승세를 이루었다.

이러한 상황을 종합해 보면 물가 자체가 올랐다는 결론을 얻을 수 있고 결국 비이성적인 투자수요가 인플레이션을 일으킨 것임을 알 수 있다.

다음 단계로 식품가격이 올라 서민이나 근로자의 삶이 팍팍해지면서 임금 인상을 요구하고 대규모 노동력을 요구하는 제조업이나 농업부문의 원가상승이 불가피해져 결과적으로 생활필수품 가격이 또다시 상승하는 악순환을 반복하게 된다.

본격적인 악순환이 시작되면 정부든 기업이든 통제권을 벗어나 그 누구도 인플레이션을 막을 수 없다.

지난 30여년에 걸쳐 과도한 통화발행에 따른 결과로 나타난 인플레이션은 세차례로 1985년의 경우, 중국내 통화 유통량이 63.3% 증가하고 당시 인플레이션은 6%를 기록했다. 이를 해결하기 위해 중국 정부는 인프라 건설사업 축소 대출억제 경제희생이라는 대가를 치르고 인플레이션을 잡을 수 있었다.

1988년의 경우, 당시 4~5년 동안의 통화공급 증가율이 174%를 기록하고 정부의 임금개혁 정책으로 임금인상이 큰 폭으로 인상되는 바람에 물가가 무섭게 치솟아 민영기업 60%가 파산하였다. 구체적으로 쌀값이 하룻밤 사이에 0.15위안에서 0.8위안으로 뛰어오르는 등 물가가 여섯배 이상 급등하였다. 결국 정부는 수천개에 달하는 건설 프로젝트를 모두 중단시키는 초강수로 인플레이션을 다시 잡을 수 있었다. 임금과 물가가 번갈아 가며 상승하는 나선형 인플레이션이 유발된 것이다.

1995년에서 1996년의 경우, 1992년 덩샤오핑鄧小平의 남순강화(南巡講

話)[48]이후 통화량이 대폭 증가하면서 1993년 인플레이션율이 13.2%를 기록하고 1994년에는 21.7%까지 치솟았다. 여기에 지난 경우와는 달리 민간자본이 부동산과 주식시장에 몰려들어 가세하는 위력을 보였다. 결국 정부는 예금금리를 12%선으로 끌어 올리는 등 초강경 금융정책을 실시하였고 국유은행에 대한 구조조정을 단행했다. 그 결과 1996년 하이난海南島 지역 등의 부동산 거품이 꺼지면서 폭락했고 중국 증시는 두차례에 걸쳐 폭락했다.

세차례의 인플레이션을 보면서 저자는 매우 흥미로운 사실을 찾을 수 있었다. 인플레이션의 원인이 단순한 통화량의 증가나 시장경제의 이해 부족만이 아니었다는 점이다. 지금까지 알려진 특수한 국내 사정이나 내부적 원인보다 더 무서운 외부적 요인이 존재했음을 발견했다.

설명에 앞서 독자들에게 몇가지 질문을 하겠다. 인플레이션이 어느날 갑자기 오는가? 대규모 건설 프로젝트를 위한 재정투입과 철도건설이 하룻밤 사이에 세워지는가? 아니다. 대출이나 대규모 토목공사에 따른 영향력이 경제 전반으로 확산되려면 적어도 1년 반 이상이 걸린다. 또 인플레이션 효과는 즉각적으로 나타난다.

---

48) 1989년 톈안먼 사건과 1991년 소비에트 연방이 붕괴하자, 중국 내부에서는 개혁개방 정책을 둘러싼 "자본주의냐 사회주의냐(싱쯔싱서 姓資姓社)" 논쟁이 일어났다. 이에 덩샤오핑이 1992년 1월부터 2월일까지 우한武漢 선전深圳 주하이珠海 상하이上海 등을 시찰하고 "자본주의에도 계획이 있고 사회주의에도 시장이 있다"는 담화를 발표하였다. 이는 이념논쟁을 정면 반박한 것으로 톈안먼 사건으로 일시 중단됐던 개혁개방 정책은 다시 추진되었고 민영기업 육성, 400여 가지의 규제완화 등 경제 개방에 속도가 붙었다.

사실 이것만이 문제는 아니다. 그보다 더 중요한 외부적 요인은 미국의 치밀한 작전이고 그 계략에 말려들고 있기 때문이다.

미국은 양적완화[49]를 통해 수입 인플레이션이라는 기습공격을 시도한다. 미국 연방준비은행(FRB)의 두차례에 걸친 양적완화 조치로 20조 위안이나 되는 천문학적인 자금투자를 추진하면서 발생했던 문제가 중국으로 번진 것이다.

쉽게 표현하면 모두가 다 알듯이 미국은 최대 수입 소비국이며 중국은 세계의 공장이다. 미국은 경기부양을 위해 양적완화 조치로 돈이 풀렸고 중국은 여기에 종이컵부터 시작해 신발 의류 가발 등 소비품과 타이어 냉장고 에어컨 등 공산품에 이르기까지 미국에 수출한다.

결국 미국의 달러가 어디로 가는가? 중국이다.

2008년 9월 리먼브라더스 사태 이후 글로벌 금융불안이 실물부분으로 빠르게 확산되면서 경기침체가 심화되자 주요국 중앙은행은 정책금리를 대폭 인하하였으나 효과를 보지 못하였다. 이러한 상황을 타개하기 위해 미국과 영국 중앙은행은 비전통적 통화정책 수단인 양적완화 정책을 실시하게 된다.

---

49) 양적완화(量的緩和 : quantitative easing)는 금리 인하를 통한 경기부양 효과가 한계에 봉착했을 때, 중앙은행이 국채매입 등을 통해 유동성을 시중에 직접 푸는 정책을 뜻한다. 금리중시 통화정책을 시행하는 중앙은행이 정책금리가 0%에 근접하거나 혹은 다른 이유로 시장경제의 흐름을 정책금리로 제어할 수 없는 이른바 유동성 저하 상황하에서 유동성을 충분히 공급함으로써 중앙은행의 거래량을 확대하는 정책이다. 다른 나라에는 자산 거품을 초래할 수도 있다.

미국 FRB는 2008년 11월 유동성을 공급함으로써 사실상 양적완화 정책을 시작했으며 정책금리를 제로 수준으로 낮추면서 대차대조표상의 자산 부채 규모를 확대하는 정책을 상당기간 지속할 것임을 천명하였다.

1차 양적완화(QE1)는 2008년 11월 1,000억 달러 규모의 정부보증모기지채권(GSE direct obligations)과 5,000억 달러 규모의 모기지유동화증권(MBS)을 매입하는 등 2010년 1분기까지 총 1조 7,000억 달러가 투입되었다. 2차 양적완화(QE2)는 2010년 11월 6,000억 달러 규모의 추가 양적완화가 2011년 6월까지 투입되었다. 그리고 고용전망이 확실히 개선될 때까지 매월 450억 달러의 국채 매입과 400억 달러의 주택담보부채권(모기지채)를 매입하는 QE3를 유지하고 있다.

결국 중국은 수출을 통해 외화예금이 2009년 4,532억 달러 2010년 4,481억 달러 증가하면서 2011년 20조 위안에 해당하는 3조 1,800억 달러의 외화예금을 보유하게 되고 레버리지 효과[50)]까지 더해지면서 2010~11년 인플레이션은 기승을 부렸다.

중국 내부에서 3대 메이저 석유회사인 중국석유(PetroChina) 중국석유

50) 지렛대를 의미하는 레버(lever)에서 파생된 말로 지렛대의 원리라는 의미를 갖고 있다. 재무적 측면에서는 타인자본을 지렛대 삼아 자기자본 이익률을 높이는 효과를 일컫는다. 가령 1백억 원의 자기자본으로 10억원의 순익을 올렸다고 할 때 자기자본 이익률은 10%가 되지만 자기자본 50억 원에 타인자본 50억 원을 도입해 10억 원의 순익을 올리게 되면 자기자본이익률은 20%가 된다. 타인자본을 조달하여 투자를 했을 때 얻을 수 있는 투자수익률이 조달비용보다 높다면 충분한 레버리지 효과를 가질 수 있다. 또 지렛대가 길면 길수록 더 많은 무게를 들어 올릴 수 있는 것처럼 높은 부채 비율은 더 큰 수익으로 연결될 수 있다.

화공(Sinopec) 중국해양석유(CNOOC) 등 국유기업들이 유가같은 원자재 가격을 인상하면 원가상승 압박은 즉각 확산된다.

이들은 기술적으로 서민들이 인지하기 어려운 항공권에 포함된 유류할증료로부터 시작해 몇 차례 유가인상을 꾀하다가 결국 채소나 물건을 운반하는 생계형 트럭이 사용하는 디젤유 공급부족 사태와 함께 유가인상을 발표하고 결국 높은 인상폭을 받아들인다.

또한 중국 정부가 2009년전까지 사용하지 않았던 든든한 자산을 경기부양책으로 4조 위안을 푼 것이다. 이에 2009년 통화공급량이 60조 위안을 넘는 수치를 보이고 고정자산 투자액 비율도 38.32%를 기록했다. 이렇게 해서 중국은 산업 전반에 걸쳐 비이성적인 투자 수요가 촉발되었다.

대규모 통화가 유입됨에 따라 과도한 수요가 발생하고 노동력에서 자원까지 모든 가격이 대폭 인상되는 인플레이션을 맞게 되었다. 즉 외부적 요인인 외화예금, 내부적 요인인 가격 인상, 정부 투자, 이러한 세가지 요인이 물가상승-임금인상-물가상승으로 이어지는 나선형 모습을 그리며 인플레이션을 유발하고 있다.

여기서 중국은 금리 시장화를 실시해 민간은행과 국유은행의 경쟁하는 중요한 개혁을 착수해야 한다. 민간 자본이 제도적으로 진입해 시장화된 금리로 유동성 자금을 흡수해야 된다.

중국 정부는 국유기업의 독점가격 상승을 경계하고 규제 대상이 가격이 아닌 거래량이라는 점을 명심해야 한다.

F6

인플레이션의 저주

2010~11년 중국 기업 평균임금 상승률은 GDP 성장률인 8%를 뛰어넘는 9.8%를 기록했다. 2011년 전체 기업들 중 80% 이상이 임금 인상을 하였고 평균 인상폭은 15%선 이었다. 최근 발표된 중국 인민은행 자료에서도 소비자물가지수 상승률 CPI는 8.3%~8.7%에 달해 1996년 이래 최고치를 기록했다.

인플레이션의 즉각적 파급으로 임금인상과 원가상승으로 비용우위를 잃은 중국 제조업계는 고부가가치 산업들은 원청국으로 되돌아가고 저부가가치 산업들은 저개발국으로 이전하는 결과를 초래했다.

중국 노동자의 임금인상, 미국 달러의 평가절하, 미국의 생산율 향상 등으로 양국간의 생산 비용 격차가 점차 줄어들어 일부 기업들은 베트남 인도네시아 말레이시아 태국 방글라데시 등으로 생산공장을 옮겼다.

사실적으로 중국내 나이키사의 생산공장에서 만든 신발제품이 전체 생산율의 35%를 차지했으나 2010년 베트남 생산공장이 비교우위를 앞세우며 전체 생산율의 37%를 기록하면서 세계 최대 생산기지로 부상했다.

1979~96년까지 중국의 외국인 직접투자중 홍콩 자본이 60%였다. 특히 광둥성의 전체 유치액 중 홍콩 자본은 무려 80%를 기록했다. 그러나 이러한 이유 때문에 그들은 자연스럽게 주산자오珠三角[51])와 창산자오长三

角52)를 떠났다.

미국 애플의 아이폰을 중국에서 생산하고 있는 타이완기업 폭스콘은 2011년 중국내 신규채용을 올 스톱했다. 세계 최대 전자제품 위탁 생산업체인 폭스콘이 중국내 신규 채용을 중단한 것은 글로벌 금융위기 직후인 2009년에 이어 두번째이다. 이를 두고 아이폰 5 감산과 관계가 있다는 분

---

51) 주강(珠江)의 시장西江 베이장北江 및 등장东江이 바다로 흘러가면서 조성된 삼각주로 면적은 대략 1 만여 km^2이며 삼수(三水)라고 불리우고 있다. 주강삼각주(珠江三角洲)는 광둥广东성 후이저우惠州시 선전深圳시 둥관东莞시 광저우广州시 중산中山시 주하이珠海시 포산佛山시 장먼江门시 자오칭肇庆시 홍콩(香港) 및 마카오(澳门)의 2개 특별행정구를 포함하고 있어 인구 밀도 면에서 중국 최고의 지역 중 하나이며 또한 중국 남부 경제와 금융의 중심지이다. 삼각주의 동부지구는 선전시 둥관시 광저우시와 같이 일찍 발전이 이루어 졌으며 현재 2017년 완공예정으로 구상중인 항주오대교(港珠澳大桥)는 동서부를 연결하게 되어 서부의 발전을 촉진할 것으로 기대된다. 개혁개방 이전에는 주강삼각주 일대는 농지와 소촌락이었으나 1985년 이후 경제개혁 대량의 자금 유입 낮은 임금의 정책적 배려 등으로 홍콩으로부터의 자본과 공장을 유치하여 제조업의 기지를 건설하였고 2003년 홍콩 기업의 주강삼각주내 고용인력 수는 1천 1백만에 이르고 있다.

52) 장강(長江) 삼각주 경제권의 상하이上海를 중심으로 난징南京과 항저우杭州를 장삼각경제권의 2개 부중심으로 15개 시를 포함하며 보고 있다. 현재 이 범위가 확대되고 있는 추세이다. 장삼각경제권은 전국 최대의 경제권으로 경제총량이 전국 GDP의 20%를 점유하며 수출입, 재정수입, 구매력 등도 전국의 첫번째 지역이다. 이 지역은 교통이 아주 발달되어 있으며 주요 교통 체계는 철도 : 후닝철로滬宁铁路 후항철로滬杭铁路 징후고속철로京滬高速铁路 신창철로新长铁路 고속도로 : 후닝고속공로滬宁高速公路 닝항고속공로宁杭高速公路 수자항고속공로苏嘉杭高速公路 후항고속공로滬杭高速公路 항퉁고속공로杭甬高速公路 쑤저우요성고속공로苏州繞城高速公路 시청고속공로錫澄高速公路 장쑤연장고속공로江苏沿江高速公路 공항 : 상하이푸둥국제기장上海浦东国際机场 훙차오국제기장虹桥国際机场 항저우샤오산국제기장浙江杭州蕭山国際机场 닝보리스국제기장宁波櫟社机场 난징루커우국제기장南京祿口国際机场 창저우번뉴기장常州奔牛机场 우시기장无錫机场 난퉁싱둥기장南通兴东机场 항구 : 상하이항上海港 쑤저우항苏州港 베이룬항北侖港 서우산항舟山港 난퉁항南通港 난징항南京港 교량(桥樑) : 장인창장대교江阴长江大桥 룬양창장대교潤扬长江大桥 쑤퉁창장대교苏通长江大桥 둥하이대교东海大桥 항저우만과해대교杭州湾跨海大桥 등이 있다.

석도 있지만 현지인들의 이야기는 달랐다. 현지에서는 '폭스콘 중국 철수설'이 파다했다. 실제 폭스콘은 지난해 브라질과 멕시코 터키에 대규모 투자를 단행한데 이어 인도네시아와 말레이시아 미국에 대한 투자도 검토하고 있는 것으로 알려지고 있다.

중국 선전深圳의 업체 관계자는 "폭스콘은 2010년 중국 선전 공장근로자들의 잇단 자살을 계기로 임금을 두배나 올려줬다"며 "말이 통하는 타이완기업조차 중국을 떠나려는 건 결국 고임금 등 높은 생산비에 대한 부담 외에는 달리 설명할 길이 없다"고 말한다.

해외 기업들의 중국 진출은 한때 큰 내수시장도 매력적이었지만 무엇보다 생산비가 저렴했기 때문이다. 하지만 이젠 반대로 '엑소더스 차이나'가 본격화되고 있다. 가파른 인건비 원자재 상승 환경규제 등이 주요 원인이다. 일본계 유니클로도 2010년부터 중국에서 방글라데시로 공장을 옮겨 원가 절감 등의 효과를 얻고 있다.

한국기업들도 중국보다는 오히려 저렴하고 편리한 베트남을 더 주목하고 있다. 예를 들어 삼성전자는 베트남 북부 타이응웬주의 옌빙공단과 50km^2 규모의 스마트폰 생산공장 부지 임대계약을 체결했다. 이로써 삼성전자는 전체 글로벌 휴대전화 생산량의 40%(1억 5,000만대)를 생산하는 기존 박닝공장을 포함하면 베트남에 중국에 버금가는 생산기지를 구축하게 된다. 삼성전자는 전체 베트남 해외수출의 10% 이상을 담당하게 된다.

다국적 기업들은 질 높은 노동력에다 영어를 사용하기 때문에 많은 기업들이 필리핀을 주시하고 있고 베트남 캄보디아 미얀마 등 저임금 신흥국들은 노동집약적 경공업 투자 유치를 위해 경제특구 설치나 확대에 나서고 있는 만큼 중국은 더 이상 기업의 천국이 아니라 기업의 무덤으로까지 불리는 오명을 받고 있다.

스필오버 효과(spillover effect)

중국 인민은행은 통화정책 보고서를 통해 물가상승 기대에 대한 변화와 수입 인플레이션에 대해 '중앙은행은 인플레이션과 글로벌 유동성 자금 흐름에 대해 주목하고 있다'고 평가했다. 미국과 일본을 포함한 선진국들의 양적완화를 지목하면서 인플레이션에 대해 경계심을 드러냈다. 각국의 양적완화가 스필오버 효과와 함께 글로벌 자본 유입의 변동성을 심화시키고 있다는 지적이다.

인민은행은 환매조건부채권(RA)[53] 발행을 포함한 공개시장조작으로

53) 환매조건부채권(還買條件附債券 : Repurchase Agreements) 금융기관이 일정 기간 후 확정금리를 보태어 되사는 조건으로 발행하는 채권. 주로 금융기관이 보유한 국공채나 특수채 신용우량채권 등을 담보로 발행하므로 환금성이 보장되는 이점이 있다. 또 채권을 실물거래하는 것이 아니라 중앙은행에 맡겨 둔 기준 예치금을 대차거래하는 형태로 이루어지며 질권 및 담보를 설정할 수 있다. 발행 목적에 따라 여러 가지 형태가 있는데 흔히 중앙은행과 시중은행 사이의 유동성을 조절하는 수단으로 활용된다. 운용 기간은 1~30일에서 3개월 정도가 적합하며 길게는 1년까지 만기를 지정할 수 있다.

기록적 규모의 유동성을 금융시장에서 회수했다. 이것은 중국이 수입 인플레이션을 심각하게 우려하고 있고 통화 정책의 우선순위가 인플레이션 억제에 있음을 반영한다. 이는 저자가 앞서 제기했던 외부적 요인을 검증하는 대목이다.

실질적인 효과를 낼지는 의문이다. 왜냐하면 중국은 관리변동 환율제도를 택하고 있고 중국이 지금처럼 달러 보유고가 계속 늘어간다면 중국 서민의 생활비가 미국과 비슷한 수준으로 결국은 빈부의 차가 극심한 중국인의 고달픈 삶은 심각한 상황으로 치닫기 때문이다.

오히려 뉴욕에서 나이키운동화가 최고 832위안에 팔리고 있는데 반해 베이징에서는 최고 2,000위안이나 되는 가격에 팔리고 576달러의 리바이스 청바지를 899위안에 사야 한다.

1인당 연간소득을 비교해 보고 또 낮은 소득과 비싼 생활비로 얼마 되지 않는 중국인의 가처분소득으로 비교해 보면 상황은 좀 더 명확하게 파악할 수 있다.

이를 조금 더 설명하면 중국 젊은이들이 애플 앱 스토어에서 1달러에 구입하던 노래가 2달러로 올라가도 고정환율제 때문에 여전히 6.30위안에 계산되어 2달러가 되어도 위안화로는 차이를 체감하지 못한다. 여기서 문제가 발생한다.

중국은 엄청난 경제 성장을 이루고 있지만 환율은 그대로 라는 점이다. 달러 유동성 확대로 달러가 흔해 빠졌고 10%정도의 경제 성장률에 따른 중국의 실물경제(시장가격)와 환율이 동떨어지게 되는 현상이 일어나고 인플레이션은 더 크게 발생한다. 중국내에서는 환율이 제동장치를 하지 못하고 오히려 경기를 과열시켜 인플레이션을 유발시키는 것이다.

쉽게 생각해보면 중국은 환율이 낮은 이점으로 싼 자국제품이 잘 팔리니까 계속 투자하고 확대 재생산하다 보면 경기는 과잉성장에 달러가 계속 모이게 되고 엄청나게 모인 달러는 자국 위안화에 비해 환율은 낮으니 실물경제와 큰 차이를 보이게 되어 결국 인플레이션이 유발하게 된다.

콜라가 미국에서 사면 1.5달러인데 중국에서 위안화로 사면 12.6위안 즉 2달러가 되버린다. 물론 미국에선 유동성 확대로 값싼 소비재를 부담없이 수입하고 소비자들은 달러로 지불한다.

더욱이 인민은행 보고서에서 지적하듯이 노동 증가세가 둔화되면서 노동집약적 상품이나 서비스 농산물의 가격은 계속 상승한다. 인구보너스 효과가 사라지면 중국은 향후 중장기적으로 내부적인 압력에 따른 인플레이션에 끊임없이 시달릴 수 있다.

중국 통계국의 자료에 의하면 노동력 공급의 변곡점을 2013년으로 발표했다.

중국과 미국간 물가가 비슷한 물품으로 돼지고기 소고기 닭고기가 있다.(kg당 중국:미국의 최고 가격이 각각 40:45위안, 45:50위안, 18:19위안) 중국의 소득은 제3세계에 불과하지만 생활비만은 선진국에 견주어 결코 뒤지지 않는다는 것을 설명한다.

지금 눈앞에 펼쳐진 참상, 통제력을 벗어난 인플레이션은 정부에 공포감을 주기에 충분하고 낮은 소득과 비싼 생활비로 폭스콘의 노동자 자살[54)]은 계속될 것이다.

영국 컨설팅업체 머서Mercer가 세계 214개 도시를 대상으로 조사한 물가순위 결과(아이패드 2, 맥도날드의 빅맥 햄버거, 영화관 입장료, 1일 호텔 숙박료 가격 비교)에 따르면, 베이징이 16위 상하이가 25위 뉴욕과 파리가 27위로 발표됐다.

햄버거 전쟁 - 환율전쟁

맥도날드의 대표 햄버거인 '빅맥' 가격을 기준으로 주요 국가들의 적정환율을 산정한 빅맥지수(The Big Mac Index)는 일반적으로 지수가 낮을

54) 폭스콘은 애플의 아이폰과 아이패드 등을 하청 생산하는 세계 최대 주문자상표부착생산(OEM) 회사이며 중국 14개 공장에서 노동자 120만명을 고용하고 있는 중국내 최대 민간기업이다. 2009~10년 폭스콘에서 노동자 18명이 연쇄 자살했다. 중국 개혁개방 이후 30여년 동안 이어져온 저임금 무노조 대량생산 모델의 상징이었던 폭스콘은 노동자들을 병영식으로 관리하고 장시간 노동 유독한 화학물질 사용이 이들의 죽음으로 알려지기 시작했다. 폭스콘은 이후 임금 인상과 야근 감소 등의 조처를 취해왔다. 폭스콘의 변화는 '중국 모델'에 지각변동을 예고한다. 중국 곳곳의 공장에서 노동자들의 파업이 급격히 늘고 있다. 1980년대 이후 출생한 중국 신세대 노동자들은 강한 권리 의식을 가지고 있으며 노동력의 다수가 되면서 노동력 부족이 심화돼 노동자들의 협상력도 높아지고 있다. 시진핑-리커창 지도부도 저임금 모델과의 결별 내수중심 성장모델로의 전환을 경제 목표로 내걸고 있다.

수록 달러화에 비해 해당 통화가 상대적으로 저평가된 것으로 해석된다.

중국의 경우에도 빅맥 가격이 2.57달러(16위안)에 불과해 달러화 대비 무려 41.1%나 저평가된 것으로 분석됐다.

빅맥지수는 전세계에 점포를 둔 맥도날드의 빅맥가격을 통해 각국 통화의 구매력과 환율 수준을 비교평가하기 위해 만든 지수로 이코노미스트가 해마다 분기별로 발표하고 있다.

일부에서는 노동비용의 가치로 인해 빅맥 가격이 국가마다 차이가 난다는 비판도 있지만 환율이 각 통화의 구매력에 따라 결정된다는 구매력평가설(PPP)과 동일한 물건 가치는 어디에서나 같다는 일물일가의 법칙을 바탕으로 시장 환율과 적정 환율간 차이를 파악할 수 있다는 점에서 의미있는 지수로 받아들여진다.

현재 환율전쟁이라는 말이 화두다. 세계 각국은 금융위기를 거치며 전반적으로 어려운 경제상황에서 위기탈출을 위해 통화량을 늘리는 양적완화와 금리인하 정책을 펼쳐왔다. 하지만 양적완화라 불리는 재정정책도 한계가 있고 금리는 일정수준(제로금리 수준) 이하로는 더 인하할 수 없다.

재정정책과 금리정책을 쓸 수 없다면 필연적으로 환율 통제라는 수순으로 넘어올 수밖에 없는 것이 현재 환율전쟁이 일어나고 있는 이유이다.

현재 제로금리를 유지하고 있는 각국은 금리를 더 낮출 수가 없는 상황이고 수출을 통한 경상수지 개선을 고려해 보니 환율에 민감한 상황이다.

중국 역시 수출의존도가 매우 높은 나라여서 환율에 민감하다. 게다가 현재 중국 경제가 조금씩 둔화되고 있는 상황이다 보니 위안화를 대폭 절상하기도 힘든 상황이다.

글로벌 환율전쟁의 중심지 미국은 2008년 서브프라임모기지 사태로 전 세계 금융위기의 진원지가 되었다. 그로인해 미국은 더블 딥 우려까지 안게 되었고 현재 미국의 실업률은 9.5%로 지난 30년동안 최악의 수준이며 숫자로 계산하면 1,400만명이 실업자이다.

미국은 위기를 극복하기 위해 방법을 찾았다. 하지만 재정은 바닥이 나고 경제를 다시 일으켜 세울만한 정책 수단도 마땅한 게 없다. 그래서 생각해 낸 게 수출확대 정책이다.

지난 2012년 3월 오바마 대통령은 향후 5년간 미국의 수출을 두배로 늘리겠다고 선언했다. 그리고는 먼저 중국에 화살을 돌렸다. 중국이 위안화 환율을 인위적으로 조작해서 지난 수십년간 막대한 대미 무역흑자를 내고 경제규모도 커졌으니 위안화 가치를 20~40% 절상해서 흑자를 줄이는 대신 미국이 물건을 팔기 쉽게 내수를 키우라고 압박했다.

미국이 중국을 압박하는 데는 미국의 무역적자 폭이 늘어났는데 경상수지 적자 비중이 가장 높은 나라가 중국이기 때문이다.

미국은 중국에서 값이 싼 많은 제품을 수입해서 쓴다. 미국의 경기불황으로 소비자들이 저렴한 제품을 소비하면서 중국제품의 수요는 계속 높아지고 있었다.

미국에서 가장 큰 대형 소매상점 월마트는 미국에만 3,200개가 넘는 점포와 종업원은 세계적으로 130만명 정도로 추정된다. 고객만족과 매일 가장 낮은 가격(everyday no price)을 판매 전략으로 내세우는 월마트는 상품의 70%를 메이드 인 차이나로 진열하고 있다. 월마트는 중국의 수출 판매 대리점인 것이다.

현재의 환율전쟁 한가운데에는 중국과 미국이 맞닿아 있다. 미국은 중국에 위안화를 절상하라는 압박을 지속적으로 가하고 있다. 금융위기 이후 중국이 높은 경제성장률에도 불구하고 중국 위안화를 평가절상하지 않는 이유는 무엇인가? 많은 해외 바이어들은 값이 싸기 때문에 중국 제품을 사지만 만약 위안화가 평가절상되어 더 많은 돈을 지불한다면 상황은 달라질 수 있다.

중국이 평가절상으로 가장 우려하는 것은 실업률이다. 만약 위안화를 2% 절상한다면 240만개의 직장이 없어진다. 중국이 5%의 위안화를 절상하게 된다면 중국 수출제조업체 공장은 모두 문을 닫을 수밖에 없게 되고, 만약 10%의 평가절상이 이루어진다면 중국 경제는 심각한 공황의 늪에 빠지게 된다. 현재 미국은 24% 위안화 평가절상을 요구하고 있다.

평가절상으로 제품 가격이 상대적으로 오르면서 수출이 줄어들고 노동자들은 일자리를 잃을 수밖에 없다. 다시 말하면 절상하라는 것은 달러당 위안화를 표시하는 환율을 낮추라는 요구이다. 위안화 환율이 낮아진다면 중국의 수출기업들은 같은 양의 물건을 수출하고도 이윤은 줄어들 수밖에 없다.

중국은 위안화 가치를 대폭 절상하면 많은 수출기업이 도산하고 경제도 절단이 나니 그렇게 못하고 절상은 하되 자율적으로 그리고 점진적으로 하겠다는 것이다. 얼마 전 중국은 0.25% 금리인상을 전격적으로 단행한 바 있다. 중국은 환율자체를 인위적으로 조절하지 않아도 금리인상으로 인해 자연스레 위안화는 절상될 것이라는 입장이다.

또한 중국이 계속해서 위안화 가치를 조정해 과도한 무역흑자를 고의적으로 유지하는 한 결국 다른 나라의 경제활동과 일자리를 잃게 한다는 미국의 주장에 대해서도 미국의 금융위기 원인은 중국이 아니라 과거에 미국 소비자들이 과다한 소비를 했었고 2008년 금융위기 이후에는 예전의 7조 달러 규모의 부채를 계속 갚아야 하기 때문에 현재의 수입이 현실적인 구매력으로 변하지 못해 경제 쇠퇴를 초래하고 있다는 것이다.

중국 경제도 경기부양이 시급하다. 갓 출범한 시진핑 정권은 체제 안정을 위해 바오바 保八 달성을 위해 총력을 기울이겠다는 입장이다.

다우존스 Dow Jones는 중국의 올해 성장률도 정부 기대치에 미치지 못할 가능성이 큰 데다 GDP의 25% 규모인 수출이 생각만큼 탄탄하지 않아 중국도 환율전쟁에 동참할 가능성이 크다고 분석했다.

환율전쟁의 두 주인공인 미국과 중국은 이런 상태로 대치하고 있다. 당사자인 중국은 이에 대한 공식 논평없이 침묵을 지키고 있어 환율전쟁은 여전히 현재 진행형이다.

미국의 압력에도 불구하고 강하게 버티고 있는 중국을 보며 미국은 같은 효과를 내기 위해 달러 공급을 늘리는 양적완화 정책을 추진하였다.

양적완화는 미국이 달러공급을 인위적으로 늘리는 것이다. 양적완화로 달러가 많아져 달러가치가 내려가면 상대국 통화가치가 올라가 평가절상 효과를 누릴 수 있기 때문이다.

달러가치가 하락했을 때 무역수지 적자는 축소되고 달러가치가 오르면 무역수지 적자가 확대되는 추세를 보인다.

통화량을 늘리는 양적완화 정책은 채권을 이용할 수 있다. 중앙은행에서 달러를 풀어 미 국채를 사들이면 금융기관마다 달러는 늘어나게 되고 자연스레 달러가치는 하락하게 된다. 그로인해 달러가 중국 이머징마켓으로 들어와 위엔화 가치는 평가절상된다.

양적완화 정책은 실물자산에도 영향을 주게 된다. 실물자산(원유 곡물 석탄 등)의 가치상승은 달러약세에 기인하는데 대부분의 가격이 달러로 표시되는 실물자산의 경우 이전과 같은 가치를 유지하기 위해서는 더 높은 달러가격 표시를 매겨야 한다. 따라서 달러의 약세로 실물자산의 가격이 상승되는 것이다.

최근의 한국 경제시장을 보면 원화와 위안화가 같이 움직이는 경향이 발견된다. 이를 원과 위안화의 동조화라고 한다. 그에 따라서 원화가 비슷한 수준으로 강세를 띄면서 수출이 어려워 질 수 있는 가능성이 있다. 또 한가지는 한국의 수출은 중국에서 원자재와 부품을 가공해 제3국으로 수출되는 상품이 많아 위안화 강세로 중국의 수출이 상당부분 둔화가 된다면 한국의 간접적인 수출도 둔화되는 효과를 띄기도 한다.

F7

저자가 앞서 지적한데로 중국인들은 이상한 신화에 빠져있다. 중국인들은 스스로 무엇이든 역전할 수 있는 지혜와 단번에 업계 최고의 자리에 오를 수 있다는 확신에 차 있다. 중국 공무원들은 마치 제갈량이 동풍을 불러 적벽에서 화공으로 적을 물리쳤던 기적을 중국 기업인들은 초인적인 무공과 싸움터에서 최고였던 항우와 탁월한 리더쉽으로 승리로 이끈 유방의 이야기를 마치 자기 자신의 타고난 재능처럼 여기며 실적 올리기 경쟁과 무모한 도전을 벌이고 있다.

더 나아가 중국 공산당 기관지는 '커브길에서 속도를 내어 추월한다'라는 만도초차(彎道超車)를 반복해서 강조한다.

중국 공무원들이 무슨 사업가이며 창업가인가? 제갈량과 같은 혜안으로 거대한 프로젝트를 시행해 국가경제를 살리겠다는 이들의 모습은 참으로 우려스럽다.

커브길에서 속도를 내어 추월한다 - 彎道超車

2009년 중국 정부는 4조 위안 규모의 경기부양책과 10대 산업 진흥 계획을 내놓았다. 2010년에도 계속하여 신에너지 분야에 5조 위안을 투자했다. 고속철 투자를 발판으로 10대 산업 진흥 계획에 포함된 철강 물류 산업 설비제작 비철금속 선박의 5대 산업을 육성시키겠다는 계획이었다.

고속철 건설에 가장 많이 사용되는 철강생산을 위해 수도강철은 허베이河北 차오페이뎬曹妃甸에서 스스로 세계 최대 규모의 용광로를 만들었다.

철을 녹이는 용광로나 제강 설비 규모가 클수록 생산에 유리한가? 아니면 단위 에너지나 생산원가가 절약되는가? 이런 주장을 뒷받침하는 이론적 객관적 자료가 있는가? 그럼에도 불구하고 기존의 용광로보다 훨씬 많은 비용을 들여 만들고 결국은 품질은 크게 떨어진 제품을 생산하고 말았다. 이 때문에 수도강철은 50억 위안의 손실을 입었다. 과거 중국 용광로는 4,500m^3였으나 수도강철은 5,500m^3짜리 용광로 2기를 만들었다.

같은 업계의 바오강宝钢[55]도 세계 최첨단 제철기술로 연간 150만 톤의 철강제품을 생산한다는 보고서로 10억 위안의 손실을 입었다.

중국철강공업협회가 발표한 자료에 의하면 2010년 중국내 26개 주요 철강재 시장 재고량이 전년대비 5.5배 증가한 1,578만 톤을 기록했다.

중국 정부가 경기부양책으로 투자한 4조 위안은 철강재 소비로가 아니라 생산으로 간 것이다. 다시 말해 값싼 자전거 보급이나 건축자재가 아닌 대기업 제철소 신형용광로 건설이나 고속철 레일 생산에 쓰였다는 것이다.

중국은 고속철 첫 개통 6년만에 고속철도 세계 1위국이 됐다. 2004년

55) 상하이바오강집단(上海宝钢集团公司 : Shanghai Baosteel Group Corporation) 1998년 설립. 중국 최대의 철강기업으로 연산 2,000만 톤 규모의 철강 생산능력을 갖추고 스테인리스강 베어링강 고급 건축용 강재 석유수송관 가전용 강재 파이프라인용 강판 전기강판 선박 건조용 강판 자동차용 강판 등을 생산하고 있다.

시속 200km의 고속철 기술을 시작으로 2008년 자주 기술로 시속 350km의 첫 고속철인 베이징-텐진노선을 운행했다. 2010년에는 시속 380km의 CRH 380A 개발과 2011년에는 500km에 육박하는 열차를 개발한데 이어 600km대 고속철도도 개발 중이다.

중국은 시속 200km이상의 고속철 총연장이 세계 최대인 1만 3,000km에 달하는 것을 비롯해 운행속도 건설규모 발전 속도 등에서 타의 추종을 불허할 정도로 급속하게 발전해 왔다.

이어서 중국은 2009년 러시아 미국과 각각 고속철사업 협력각서를 체결하는 등 전세계 시장 개척에 한창이다. 과연 그러할 수 있을까? 중국 고속철 사업이 미국에 문을 두드렸을 때 오바마 대통령이 나서서 미국에서 재정지원을 포함한 다양한 지원을 약속했던 터라 누구도 실패하리라 예상하지 못했다.

그러나 2011년 미국 플로리다주는 고속철 계획을 거절했고 오하이오주 위스콘신주 역시 고속철 계획을 포기했다. 캘리포니아주는 고속철 건설 논의를 9년 후에 재개하기로 결정했다. 다시 말해 2020년에 가서 고속철을 건설할 것인지 아니면 계획 자체를 취소할 것인지를 다시 논의해 보겠다는 것이다.

사력을 다해 고속철 사업을 따내고 최단 시일에 공사가 완공될 수 있도록 뛰는 중국 공무원들과 비교되는 부문이다. 미국과 중국 공무원 중 누가 더 훌륭한 공무원인가 하는 문제가 아니다. 중국이 미국에 농락당했다는 것이 문제다.

고속철 문제만이 아니다. 중국이 수출하는 태양광 발전 상품이 이탈리아의 항구에 먼지를 뒤집어 쓴 채 산더미처럼 쌓여있고 중국내 태양광 발전 시장은 심각한 과잉과 발전원가 역시 높아서 적자를 면치 못하고 있다.

2010년 유럽경제 호전으로 독일 체코 이탈리아 스페인으로부터 중국 태양광 발전업계는 예상했던 것보다 훨씬 큰 성공을 거두었다.

태양광 패널과 부품생산 기업은 일반적으로 17%의 수출환급에 의존하지만 2009년 중국 정부의 10대 산업 진흥 계획에 의한 4조 위안 규모의 투자와 2010년 신에너지 분야에 5조 위안 규모의 투자로 이상 과열현상이 나타났다. 18개 성과 10여개 도시에 대형 프로젝트가 진행되고 있고 저장성 카이와介化현에는 무려 57개 태양광 발전 기업이 있다.

이로 인해 2011년 다결정 실리콘 총 생산량은 10만 톤을 초과했다. 중국 총 수요량은 1만 7,000톤이며 전세계 수요량의 두배가 되는 양으로 심각한 생산과잉이다.

중국은 EU집행위원회가 최근 중국산 태양광 패널이 생산비 이하로 유럽 시장에 들어와 유럽 업체들에 피해를 주고 있는 것을 시정하기 위해 반덤핑 관세를 부과할 방침을 정하자 EU측을 초청해 태양광 패널의 승인가격에 대한 협상을 벌였으나 아무런 성과없이 끝나 양측의 무역 갈등이 고조될 전망이다.

중국은 EU의 태양광 패널에 대한 반덤핑 관세 부과를 피하기 위해 수출 단가를 높이는 것이 자국 기업에 유리할 것으로 판단하고 EU측과 가격협상에 나섰다.

중국 태양광 패널업계에서는 EU측이 반덤핑 관세 부과 방침을 이미 굳힌 뒤 명분을 쌓기 위해 협상에 나섰기 때문에 형식적인 태도로 일관할 것이라서 업계의 피해가 불가피할 것이라는 우려섞인 전망도 나오고 있다. EU는 2012년 9월부터 중국산 태양광 패널에 대한 반덤핑 조사를 시작한 데 이어 11월에는 중국 정부가 불공정하게 태양광 패널 생산업체에 보조금을 지급하는지 조사에 착수했었다.

태양광 발전업계의 가장 큰 문제는 태양광 패널의 생산원료인 다결정 실리콘[56]이 그동안 부족했다는 점이고 중국 태양광 패널 생산능력이 세계 최고라는 점이다. 그동안 다결정 실리콘은 수입에 의존해야 했고 기업들은 앞 다투어 태양광 패널을 생산해 결국 다결정 실리콘 수입량은 폭발적으로 증가해 매달 평균 100%를 넘어섰다. 높은 원가 비용을 부담한 뒤 남는 것은 약간의 가공비뿐이었다.

또한 다결정 실리콘 산업은 자본집약형이어서 자산 부채 역시 60%에 달한다. 뿐만 아니다 다결정 실리콘 산업은 세계에서 가장 큰 환경오염의 원인이다. 환경오염 정도가 일본의 방사능 오염 수치와 별 차이가 없다.

---

56) 다결정 실리콘(polycrystalline silicon) 단결정 실리콘 영역의 집합체이며, 단결정 실리콘보다 전기적 성질은 뒤지지만 집적회로에서의 전도체나 전극으로서는 우수한 성질을 갖는다. 원자가 3차원적으로 질서 정연하게 배열된 실리콘으로 LSI 등 집적회로의 기판으로 이용되고 있다. 지붕위에 태양에너지 패널을 설치하는데 이 패널이 다결정 실리콘으로 만든 것이다.

다결정 실리콘 생산에 투입되는 에너지 소비는 철강생산에 필요한 에너지 소비를 능가한다. 이로 인해 탄소 달러가 빠져나가는 결과를 가져왔다.

생산과정에서 발생하는 사염화 실리콘 폐기물과 태양광 발전 기업들의 개발로 네이멍구內蒙古 대초원의 사막화는 점점 더 심각해지고 있다.

더 기막힌 것은 태양열 자가발전 후 쓰고남은 전기를 국가전망(國家電網)과 시스템에 송전 할 수 없다는 것이다. 중국 계량기는 사용양에 따라 덧셈만 하지 뺄셈을 못하기 때문이다.

태양에너지 발전은 원가가 석탄의 11~18배 메탄가스의 7~11배 풍력에너지 발전보다 6~10배가 더 들어 대부분의 국가에서는 보조금을 지급한다. 그러나 중국으로서는 기본적으로 이런 보조금을 지급할 여력이 없다.

풍력에너지 경우도 마찬가지다. 2004년 중국의 풍력 발전은 6개 업체에 불과했으나 지금은 10배가 넘는 70~80개로 늘어났다.

전세계 10여개의 풍력발전기 생산 공장이 이를 가만히 놔둘 리 없다. 오래된 중고 설비를 팔았고 결국 전국 풍력발전기 고장율은 20%에 이르고 있다. 2011년 2월 서북전망의 간쑤성 주촨酒泉 풍력기지에서 고장으로 598대의 풍력발전기가 멈추는 사고로 84만kW의 전력이 날아갔다.

국가전력감독위원회는 기준에 미달인 설비 설계, 건설기술, 그리드 접속 불량, 관리능력 부족을 지적했다. 기술이 없는 중국은 설계도까지 사와서 풍력발전기를 생산했다. 70~80개에 이르는 업체 중 70개 업체가 설계도를 구매한 것으로 알려져 있다. 한대 생산할 때마다 로열티 지급은 물론이고 이 산업은 수출이 불가하며 설비와 관련된 기술 역시 고칠 수 없다.

중국이 계속 풍력 발전을 추진한다면 이 역시 생산과잉에 직면하게 될 것이다. 이미 중국 최대 풍력발전기 생산업체 진펑커지金風科技 총 이익율은 30%에서 18%로 떨어졌고 풍력발전기 가격 역시 16% 하락했다.

풍력 발전은 바람이 멈추면 어떻게 하나? 그것은 화력 발전이 보충해야 하고 풍력발전소를 건설할 때 만일에 사태에 대비해 화력발전소를 세워야 한다.

중국은 풍력 발전을 화력 발전으로 전환하는 기술을 보유하고 있는 걸까? 중국 업체들은 이것이 핵심 기술임에도 전혀 알지 못한다. 이럴 바에야 화력발전소를 짓는게 낫지 않을까 싶다.

2009년 10대 산업 진흥 계획중에는 전기자동차 연간 50만대 생산, 플러그인 하이브리드 자동차 생산, 신에너지 자동차 판매 보급율 5% 달성 등이 포함되어 있다. 전기자동차는 한때 미국과 일본에서 붐이 일었지만 불안정한 성능과 충전 인프라 구축의 어려움으로 실패했다. 그런데도 중국은 저탄소 환경보호를 외치며 전기자동차 개발을 외친다. 전기자동차의 핵심인 충전과 축전의 핵심기술을 장악하지 못한 채 말이다.

우선 축전의 문제에서 비용량(比容量 ; 단위 무게나 단위 부피당 전지의 용량) 문제가 있다. 가솔린차는 350km를 가는데 30리터 정도의 휘발유가 필요하지만 전기자동차는 400kg이나 나가는 리튬 소재의 축전지를 사용해야 한다. 축전지의 무게가 자동차의 1/3을 차지해 평균 연속운항 능력에 영향을 끼친다.

양산화 과정에는 더 큰 문제가 있다. 해외시장이 존재할 수 없고 중국내에서는 충전 인프라를 구축해야 한다. 국영 송전기업인 남방전망(南方電網)에 따르면 선전에 세워진 2,000여개의 충전소가 사실상 대부분 방치 상태라고 밝히고 있다.

상하이 시정부는 전기자동차를 구입할 경우 10만 위안의 보조금 지급을 지원하지만 소비자는 외면하고 있다. 비야디(比亞迪 BYD : 중국 하이브리드 자동차 생산회사)는 한번 충전으로 160km를 운행할 수 있다고 하지만 시험주행 결과 100km에 불과했다. 주행 반경이 50km에 불과하다는 것이다. 이 차로 시외에 나갔다가는 추가충전 없이는 절대로 시내로 돌아오지 못한다.

전기자동차는 저자가 아는 한 시스템 공정의 문제이다. 전력구조 송배전 충전소 등을 포함한 시스템 배치가 계획적으로 선행되어야 한다.

최근 독일의 벤츠가 비야디와 합작을 한다는 소식이다. 합작의 이유가 비야디의 기술에 있을까? 중국은 법률적 책임이 없는 시험 장소이고 자신들의 표준을 보급할 수 있으며 만일 상용화에 성공하면 발언권과 가격 결정권을 빼앗아가기 좋은 아주 기막힌 곳이 아닌가? 비야디의 창업자 왕촨푸王傳福회장은 벤츠의 글로벌 전략에 맞설 준비가 되어있는가? 지적소유권의 함정을 아는 사람은 리튬 전지관련 특허가 미국에 몇 개나 있는지 인터넷에서 찾아봐야 한다. 비야디 관련 자료는 그 어디에서도 찾아볼 수가 없다.

F8

GDP에서 인플레이션으로 기준을 바꿔라

보통 인플레이션은 초기에는 눈에 잘 띄지 않는 구조적 문제로 물가가 상승하지만 중반기에 들어서서는 정책부실 문제에서 기인한다. 중국 정부의 적정 인플레이션 목표치를 4.5%로 볼 때 중국은 이미 인플레이션 말기 현상들을 보이고 사회불안 현상마저 나타나고 있다. 그러나 아직도 대부분의 중국인들의 뇌리에는 경제적 성취를 평가하는 GDP 성장률만이 남아 있다.

운동선수를 예로 들어 운동선수가 매 경기마다 우수한 성적으로 기록을 갱신했다면 이를 GDP라 하고, 운동선수가 좋은 기록을 내기 위해 약물투약을 했다면 이를 인플레이션으로 비교해 볼 수 있다. 기대심리를 동반하는 인플레이션은 더 좋은 기록을 내기 위하여 약물의 단위를 높이게 된다. 결국 선수의 몸은 어떻게 되겠는가? 이에 경기 심판인 중국 인민은행은 인플레이션과 자산버블의 리스크를 주시하지만 결국은 버블을 터뜨려 인플레이션을 잡던지 인플레이션을 확대시켜 버블을 보호하던지 둘 중 하나를 선택하게 된다.

위에서 이야기한 구조적 문제와 정책부실 문제는 세계 최대의 시가총액을 보유한 공상은행이 2008년 지방정부 기업에 6,400억 위안을 대출하면서부터 문제를 배태하였다.

대출받은 지방정부 기업은 부실경영으로 대출상환 능력이 없고 결국 공상은행의 부실대출율은 10%를 넘어섰다. 다른 은행들 역시 이러한 대출이 100% 가까이 급등해 문제는 시스템적인 리스크를 야기하고 있다.

또한 지방정부는 원칙적으로 채권 발행이나 은행을 통한 직접대출을 해서는 안되는 자금운용 구조를 가지고 있으나 〈지방정부자금조달기구 LGFV〉라는 기관을 설립하여 인프라 건설이나 부동산 프로젝트에 직접 자금을 조달하고 있다. 이러한 지방정부 대출 플랫폼에 쌓인 대출자금만 10조 위안이 넘는다.

2011년 중국 재정지출은 10조 위안을 넘어섰고 2010년 석유 화학 가스 통신 전기 등의 국영기업 영업이익은 1조 위안을 웃돌았다. 국영기업의 이익은 노동생산력의 악화를 나타내는 척도이며 이러한 경제 상황은 인플레이션 원인으로 시장 물가상승의 속도를 더할 뿐이다.

유럽 재정위기와 서브프라임 사태로 미국과 유럽시장이 크게 위축된 상황에서 2010년 중국 정부는 재정확보를 위해 외자기업에 도시유지건설세 1~7%와 교육세 3%를 징수하기 시작했다. 이러한 양세정책으로 중국 정부 세수는 100억 위안 늘어났지만 대표적으로 세수부담이 높은 기업인 합자 자동차 기업 이익은 17% 가량 줄어들었다. 결국 자동차 관련 산업의 수입 이익감소는 연쇄반응으로 산업 전반에 걸쳐 불경기를 가져왔다.

또한 2011년 1월 1일부터 배기량 1,600cc 이하 승용차에 일괄적으로 차량가의 10%를 차량구입세로 징수하였다.

내수시장 확대를 통한 경기 활성화를 해야 할 시점에 소비자 부담을 가중시키고 국영기업 재정 확보를 위해 세율 세목을 신설하는 것은 도대체 이해하기가 어렵다.

2011년 중국 물가상승률은 위험수위인 5%를 넘어 5.5%를 기록했다. 그러나 중국 정부는 심각한 고민 대신 외환보유고와 수출액 갱신, 국유기업의 최고 수익만을 이야기하고 있다. 이머징 국가들 대부분이 공통적으로 인플레이션으로 고통받고 있고 인도의 경우 10%를 상회하는데 중국은 그 절반 수준으로 통제하고 있음을 자랑한다.

하지만 인도 경제의 60% 이상이 가계지출로 이루어진데 비하여 중국의 가계지출은 중국 전체 경제의 29%이다. 즉 중국의 경제는 무서운 물가로 시장이 얼어 붙어있고 가계지출이 없거나 대부분 비정상적인 절약을 하고 있음을 의미한다. 또한 중국 가계지출 대부분은 부동산 가치 상승으로 인한 신용지출에 의해 파생된 것이다. 2009~10년 부동산을 통해 창출된 이익은 무려 40조 위안에 달했다.

부동산 붕괴 코앞에 와 있다

중국 부동산시장은 이상한 현상을 보인다. 하나는 일반적인 거품현상이고 다른 하나는 과잉공급이다. 공급이 많으면 가격이 떨어지는 것이 경제의 기본원칙인데 거품과 과잉공급이 상존하고 있다.

중국의 주택거품 가능성이 세계경제 전체에 심각한 걱정거리가 되고 있다. 그렇다면 지금 중국에 실제로 그런 거품이 존재하는가? 아니면 중국에 거품이 일어나고 있다는 주장은 과장일 뿐인가? 그런데 유감스럽게도 경제학은 아직 그런 진단 검사방법을 알려주지 못한다.

1990년대말까지 중국에는 민간 토지시장이나 주택시장이 없었기 때문에 이용할 수 있는 자료는 제약이 있고 단지 10여년전과 이후의 자료를 비교할 수 있을 뿐이다. 그래서 중국 주택거품 문제는 의견이 엇갈리는 경우가 드물지 않다.

다만 물리의 영역에서 하이젠베르크가 발견한 불확정성 원리와 아주 비슷하다. 어떤 거품 사체에 보종의 변화를 일으키지 않으면서 그 거품을 확정적으로 관찰하는 것은 불가능하다. 따라서 어떤 거품에 대해 확률적 식별을 할 수 있게 해줄 만한 모종의 변화를 생각해보는 것은 불가능하지 않다.

이용 가능한 자료들을 살펴보면 지금 중국의 부동산 가격이 매우 위험한 수준이며 추가적인 가격 상승에 대한 기대치가 조금이라도 떨어지면 부동산 가격이 급락하는 사태가 얼마든지 초래될 것임을 예상할 수 있다. 이런 결론을 내리게 된 근거 가운데 가장 먼저 꼽아야 할 것은 중국의 주택가격이 사상 최고 수준에 이르렀고 또 급등했다는 것이다.

지난 10년동안 실질 주택가격은 두배 이상 뛰어올랐고 특히 가파르게 상승한 시점은 2007년초와 2009년초였다. 최근의 통계를 보면 2010년 1분기 중 실질 주택가격 상승률이 연 41%라는 기록적인 수준에 이르렀다.

미국 예일대학의 로버트 실러 교수가 2003~05년에 미국 주택가격이 유지 불가능한 수준이 됐다고 확신하게 된 이유는 단지 주택가격이 높아졌다는 것만이 아니었다. 임대료 대비 주택가격 비율(PRR : Price Rent Ratio)과 소득 대비 주택가격 비율(PIR : Price Income Ratio)이 사상 최고 수준에 이르렀다는 것이 확신의 이유였다.

중국의 주택가격/임대료 비율(PRR)에 관한 정보가 널리 공유되고 있지 않지만 2007년 이후 중국내 주요 8개 도시의 PRR를 보면 지난 3년동안에 30% 이상 상승했다. 특히 베이징의 상승폭이 컸다.

베이징에서는 이 비율이 2007년의 26.4에서 2010년 1분기에는 45.9로 74%나 뛰어올랐고 항저우 상하이 선전에서의 비율도 급등해 40%를 넘어섰다. 쉽게 이야기하면 2007년 이후 현재 항저우 임대료나 집값이 65배로 치솟았다는 것이다.

중국내 주요 8개 도시의 주택가격/소득 비율(PIR : 1999~10년)의 변화 추이를 보면, 그동안 중국의 도시지역에서 소득이 빠른 속도로 증가했고 PIR도 상승했음을 보여주고 있다.

중국 정부의 자료를 보면 주택가격 상승은 토지가격 급등에 있음을 알 수 있다. 중국 정부가 여전히 도시지역 토지를 전부 소유하고 있으며 사용자에게 장기 임대하고 있기 때문에 주택 매매가격과는 별도로 토지가격의 움직임을 관찰할 수 있다.

베이징의 실질토지가격지수가 2003년 이후 750% 이상 올랐으며 그 가운데 절반 이상은 최근 2년동안에 상승한 것임을 보여준다. 좀 더 분석해 보면 중앙정부의 통제를 받는 국유기업이 이런 토지가격 상승 과정에서 중요한 역할을 했음을 알 수 있다.

2008년 베이징 올림픽 이후에 이런 토지가격 상승이 일어났고 2010년 전반에 또 한차례 토지가격이 급등했다는 사실은 최근의 토지가격 상승이 중국 정부의 경기부양 정책과 관계가 있음을 시사한다. 중국의 주택가격이 의미 있는 급락을 할 때 그 잠재적 파급효과가 어느 정도 될지, 그런 근거가 되는 요인들이 본격적인 경제위기를 초래할 것인지 연구가 필요하다.

중국 정부는 2010년 국유 토지 유상 분양으로 전년대비 106.2% 증가한 3조 위안의 수익을 가져왔다. 특히 상품성 주택 준공 면적은 전년대비 40.02% 증가한 580만채를 기록하고 2011년 정부의 1,000만채 주택공급 계획으로 또다시 기록을 갱신했다.

그러나 이러한 기록과는 달리 중국 최대 부동산 개발업체 바오리保利 그룹의 2010년 순이익은 전년대비 40% 증가한 50억 위안을 기록하였지만 기업의 현금 유동성은 1,772%나 떨어졌다. 다시 표현하면 중국 부동산 개발업체들의 2010년 토지 취득은 28.4% 증가했지만 중국 정부는 그들로부터 70%의 땅값을 받지 못했다.

2011년 정부의 부동산토지증치세 실시와 주택구매 제한 조치에 의한 고금리 정책으로 신규주택 판매량이 40%에 머물렀고 은행의 부동산 개발 대출제한으로 자금난에 봉착한 것이다. 더욱이 2012년 중국 정부는 10조 위안에 달하는 지방정부의 부채를 해결하기 위하여 헥타르당 100만 위안으로 지정한 토지 약 150만km^2를 판매했다.

결국 정부의 1,000만채 주택공급과 지방정부의 토지 판매로 부동산 업체는 큰 위기에 직면하고 있다. 쉽게 표현하면 현재 가장 호황을 누리는 선전深川의 부동산은 기존 공급된 주택이 팔리려면 1년 이상의 시간이 걸리고 다롄人連의 경우 7년 반 우한武漢의 경우는 8년이 소요된다.

부동산과 지방정부의 부채가 중국 경제의 2대 뇌관으로 떠오르고 있다. 현재 중국 부동산시장은 인플레이션과 디플레이션의 촉매제 역할을 하고 있다.

부동산시장이 인플레이션 사이클에 돌입하면 지방정부의 부채는 큰 폭으로 증가해 부동산시장 상승을 주도하게 되고 만약에 디플레이션 사이클로 진입한다면 지방정부는 파산위기에서 벗어나기 위해 토지를 투매해 부동산 업체와 지방정부간의 할인전쟁은 불 보듯 뻔한 상황으로 결국 부동산시장은 무너지고 은행의 위기로 치닫게 될 것이다. 그러면 중국 정부와 은행의 긴축정책 수순은 불가피하고 통제력을 벗어난 시장은 악순환을 거듭하게 된다.

글로벌 금융위기를 극복하기 위해 지난 2009~10년 2년간 중국 은행들이 신규대출로 푼 17조 6,000억 위안의 대부분이 부동산시장으로 흘러들어가면서 생긴 거품이 붕괴할 것이라는 우려도 커지고 있다.

부동산을 포함해 관련 산업인 철강과 비철금속 등 관련 재고를 합하면 중국 GDP를 능가할 것이다. 이들 재고를 모두 소화하기 위해서는 매년 시중에 공급하는 유동성이 40%씩 늘어나야 하기 때문에 부동산거품을 막는 것은 사실상 불가능하다.

중국 정부는 부동산거품을 잡기 위해 지난 2010년부터 계약금 비율을 상향 조정하고 두채 이상 주택구입을 제한하는 등 고강도 부동산대책을 펼치고 있다. 그 결과 중국 70대 도시 중 54곳의 신규주택 가격이 하락하는 등 부동산시장이 급격히 얼어붙고 있다.

부동산시장의 냉각으로 중국의 지방정부는 비상이 걸렸다. 2010년말 기준 중국 지방정부 부채는 GDP의 27% 수준인 10조 7,000억 위안에 이르며 그중 절반은 2년 안에 만기가 돌아온다. 중국 정부는 지방정부 부채 부도 우려에 지방정부가 직접 채권 발행을 허용하기로 했던 종전 방침을 백지화했다.

중국 정부는 지방정부 부채가 빠르게 늘고 있다는 사실을 감안하면서 이에 따른 문제와 잠재적 리스크에 더욱 주의를 기울여야 한다.

토지개발권을 독점하고 있는 중국 정부는 2010년 두차례의 부동산시장 규제 이후에도 임대료 상승폭이 70.4%에 달하고 지방정부 재정수입에서 토지임대료가 차지하는 비중이 76.6%에 달해 지나친 의존도를 보이고 있다. 이는 전체 GDP에서 고정자산 비중이 46.6%에 달하는 수치이다.

또한 은행 전체 대출금중 부동산대출 비중은 20%로 약 9조 위안에 이른다. 그러나 부동산 담보대출, 합법적인 부동산 담보대출 시스템 밖의 신탁대출, 부동산 관련(건설, 기계 등) 대출을 더하면 60%를 넘는다.

중국 정부가 토지독점을 포기하고 긴축적 통화정책을 유지해야 부동산 가격 상승을 막을 수 있다. 지방정부가 토지를 높은 가격에 팔기위해 공급을 줄이다보니 집값이 상승할 수밖에 없고 농민이 토지를 마음대로 거래할 수 있도록 허용되면 토지 공급확대로 부동산가격이 안정되고 농민의 수입도 늘어날 수 있다.

중국의 부동산가격은 지난 11년동안 연평균 9.7% 상승했다. 같은 기간 통화 증가율의 2배에 달한다. 중국은 부동산가격 상승을 과도한 행정적 간섭을 통해 해결하려고 시도해 왔다. 그러나 이런 방식은 단기적으로 효과가 있을지 몰라도 시장의 수급을 왜곡시켜 많은 부작용을 낳는다.

리커창李克强 총리가 추진하는 보장방(임대주택)도 반드시 필요한 정책이지만 보장방의 분배과정이 투명하지 못하고 병원이나 학교 등 인프라를 함께 짓지 않고 있는 점 등은 정책의 성공을 보장하기 어렵다.

경제전문 칼럼니스트 마틴 울프는 중국 경제는 향후 3가지 위기를 겪게 될 것이라고 전망했다. 먼저 투자의 급격한 감소는 결국 디플레이션을 유발하게 될 것이며 또 부동산 거품 문제 등으로 인해 중국내 재정과 신용 시스템이 위기에 빠질 것으로 내다봤다. 중국내 가계 저축률은 낮아지지 않는 대신 중국 기업에서는 자금이 빠져나가는 현상도 발생할 가능성이 높다. 물론 중국 정부가 적극 나서서 닥쳐올 운명을 피해나갈 가능성을 완전히 배제하지 않았다. 하지만 그는 비관적 입장에 무게를 두고 '사고'가 일어날 가능성이 더 높으며 다가올 10년은 중국에게 험난한 시기가 될 것이라고 강조했다.

F9

중국의 부동산시장에 거품이 상당히 끼어있다는 사실은 현재 많은 이들이 지적하고 있는 사실이다. 미국을 비롯한 주요 자본주의 국가들이 부동산시장의 과열로 거품이 터진 상황에서 후발주자인 중국이 그 실패를 그대로 답습한다는 사실은 참 아이러니하다. 서구 선진국처럼 체계적인 연구개발(R&D)을 통한 원천기술 축적이 있었던 것도 아니고 이른바 세계의 공장으로 값싼 종이컵만 생산하다 그 역할이 축소되었을 때 차선은 무엇인가?

현재 중국 건설업은 GDP에서 차지하는 비중이 19%를 상회해 세계 최고 수준이다. 2위는 역시 높은 속도의 경제성장을 이루고 있는 후발 자본주의 인도, 3위는 부동산 활황으로 경기를 부양시켰다 파산지경에 이른 스페인이다. 한국이 7.4%인 점을 감안하면 그 비중이 어느 정도인지 짐작할 수 있다. 신용위기 이후 수출 감소로 인한 성장을 중국은 건설경기 부양으로 메우고 있는 실정이다.

중국의 트라우마 – 화폐불안

최근 들어 중국 정부는 내수와 소비 진작을 위해 총력을 다 하는 모습이다. 중국 정부는 과도한 수출의존에서 탈피해 중국 내수와 소비 진작을 수단으로 경제성장을 도모하고 중국인의 부를 늘릴 방침이다.

하지만 과거와는 달리 단순한 정책이 잘 먹혀들지 않고 사회가 점점 더 복잡해져 통제력을 벗어나고 있다.

예컨대 부동산가격은 정부정책에 따라 잠깐씩 빠지긴 했어도 꾸준히 올라 중국인에게는 가장 믿음직스러운 투자수단으로 자리 잡았다. 지난 정권 말기 때 주춤했던 부동산시장은 새 지도부가 들어서자마자 심상찮은 분위기를 보이고 있다. 시장지표들을 종합해 볼 때 부동산시장이 바닥을 쳤다는 시각이 서서히 고개를 들고 있다.

하지만 물가상승이 걸림돌이다. 채소 곡물류의 가격이 상승하면서 이로 인해 전반적인 물가상승이 우려되는 상황이다. 내수를 살리고 도농간 격차를 해소하면서 국민의 부를 더욱 늘려가는 선순환을 생각하면 부동산시장을 억누르면 안되고 부동산시장을 방관하자니 물가가 걱정인 것이다. 세계경제 반등이 무산되면 중국도 스태그플레이션을 겪지 말라는 법이 없다.

소비 진작을 통해 경제를 성장시킨다는 계획에도 한계가 있다. 중국인은 부를 쌓는다고 해도 이를 소비로 연결하기보다 사회보장 정책이나 미래의 삶이 불안하기 때문에 저축하려는 성향이 강하다. 재테크 수단이 다양한 것도 아니어서 결국 부동산으로 갈 수밖에 없다.

주식시장은 2007년 10월 16일 고점 이후 현재 1/3 토막이 나면서 위험하고 실망스러운 재산증식 수단으로 여겨지는 실정이다.

지난 100년간 중국 화폐는 어지러울 정도로 빠르게 교체됐다. 명칭도 제각각인 화폐들이 하루아침에 휴지조각이 되는 것을 봤다.

중국은 미국 국채를 사들이면서 의도적으로 저평가된 위안화 정책을 고수한다. 수출주도 국가경제를 통제하겠다는 계산도 있지만 중국인들의 트라우마, 화폐불안에 있다.

지방정부 부채 또한 크게 증가하면서 중앙정부의 재정에 부담이 되고 있는데다 2008년말 이후 증가한 유동성을 충분히 흡수하지 못한 상황에서 물가 급등, 부동산 과열 등 부작용이 확대될 우려가 있고 대외 불안요인으로 경기침체에 대비해야 하는 이중적인 부담을 안고 있다.

선진국 경제 불안이 심화되어 중국의 수출 감소폭이 확대될 경우에도 중국의 성장률이 7%대로 낮아질 가능성도 배제하기 어렵다. 수출 감소는 중소기업 부도 및 이에 따른 실업 발생 등으로 사회 불안을 야기할 수 있다. 또한 미국의 3차 양적완화 확대 조치에 따라 글로벌시장에 풀릴 돈이 중국으로 몰려들 것으로 예상되면서 중국 경제의 환리스크 관리도 비상이다.

위기의 세계 역사 이면에는 항상 금융이 있다

미국의 3차 양적완화 확대조치로 인해 중국에 대한 핫머니(국제 투기자금)의 공격이 예상된다. 위안화 자산을 선호하는 핫머니는 중국을 비롯한 홍콩 마카오 타이완 등 중화권에 세계 핫머니의 80%가 유입되고 위안화와 연계된 상장지수펀드(ETF) 등이 집중적인 투자대상이 되고 있다.

핫머니가 유입될 경우 구조적으로 봐도 중국 경제가 과열되고 부동산시장에 거품이 형성될 우려가 있다. 핫머니는 부동산 거품과 물가상승을 부추겨 인플레이션과 금리인상을 초래하여 성장을 둔화시킨다.

미국 FRB는 단기국채를 팔고 장기국채를 사들여 장기금리를 떨어뜨리는 오퍼레이션 트위스트가 끝남에 따라 매월 450억 달러의 국채를 사들이고 있다. 매월 400억 달러의 모기지채권 매입까지 합하면 월 850억 달러를 시장에 푸는 셈이다.

공산주의 최대 채권자 중국이 자본주의 최대 채무자 미국에게 돈을 빌려주고 있는 것이다. 이에 따라 이미 시장에서는 위안화 가치가 오르고 미국 국채수익률이 떨어지는 등 후폭풍이 불어 닥치고 있다. 3차 양적완화 확대 조치가 발표되면서 달러당 6.25위안대에서 6.13위안대로 가치가 상승(환율 하락)했다.

중국 인민은행의 외환보유고는 3조 3,100억 달러에 달한다. 중국의 외환보유고는 2004년초 전세계의 14%에서 지난해 말 30.2%로 늘어났다. 인민은행이 보유한 외환 가운데 달러는 2/3 유로는 1/4 수준이다.

쉽게 표현하면 중국이 가지고 있는 외환보유고로 전세계 중앙은행이 보유한 금(金)을 두번이나 살 수 있다. 중국 인민은행 보유외환고는 이미 2004년 1월 전세계 중앙은행이 보유한 금의 가치를 넘어선 바 있다.

국제통화기금(IMF)과 세계금위원회(WGC) 분석을 토대로 비교하면 금값은 2004년부터 현재까지 263% 상승했다. 반면에 중국 인민은행 외환보유고는 이 기간에 721% 증가했다.

세계 중앙은행들의 금 보유고는 2012년말 기준 3만 1,491톤이며 미국이 8,133톤으로 1위, 독일이 3,391톤으로 2위다. 중국의 금 보유고는 1,054톤으로 세계 5위이지만 자신들이 갖고 있는 외환보유고의 2%에도 미치지 못한다.

IMF는 2009년부터 각국에 외환보유고를 지나치게 높이지 말라고 권고해 왔다. 외환보유에 불균형이 생기면 금융 안정성이 손상될 수 있다는 논리에서다. 이것은 중국이 환율조작을 통한 수출 증대의 결과로 외환보유고를 높이고 있다는 미국의 인식과 맞아떨어지는 것이다. 이에 선진국들의 위안화 절상에 대한 기대가 높아짐에 따라 중국과 선진국간 환율 논쟁 및 무역 마찰이 증가할 수 있다.

한 나라가 통화를 증발하면 그 통화량의 대외가치는 하락하고 실질금리 하락이 통화 약세를 유발하여 수입 감소와 수출이 증가해 그 나라의 생산과 소득이 증가하는 효과가 있다.

미국이 양적완화 정책을 시행하는 1차 목적은 국내 실질금리를 낮춤으로써 국내 소비와 기업 투자를 촉진하고자 하는 것이다. 양적완화 정책이 촉진한 소비와 투자 증가는 곧 그 나라의 생산과 소득 증가로 이어지게 되고 이는 곧 2차적인 수입 증가로 이어져 교역상대국의 생산과 소비 증가에도 기여하게 된다는 것이 거시경제학의 기본이다.

최근 IMF 연구보고서는 미국의 1차 양적완화 정책은 교역상대국 소득을 0.3% 증가시켰다고 보고하고 있다.

양적완화 정책을 실시하는 나라는 대내적으로 유효 수요가 부족하고 인플레이션 압박이 없는 상태여야 소비와 투자 증대가 소득과 생산 증대로 이어지고 중장기적인 수입 증가까지 이어진다는 전제조건이 붙는다.

현재 환율전쟁 진원지로 지적되고 있는 미국과 일본이 처해 있는 현실에 딱 부합하는 조건이다. 인플레이션에서 자유롭지 못한 브라질이나 중국이 미국과 일본의 양적완화 정책을 비난하는 데 앞장서고 있다는 사실은 그래서 당연한 귀결이 된다.

지금 세계는 화폐전쟁으로 치닫고 있다. 2009년 이후 미국은 FRB에서 약 3조 달러 그리고 재정에서 1조 달러를 풀어 자국 경제를 방어했다. 이러한 미국 경제의 부담은 그리스 스페인 등 남유럽에서 먼저 재정위기가 표출되었다. 유럽 중앙은행(ECB)은 남유럽 재정위기의 불길이 더 이상 번지지 않게 하기 위해 약 1조 유로를 시장에 풀었다. 일본 중앙은행(BOJ)도 91조 엔을 시장에 쏟아부어 엔화를 지키려고 안간힘을 쓰고 있다. 이른바 선진국 3개 권역 화폐전쟁의 시작이다.

그 여파로 중국 위안화가 강세가 되자 인민은행은 이제까지 썼던 지준율 인하 방법 대신 역RP(환매조건부채권)거래라는 수단을 동원해 3,950억 위안을 풀어 수출기업의 어려움을 막으려고 안간힘을 쓰고 있다. 모두 각 나라의 일자리를 지키려는 목적 때문이다.

그러나 저자가 반복해서 강조했듯이 중국은 인플레이션이 문제다. 중국은 오히려 소규모라도 유로화 표시 자산매입을 늘려 선진국의 위안화 절상압력을 완화하는 동시에 중국의 역할을 대외적으로 부각시키는 방향을 택해야 한다. 중국은 달러 독점체제에서 달러 유로 엔의 과점체제로 재편되는 국제통화체제에 다각적인 대응방안을 마련해야 한다.

중국 특색의 발전을 추구하며 신형 공업화와 정보화, 신형 도시화와 농업 현대화 등 새로운 개념의 4대 현대화를 주요 과제로 설정한 중국 시진핑習近平-리커창李克强 정부의 선택은 수출위주 발전전략에서 벗어나 내수위주의 경제구조로 전환하는 새로운 시도를 목표로 하고 있다.

상품수출로 이익을 얻은 것 같지만 그 마진이 극히 미미함을 감안할 때 수출할수록 오히려 손해라는 지적도 있다.

중국 새정부의 이런 정책 방향은 미국의 금융위기 유럽 채무위기 일본의 새로운 경제난 등 글로벌 환경변화로 세계 경제가 침체에 빠지면서 성장을 이끌어갈 동력이 부족한 가운데 화폐전쟁이나 자원 분쟁이 더욱 치열해지는 추세를 반영한 것이다.

화폐의 힘은 인류 역사의 흥망성쇠를 보여준다. 17세기 네덜란드 18세기 스페인 19세기 영국 20세기 미국으로 이어진 국제통화 주도권의 변천사가 이를 보여준다. 위기의 세계 역사 이면에는 항상 금융이 있었다. 사실 저자가 보는 화폐전쟁의 최악의 시나리오는 이스라엘과 이란의 전쟁이다. 이스라엘을 밀어주는 서방세력과 이란을 지지하는 이슬람 등 반서방 세력간의 전쟁이 그것이다. 이것은 달러의 또다른 모습인 기름값 폭등으로 나타난다.

F10

종이컵 만드는 세계의 공장

중국 중앙은행인 인민은행이 대형 국유 상업은행들의 독과점 구조개혁을 본격화하고 부동산 투기방지를 위해 대출규제를 강화하기로 했다. 또 선진국들의 양적완화 정책에 따른 인플레이션 위험에 대비하고 금리와 환율결정 시장화를 점진적으로 추진해 위안화 결제비중을 늘리기 위해 노력하기로 했다.

인민은행은 '통화정책 보고서'를 통하여 향후 통화정책 방향에 대해 우선 금융기관 개혁을 강화하기로 했다. 정부가 지분을 보유하고 있는 대형 상업은행의 시장 독과점 구조를 개선하고 지배구조 변화를 지속적으로 펼칠 방침이다.

정책방향에 발맞춰 농촌과 중소기업에 대한 금융지원을 강화하고 현대적 금융시스템을 도입해 국제경쟁력을 배양하기로 했다. 또한 자산관리공사 상업화, 금융업 종합운영 시범실시, 원저우溫州 등지를 중심으로 한 지방 금융개혁 시범실시도 병행하기로 했다. 그러나 중국 금융시장은 선진국에 비해 개혁 경험이 부족하고 지역간 불균형 문제가 심각해 전국 단위의 일시적 금융개혁이 불가능하다.

인민은행은 부동산 투기방지를 위한 금융규제도 지속적으로 강화하기로 했다. 이에 따라 차별적인 주택구입 신용대출을 실시하고 서민들을 위한 보장성 주택(보장방) 공급에 따른 금융지원도 늘리기로 했다. 중소형 주택과 생애 최초 주택구입에 대해서도 선별적으로 지원한다.

이와 함께 인민은행은 미국 일본 등 선진국들의 양적완화 정책으로 물가상승 가능성이 있고 해외자본의 중국 유입에 따른 유동성 증대 불안도 있다고 경고했다. 이는 인플레이션 압력으로 작용할 수 있어 신중한 통화정책을 유지하면서 물가조절에 나서겠다는 방침이다.

그러나 문제는 국유기업의 개혁이다. 국유은행들의 독과점 구조개혁과 부동산 투기방지, 선진국들의 양적완화 정책에 따른 금리와 환율결정 시장화, 지방정부의 부채 문세 등의 금융개혁과는 달리 석탄 석유 철강 전기통신 등 국유기업의 구조개혁도 시급한 문제들이다.

에너지 효율 이용도 문제이다. 주요 제품생산의 에너지 소비는 선진국에 비해 평균 40% 이상 높고, 중국은 전세계 원유의 8% 전력은 10% 석탄은 31% 알루미늄 19% 구리 20% 철강 30%를 소모한다.

특히 현재 경제개발 발전단계에서 그 어떠한 자원으로 대체할 수 없는 석탄의 문제는 중요하다. 전세계 주요 에너지 사용 중 석탄의 비중은 평균 30%에 이르지만 중국은 70%에 달한다.

2006년까지 중국은 세계 2위의 석탄수출국이었다. 당시 저자가 본 네이멍구의 노천탄광은 놀라움과 부러움을 가져다 주었다. 하지만 전력수요의 급증과 함께 화력발전량이 증가하고 따라서 발전용 석탄의 수요도 증가해 2009년부터 중국은 석탄수입국이 되었다.

2011년 중국의 석탄수요는 2010년과 비교해 7.3% 증가하고 공급은 4.8% 증가한 33억 8,000만 톤에 달했다. 중국의 석탄수입은 국제 석탄가격 상승을 부채질했을 뿐만 아니라 석탄운송비도 상승시켰다. 중국 뿐만 아니라 인도 등 아시아 경제대국의 석탄수요 증가와 2011년 호주 퀸즈랜드 Queensland 지역의 홍수피해로 석탄공급이 줄어들어 석탄가격이 상승했다.

2011년 겨울, 중국 산시성 최대 전력사용 부하가 1,732만KW에 달했지만 산시성 내 전력은 320만KW 부족했다. 원인은 석탄 부족이었다. 중국 발전소의 석탄부족 문제는 흔한 일로 발전소마다 겪는 심각한 문제이다.

호주나 남아프리카가 경제대국이 아니듯 석탄이 경제에 미치는 영향은 그리 큰 편이 아니다. 그러나 석탄수출국이었던 중국이 석탄수입국으로 위치가 바뀌고 석탄부족을 겪는 것은 문제가 있다는 것이다.

정부가 시장에 간섭한 결과이다. 만약 정부가 시장에 간섭하지 않았더라면 중국 전역에서 이렇게 많은 석탄을 필요하지 않고 자원부족까지 야기하는 경제혼란을 야기하지 않는다.

2011년부터 국가발전개발위원회는 끊임없이 석탄 기업에 대한 약담[57]을 진행해 왔으며 시장거래 계약에 관여해 왔다. 또한 국가발전개발위원회는 중국내 석탄 생산기업의 합병과 구조조정으로 산시 陝西 성내에서만 석탄기업 수를 기존 522사에서 120사로 감축시켰다. 그러자 2011년부터 후난 후베이 장시 충칭 등 여러 지역에서 구조적 석탄부족 현상이 나타났다.

57) 중국 특색의 상거래로써, 우선 예약을 한 후 특정상황이나 사정에 대하여 상호간에 조정해 나가는 전통 거래방식.

중국 석탄의 거래는 주로 친황다오秦皇島 58)에서 이루어지며 이곳 가격이 곧 국내 석탄시장의 지표가 된다. 예전에 후난 후베이 장시 충칭 지역들은 인근 지역에서 석탄을 공급받았으나 이제는 친황다오에서 가져다 써야 한다. 친황다오 석탄수입가에 내륙운송비를 더해야 한다.

결국 석탄부족은 전력량 감소를 가져오고 전력공급 제한은 철강 시멘트 등 생산 소비재 가격 상승으로 이어졌다.

시멘트의 경우에 2011년 1분기 평균가격이 전년 대비 13% 상승한 톤당 387위안이었으나 3월말 15% 상승했다.

중국은 2009년 세계 최대 자동차 생산국이자 소비국이 되었다. 그만큼 석유가 필요하다. 특히 자동차 디젤유 수요가 절대적으로 높아 그동안 디젤유 순수입국이자 휘발유 순수출국으로 자리매김해 왔다.

중국은 산유국으로 원유 가공능력은 2010년 4억 7,700만 톤으로 10여 년간 72.8% 증가하였고 시노펙Sinopec은 전세계 3대 정유회사이며 페트로차이나PetroChina는 세계 9위이다.

그런데 2010년부터 이상하게 3대 메이저 국유 석유업체들이 디젤유 순수출국으로 변화시켜 버렸다. 국유 석유업체가 디젤유 과잉생산, 저유시설 문제로 대량 해외 덤핑 수출하여 디젤유 파동을 가져왔다.

기업이윤 극대화를 위해 국내 판매량은 제한해 가격폭등과 수요충격이

58) 허베이河北성 동부, 보하이만渤海灣에 면한 도시. 본래 작은 섬이었으나 바다를 메워 육지와 연결하고, 베이징北京-산하이관山海關간 철도와 지선으로 연결하였다. 부동항으로 석탄과 석유를 운송하며, 중국 북부 연안항로로 중요한 위치를 차지한다. 또한 징한철도(베이징~한커우)가 지나며 다친철도(다롄~친황다오)의 종착지이다.

일어났다.

2010년 중국 3대 석유 국유기업은 2,650억 위안을 벌어들였다. 하루에 약 3,000만 위안을 벌어들인 것이다.

중국 석유기업은 해외 덤핑 수출하고 중국내 디젤유 부족으로 파동이 나면서도 어떻게 기막힌 이윤을 남길 수 있었는가? 중국내 독점공급 루트를 갖고 있기 때문이다.

2010년 시노펙의 직영주요소는 2만 9,601개이며 개인주유소는 고작 515개이다. 페트로차이나 역시 마찬가지로 직영주유소 수는 1만 7,996개이며 개인주유소는 602개에 불과하다.

국유기업이 생산과 유통 판매를 모두 독점하고 있어 가격 탄력성이나 소비자 보호 서비스는 생각할 수가 없는 경제 시스템이다.

국유기업의 시장독점은 통신업계에서도 마찬가지다. 통신은 느리고 비싸며 광대역 서비스를 제공할 동력도 가격을 인하할 필요성도 느끼지 못한다.

중국인의 통신요금은 홍콩에 비해 무려 469배나 비싼 요금을 지불해야 하고, 차이나모바일 Chinamobile 차이나유니콤 ChinaUnicom 차이나텔레콤 Chinatelecom 3대 기업은 기간망 독점과 국제 인터넷 출구를 독점하고 있어 사용요금을 마음대로 인상한다.

이동전화의 불합리한 비용으로 중국인들은 차이나모바일 경우, 로밍요금을 지불해야 된다. 예를 들어 베이징 외곽에 거주하면서 시내로 출근하는 직장인이 근무하는 회사빌딩 입구에서 전화를 받으면 시내통화 요금을 내지만 빌딩안에 들어와서는 베이징北京이 아니라 허베이河北 로밍roaming이 된다. 그래서 이동이 많은 중국인들은 로밍요금 때문에 전화를 2대씩 가지고 다닌다.

자연자원인 통신주파수를 기업이 사용하여 이익을 얻는 만큼 주파수 이용료를 지불해야 함에도 중국 통신업자들은 비용을 지불하지 않는다. 유럽의 경우 3G 무선주파수 사업 허가를 위해 통신사업자는 국민 1인당 평균 219유로를 지불한다. 중국의 경우 사업 허가 비용을 지불하지도 않으면서 이동전화 요금은 유럽에 비해 훨씬 비싸다.

3G 이후 네트워크 표준은 가장 중요한 문제임에도 중국은 여전히 그 점을 깨닫지 못하고 다른 국가들에 비해 8년이나 늦게 시장에 뛰어들었다. 3G TD 기술표준이 미성숙해 신규사업 진출은 물론 새로운 LTE 4G TD 기술표준 영역 개발에 대해서 고려조차 하지 않고 있다.

다시 말해 2011년부터 선진국은 속도 개선과 특정지역 사용자 주파수 과다에 따른 트래픽 최소화를 위해 4G에 대대적 투자가 이루어졌고 4G 기술을 채용한 LTE사업 손익분기점이 2014년에 도달한다. 그러나 중국은 수명이 다한 3G 사업에 5,000억 위안을 쏟아붓고 있다. 중국 3대 통신사들의 네트워크망은 아직 온전히 구축되어 있지 않고 단말기의 브라우징 속도를 높이는데만 주력하고 있다.

중국 공업정보부의 자료에 의하면 중국 전체 휴대폰 가입자 10억 8,000만명 가운데 3G 사용자는 3억명 수준으로 3G 사용자 1억 2,000만명이 3G 단말기를 가지고도 2G 기능만 사용하는 현상을 보이기도 하며, 차이나모바일 경우 2G 사용자 한명을 3G 사용자로 전환하는데 600위안의 비용이 소요된다.

통신산업의 방향과 네트워크 발전의 공조화를 위한 선진 각국의 노력은 주로 정부 주도하에 이루어진다. 1989년 이후 20여년간 침체의 늪에 빠진 일본 경제는 미국의 MS 인텔 아마존 등 미국 IT군단에 밀린 결과라는 연구보고서도 있다.

중국이 제조업 대국으로 성장하면서 철광석 수요가 갑자기 상승했다. 철광석 최대 소비국으로 매년 세계 철광석 생산량의 절반을 소비한다. 그러면 중국철강공업협회는 방대한 양의 구매자로서 세계 철강시장에서 가격협상 발언권이나 공급과 수요에 의한 가격협상 결정권이 있는 것인가?

결론부터 이야기하면 아니다. 중국은 발언권이 없을 뿐만 아니라 국제주요자원의 게임 룰을 모르기 때문에 리오 틴토(Rio Tinto) BHP 빌리튼(BHP Billiton) 콤파냐 발레 도 리오 도체(CVRD) 세계 3대 철광석 공급상에게 휘둘리고 있다.

원유가격이 단순히 수요와 공급에 의해 가격이 결정되는가? 모든 주요자원 가격은 미국의 월스트리트의 제약을 받는다.

2002년 중국은 철광석을 수입하면서 7,000억 위안의 손해를 보고 이 시장의 가격결정 메커니즘을 배웠다. 리오 틴토와의 협상에서 혹독한 수

업료를 지불하면서 말이다.

또한 중국에서 생산하는 철강 대부분은 기술적인 장점이 전혀없는 중하급이어서 판매 수익을 낼 수가 없고 기술을 요하는 특수강 같은 제품은 사와야 하는 국제 철강시장에서 항상 피동적인 상황이다.

저자가 이 책의 제목을 통하여 중국은 Rule-maker로 도약할 것인가, 아니면 Rule-taker로 남을 것인가? 라고 강조하는 이유가 바로 여기에 있다. 자원빈국 일본에 매장된 광산 종수는 12종에 지나지 않는다. 그러나 자원대국 중국은 일본 시장 메커니즘에 의한 상품을 사야만 한다. 종이컵을 만드는 세계의 공장이라는 오명에서 벗어나 세계의 기준을 만드는 중국이 되었을 때 비로소 G2라는 이름이 어울린다.

F11

2011년 세계 3대 신용평가 기관 중 하나인 피치 Fitch사는 중국 은행권에 부정적 전망을 제시했다. 피치가 제시한 데이터를 보면 지방정부의 채무불이행과 부동산, 인프라 건설 개발업체의 파이낸싱 대출(PF) 관련 비중이 높다는 것이다. 공상은행 교통은행 베이징은행 건설은행 중국은행 순으로 나타났다.

피치사는 이들 은행들이 하나같이 부실채권을 떠안고 있으며 자금 확보에 소홀하고 은행 고유의 대출보다 파생상품 판매로 은행 위기가 터질 확률이 60%에 달한다는 회의적 평가를 내놓았다.

저자는 여기에 중국 은행들의 부차적인 문제점을 더하여 설명한다. 중국 은행들의 위기는 무서운 폭리를 취한다는 것이다. 은행 영업수입에서 80%가 넘는 높은 비중을 차지하는 여수신 마진이 이를 증명한다. 중앙은행인 인민은행이 규정한 여수신 마진율은 3~3.5% 수준이다.

또한 독점적 지위를 이용한 수수료, 수속비 수입을 올리고 있다. 〈시중은행 서비스가격 관리에 관한 규정〉에 의한 유료 서비스 항목은 300여개 항목을 규정하고 있지만 12개 상장 은행은 무려 3,000여 항목의 수수료와 수속비를 거두어들이고 있다. 2011년 상반기 6개월 동안에만 거두어들인 수수료 수속비만 4,000억 위안으로 이 중 2,057억 위안의 순이익을 내었다.

중국 은행들의 서비스 품질을 높이는 방법은 지폐를 빨리 세는 문제가 아닌 은행 문턱을 낮추는 것이다. 이를 위한 방법은 단순하다. 금리 시장화와 민간자본의 은행업 진출이다. 지금 중국은 위안화의 국제화를 놓고 열띤 토론이 이루어지고 있다. 자본개방의 우려보다 중국 은행들은 금리 시장화와 환율 시장화를 통해 서비스 품질을 먼저 토론해야 한다.

은행 위기 터질 확률 60%

중국 은행들의 여수신 마진율이 왜 이리 높은가? 중국의 은행과 국유기업의 고리대 때문이다. 2011년 이후 긴축정책으로 대출이 어려워지자 은행 스스로가 고리대 사업에 착수했다. 국가 규정에 의한 이자율 1년 만기 대출금리 6.6%는 국유기업에만 해당하는 이야기며 일반기업의 경우 연 36%의 대출이자를 상환해야 한다. 대출 제한과 높은 은행 이자율로 민간 신용대출 시장의 이자율은 연 50%에 달한다.

위안화의 국제화를 위한 토론이 가당한 이야기인가? 국가 규정에 의해 은행 스스로 이자율을 마음대로 인상할 수 없기 때문에 은행은 자금이 급한 기업에게 "돈을 빌려줄테니 대신 이 돈을 우리가 지정한 은행에 넣고 이 예금을 담보로 다시 대출을 받아라"고 꼼수를 부린다. 이렇게 은행은 기업으로부터 두배의 이자를 받고 기업은 고리의 이자를 물어야 한다.

사실 중국의 수많은 국유기업이 대출에 참여하고 있다. 시노펙 그룹이 대표적으로 시노펙마케팅 주식회사는 그룹 이익금과 은행대출을 통하여

20억 위안의 자본금으로 대출사업을 벌이고 있다. 여기에는 페트로차이나 차이나모바일 등 대표적 국유기업들도 참여하고 있다.

제조업 수익률이 3%도 채 안되는 지금의 중국 경제 시스템으로는 기업의 생산 확대를 위한 투자는 생각하지도 못한다. 결국 이런 상황에서 기업은 대출받은 돈으로 어떠한 생각을 하게 되겠는가? 민간 신용대출 시장이다. 은행 대출로 고생해 벌어드린 수익보다 훨씬 많은 이익을 남기는 민간 신용대출 시장은 유혹적 선택이다.

결국 민간 신용대출 시장이 심각할 정도로 과열 조짐을 보이고 우잉吳英 사건과 정주쥐鄭珠菊 사건으로 대표되는 불법자금 모집 사례는 2005~10년에 1만건이 넘고 연루된 액수만 수천억 위안에 달했다.

중국 은행들의 문제점을 살피는 또다른 사례로 인민은행 통계자료에 따르면 2011년 4월 4,678억 위안의 예금이 인출되었다. 일시에 인출된 이 돈이 어떠한 호재를 만나 증시로 흘러갔을까? 아니면 전형적인 부동산 시장으로 들어갔을까?

2011년 5월 상하이 증권 종합지수는 5.77% 하락했고 선전 증권 종합지수도 5.26% 떨어졌다. 상장된 종목 중 발행가격을 하회하는 주식비율이 78.87%였고 상하이 지수는 최고치 3,067포인트에서 줄곧 추락하다가 5월말 2,705포인트를 기록하였다. 또한 중국신탁업협회의 자료에서도 2011년 상반기 동안 부동산으로 흘러들어간 신규 신탁 금액도 711억 이라고 했다.

그러면 이 돈이 어디로 가고 왜 일시에 인출된 것일까? 우선 중국의 예금 금리는 지나치게 낮다. 2011년 4월 기준 보통예금의 연 이자는 0.5%에 불과했다. 1년 만기 정기예금은 3.25%, 3년 만기 정기예금이 4.75%였다. 그런데 소비자 물가지수는 4월에 5.3% 5월에 5.6%를 기록했다. 결국 예금금리가 소비자 물가지수보다 낮아 예금한 돈의 가치가 떨어진다는 것이다.

인출 이유는 충분하고 그러면 어디로 사라진 것일까? 은행으로 다시 돌아왔다. 은행에서 원금과 이자를 모두 보장하고 연 평균 5%이상 때로는 8%의 수익률을 보이는 재테크 상품으로 다시 들어왔다. 이렇게 신규 발행된 상품으로 모집된 자금 규모가 4조 위안을 돌파했다.

그러면 은행으로 들어온 이 자금은 어디로 흘러갔을까? 유일하게 수익을 내면서도 정부의 규제로 대출을 받지 못하는 부동산 개발업체로 다시 간 것이다. 은행들은 변형된 형태의 예금상품으로 중앙은행의 지급준비금, 여수신 비율, 예금 금리우대, 부동산업체 대출규제 문제 등 정부의 모든 간섭에서 벗어나 수익을 꾀하고 부동산관련 업체는 세계 어느 나라에도 없는 이런 상품을 통하여 자금을 조달받았다.

2011년 4월 신규 발행된 신탁상품 중 부동산관련 상품은 47.83%를 차지하고 있고 발행 규모도 4,528억 위안으로 빠져나간 금액과 일치하고 있다. 그러나 이 재테크 상품은 미국의 서브프라임모기지론[59]의 복사판이다.

59) 서브프라임모기지론(subprime mortgage loan : 비우량 주택담보 대출) 신용도가 일정 기준 이하인 저소득층을 상대로 한 미국의 주택담보 대출을 말한다. 미국의 주택담보 대출은 프라임(prime) 알트-A(Alternative A) 서브프라임의 3등급으로 구분된다. 프

결국 중국 은행들은 중소기업에 힘을 보태주지 못하고 중소기업들은 수주할 엄두조차 내지 못한다. 통계에 따르면 전체 기업 대출에서 중소기업이 차지하는 비중이 2008~10년까지 각각 3.7% 2.5% 2.4%로 낮아지고 있고 원자재가격 파동, 비싼 임대료와 임금, 피할 수 없는 세금 부담으로 무거운 짐을 지고 가야 한다.

중국의 세금은 조그만 과일가게를 열어도 영업세 5% 부가가치세 4~17% 영업세와 부가세 총합의 7%인 도시건설세, 영업세와 부가세 총합의 3%인 교육세, 영업세와 부가세 총합의 2%인 지방교육세 인화세(印花稅)[60] 도시토지사용세 등 대략 15개 항목의 세금을 내야한다.

또한 중국은 세계에서 가장 비싼 고속도로 통행료를 내야 한다. 전세계 유료 고속도로 중 70%를 차지하는 중국 고속도로는 통행료외에 도로 보

라임 등급은 신용도가 좋은 개인을 상대로 한 주택담보 대출을, 알트-A는 중간 정도의 신용을 가진 개인을 상대로 한 주택담보 대출을, 서브프라임은 신용도가 일정 기준 이하인 저소득층을 상대로 한 주택담보 대출을 말한다. 이 가운데 서브프라임 등급은 부실 위험이 있기 때문에 프라임 등급보다 대출 금리가 2~4% 정도 높은게 일반적이다. 2000년대 들어 유동성 과잉과 저금리로 부동산가격이 급등하자, 이에 편승한 모기지론 업체들 간의 과당 경쟁으로 미국 주택담보 대출 시장에서 서브프라임 등급이 차지하는 비중이 2002년 말 3.4%에서 2006년 말에는 13.7%로 급상승했다. 그러나 급상승하던 집값이 하락세로 돌아서고 2004년 이후 FRB가 정책 목표 금리를 17차례에 걸쳐 1.0%에서 5.25%로 대폭 올리자 이자 부담이 커진 저소득층이 원리금을 제때 갚지 못하게 되었다. 이로 인해 서브프라임의 연체율이 20%로 급상승, 2007년 4월 미국 제2의 서브프라임모기지론 회사인 뉴 센트리 파이낸셜(New Century Financial)이 파산 신청을 내는 것을 시작으로 이른바 '서브프라임모기지론 사태'가 일어났다.

60) 금융위기 이후 경제 활성화를 위해 자금을 풀어 온 중국 정부가 세수 부족을 이유로 걷기 시작한 것으로 경제활동을 하고 있거나 경제 교역에 참가하는 이들을 징수대상으로 삼는다. 징수범위가 넓고 가벼운 세부담이 특징이다.

수 유지비를 유류세에 포함시키고, 2급 도로인 경우에 따로 터널 교량비라는 이름으로 요금을 부과한다. 원자재가격 파동, 비싼 임대료, 임금, 세금, 물류비 등 비용우위를 잃어버린 중국의 중소기업은 마치 오성홍기로 불리우는 중국 국기에서 홍색을 빼버린 것과 같은 모습인 것이다.

건설은행이 고속도로 등 고정자산 투자에 대한 대출금은 3조 2,700억 위안으로 전체 대출액의 82%에 해당한다. 이름대로 건설에만 충실한 은행이다. 그런데 건설은행의 가장 무서운 위기는 지방정부의 채무불이행에 있다. 2011년 중국 전역의 위안화 대출 잔액이 47조 위안으로 이 중 지방정부 파이낸싱 대출 총액은 약 14조 위안으로 추정된다.

지방정부 채무 중 80%가 은행 대출인데다가 윈난雲南성 쓰촨四川성 하얼빈 도시투자채권 광저우 건설투자채권 등 문제가 하나씩 드러나기 시작했다. 현재 도시채권 발행처는 483곳으로 문제발생 이후 채권 발행에 성공한 도시투자 채권은 단 한 곳도 없으며 채권시장에서는 투매하기 시작했다. 지방정부의 채무는 독립적인 위기가 아니라 이리저리 엉켜있어 더욱 우려스럽다.

각 지역의 대출 총액은 중국은행관리감독위원회의 자료에 따라면 9조 1,000억 위안이라 인용했지만 정확성에 의심이 간다. 2011년 6월 한국정부의 통계자료는 중국 지방정부 부채 총액을 10조 7,000억 위안으로 발표하고 있다.

경제에 가장 민감한 증권시장이 이를 잘 반영하고 있다. 예를 들어 중국의 대표적 철강회사인 바오강寶鋼의 주당 순자산은 5.98위안이지만 주가는

4.88위안이다. 은행, 인프라 건설 사업 등의 주가 역시 주당 순자산보다 훨씬 떨어진다.

1990년부터 일본의 GDP가 대폭 하락하기 시작하자 당시 일본 정부는 대규모 재정지출과 금리인하로 경기 부양책을 내 놓았다. 그러나 1990년대 내내 일본의 실질 GDP 성장률은 1.1%에 그치고 GDP에서 장기채무가 차지하는 비중이 크게 증가했다. 1992년 장기채무 비중이 51%였으나 2002년 136%로 늘어나더니 최근 200%를 넘어서 사실상 채무불이행 상태인 roll over(상환연기)에 빠졌다.

2012년 일본의 GDP는 약 5조 9,047억 달러로 경제성장율 2%로 계산하고 조세수입 증가량, 장기금리 변동 상쇄 가능성 등을 고려하더라도 현재 900조 엔(약 9조 3,600억 달러)의 채무를 상환하려면 300년이 걸린다. (일본 정부는 2013년도 실질 GDP 성장률 2.5% 수준으로 예측하고 있고 근원 소비자물가지수(core Consumer Price Index)도 0.5% 상승할 것으로 보고 있다)

소득이 늘고 경기가 살아나서 집값이 오른 것도 아니고, 수출이 늘어나고 일손이 부족해서 임금이 오른 것도 아니다. 중국 당국이 내놓은 공식 실업률은 2012년 4.1%이지만 실제로는 8%가 넘는다. 2013년 대졸 예정자는 지난해보다 19만명이 증가한 699만명으로 이들이 비정규직으로 받는 월급은 약 3,000위안 정도로 집세와 생활비를 감당하기에도 부족해 부모에게 손을 벌려야 한다.

F12

일본과 같은 실수 저지르는 중국

메릴린치 골드만삭스 모간스탠리……

이들은 미국 월스트리트를 넘어 세계 금융시장을 주무르는 투자은행(IB)[61]이다. 하지만 말이 은행이지 예금받고 대출해주는 곳이 아니다.

---

61) 투자은행(投資銀行 : Investment Bank) 장기자금 조달, 기업의 인수합병, 프로젝트파이낸스 등의 중개업무를 하는 금융기관으로 단기자금 및 일반 예금업무 등을 남낭하는 상업은행(Commercial Bank)과 대별된다. 주식, 채권을 인수 판매해 기업에 장기자금을 공급하며 M&A 자문, 투자 자문, 파생금융상품 매매 서비스도 제공하면서 투자와 관련된 각종 지원 서비스 업무를 하는 은행을 말한다. 정부 공공단체 민간기업이 발행하는 증권을 발행하기에 적절한 조건을 설정하고, 증권의 일부나 전부를 인수한 뒤 기관투자가와 개인투자자에게 판매한다. 따라서 일반 은행과 달리 예금은 받지 않으며, 차입 또는 증권 발행 등을 통해 자금을 조달한다. 대표적인 투자은행에는 JP모건 노무라증권 등이 있다. 증권회사와 유사하지만 1933년 미국에서 상업은행 업무와 투자은행 업무를 동시에 하지 못하도록 하는 갈라스-스티걸법이 제정된 뒤 투자은행이라 불린다. 1933년 이전에는 수탁자산의 운용, 거액예금의 수취, 대출 등 은행업무도 취급하였다. 1960년대부터 증권회사의 인수업무에 대한 경쟁이 심화되면서 투자은행업계의 재편이 이루어지는 과정에서 M&A, 프로젝트 파이낸스, 국제금융업무 등으로 업무가 다각화되었다. 그리고 1999년 앨런 그린스펀이 FRB 의장으로 취임한 후 갈라스-스티걸법이 폐지되고, 금융규제 완화를 내용으로 한 그램 리치-블라일리법이 통과되면서 상업은행과 투자은행의 겸영이 가능해졌다. 시티그룹이나 도이치방크처럼 양쪽 업무를 모두 처리하는 은행을 유니버설뱅크로 따로 분류한다. 전문가들은 이 과정에서 상업은행의 파생상품에 대한 대규모의 무차별적 투자가 가능해졌고, 이것이 2007~08년 글로벌 금융위기를 초래하였다고 보고 있다. 이에 비해 상업은행은 예금과 대출을 취급하고, 수표나 어음을 발행해 결제수단으로 제공하는 일반적인 은행이 여기에 해당한다. 한편 미국 5대 투자은행 가운데 월가 위기에서 살아남은 골드만삭스와 모간스탠리가 2008년 9월 은행지주회사로 전환해 상업은행 업무를 시작한다고 발표했다. 지난

그렇다고 증권사라고 하기도 힘들다.

골드만삭스는 12억 달러로 일본장기신용은행을 탈취하고 이름을 바꾸어 일본 신생(新生)은행을 창립했다.

일본장기신용은행은 원래 1952년 일본 정부가 2차 세계대전 후 국가 산업 재건을 돕기 위해 설립했다. 자산규모 15조 7,000억 엔(1,520억 달러)의 일본장기신용은행은 1998년 10월 400억 달러의 부실 여신으로 세계에서 가장 큰 은행 파산 사례로 기록됐다. 그 후 잠시 국유화됐다가 2000년 미국 사모펀드인 리플우드홀딩스가 인수한 뒤 사명을 바꿔 지금의 신세이新生은행이 됐다.

3대 증권사중 하나였던 닛코日興 코디아르 그룹도 미국계 산하로 넘어갔다.

1985년 9월 선진 5개국(미국 영국 프랑스 서독 일본)의 중앙은행 총재들이 뉴욕 프라자 호텔에서 회담을 열고 〈외환레이트에 관한 합의문〉을 발표했다.

프라자 합의(Plaza Accord)라 불리는 이 회의는 무역수지 적자와 재정적자를 동시에 겪는 미국이 무역적자를 해소하기 위해 외환율에 인위적인 조정을 하고 엔화와 마르크화의 평가절상 유도정책을 합의했다. 그 결과 일본의 경우 1달러에 250엔을 유지했던 것이 합의문이 도출된 그 다음날부터 떨어지기 시작해 1년 후에는 달러당 120엔까지 떨어지는 사상 최대

2008년 3월 사실상 파산한 베어스턴스가 JP모건체이스에 인수된 후, 리먼브러더스의 파산신청, 뱅크오브어메리카(BOA)의 메릴린치 인수에 이어 나온 이번 조처는 월가의 상징이었던 순수(독립) 투자은행의 폐막을 의미한다.

의 엔고 현상을 맞이하게 된다.

일본 정부는 프라자 합의로 인한 환율인하 현상에 타격을 받은 수출업계를 구제하기 위해 금융완화 정책을 시행했고 이 바람에 시중은행의 막대한 자금이 시장으로 흘러나와 돈이 넘쳐나는 상황이 되어버렸다. 그러나 자금은 일본 경제 중심의 수출제조업이 아니라 주식과 부동산 시장으로 몰렸다. 환율인하로 수출제조업의 수익이 떨어지고 있는 상황에서 폭등하는 주식시장과 프리미엄이 붙는 부동산시장은 매력적이었다.

1989년 주식버블이 최정점에 달했을 때 닛케이지수는 3만 9,000 포인트를 기록했다. 버블이 시작될 무렵 닛케이지수가 1만 포인트이었고 현재 약 1만 2,000 포인트에서 오고가는 것을 본다면 이 지수가 얼마나 대단했던 것인지 알 수 있다.

일본 정부의 금융완화 정책으로 부동산시장 역시 마찬가지였다. 시중은행은 기업뿐만 아니라 일반 개인에게도 마구잡이로 돈을 풀었다. 50년짜리 '초장기 론' 2세대에 걸쳐 대출금을 갚아도 되는 '2세대 론' 등이 이 때 나왔고 은행의 대출로 이들은 토지와 부동산을 대량 매입하였다.

이 시기 일본 전체의 토지가격 상승은 50% 정도를 기록하였다. 실제 부동산의 혜택을 입은 도쿄 오사카 삿포로 나고야 등의 대도시와 그 인근 지역의 지가 상승률은 200~900%에 이르렀다.

1991년 부동산 버블이 정점에 올랐을 때 도쿄 23개 구의 땅값이 미국 본토 전체를 사고도 남았다는 말은 거짓이 아니다.

1989년 도쿄 주식시장이 시가총액 기준 세계 최대 규모의 시장으로 자리잡게 되고 실제로 미쓰비시 부동산이 록펠러센터 주식의 80%를 인수하여 빌딩 꼭대기에 일본 국기를 내거는 순간 미국인들은 "일본이 미국을 사버렸다"라고 경악했다. 엔고현상을 이용해 아예 다른 나라의 부동산 매입에 나섰던 것이다.

그런데 한가지 신기한 점은 당시에는 이 같은 버블에 대해서 어느 누구도 비판하지 않았다는 점이다. 풍부한 자금으로 주식과 부동산은 시세차익 등으로 경기 호황을 누렸고 기업들도 총자산액이 증가하면서 기존의 제조업을 계속 운영할 수 있었고 시간당 1,500엔 임금으로 고용도 늘어났다. 물가도 오르지 않으니까 아무도 버블이라고 생각하지 않았다.

그러나 지옥은 순식간에 찾아왔다. 1990년 3월 일본 대장성 은행국이 발표한 〈토지관련 융자의 억제에 대해〉라는 부동산관련 융자 금지 보고서는 거품을 터뜨리는 바늘이 되었다.

초저금리로 융자를 해오던 은행들은 발빠르게 현금 회수에 나섰다. 자연스럽게 부동산 가격 하락이 뒤따르고 은행 융자금을 갚기 위해 매물을 내놓지만 살 사람은 없고 융자금을 갚지 못한 기업과 사람들의 파산이 이어졌다.

융자금 회수가 불가능한 은행들은 파산의 길을 걸었다. 은행들의 연쇄파산은 다시 시장에 영향을 미쳤다. 이때 파산하거나 합병을 발표한 은행 및 신용금고는 줄잡아 50여개에 달했다.

지역은행 중 가장 자산규모가 크다고 했던 홋카이도 탁쇼쿠拓殖은행, 일본 최고의 신용기금라고 불리웠던 일본장기신용은행 등이 이 때 도산한 은행들이다.

미국이 대일무역적자를 만회하고자 밀어붙인 〈프라자 합의〉가 일본 버블경제 발생의 가장 큰 원인일 수 있다. 설령 큰 원인이 아니다 하더라도 충분한 이유는 되고 실제 가장 큰 주범은 금융완화를 계속해서 실시해 온 일본 정부라고 할 수 있다.

정부가 시장에 모든 것을 맡겨버리는 근대 초창기에서나 볼 법한 자유방임주의 경제정책이 버블경제를 초래한 것이다.

1991년 이후 일본 정부는 은행의 불량채권 문제 해결과 금융기관 회생, 기업을 위한 공적자금 투자 등의 정책을 시행했으나 1993~94년에는 실질 GDP가 전년도에 비해 마이너스를 기록하는 치욕을 겪기도 했다. 갑자기 터져버린 버블의 후유증[62]을 치유하는데 10년 정도가 걸렸고 이를 사람들은 '잃어버린 10년'이라 부른다.

일본장기신용은행은 어떻게 미국에 넘어갔을까? 우려스러운 것은 중국의 4대 국유은행도 일본의 전철을 밟을 가능성이 무척 높다는 것이다.

일본장기신용은행은 미처 손 쓸 사이도 없이 파산하고 말았다. 이보다 더 경악할 만한 사실은 이번 파산 사태의 칼을 빼든 주역이 다른 사람도

62) 악순환이 반복되는 일본식 불황을 '복합불황'이라고도 부른다. 일례로, 일본의 실업자 수는 1990년 126만 정도에서 약 10년 뒤 2001년에 350만명으로 3배 정도 늘어났다. 대출을 받아 자산을 구입한 채무자는 금리상승에 따른 투자감소로 자산가격이 하락함과 동시에 이자까지 불어나며 이중고를 겪게 되고 이에 따라 시장이 엄청난 매도세로 돌아서면서 자산가치는 더욱 하락하고 상환능력을 잃은 기업들과 돈을 빌려준 금융기관 역시 파산하기에 이른다. 겁을 먹은 일본국민들은 극도로 소비를 줄이게 되고 소비가 줄어드니 기업 실적이 부진해지고 이에 따라 구조조정이 뒤따라 많은 사람들이 직장을 잃게 되고 소비는 더욱 줄어들고 자살까지 일어난 악순환이 반복된다.

아닌 일본장기신용은행과 외국 투자자가 합자해서 세운 일본장기신용은행 월버그였다.

1998년 6월 영업을 시작한 일본장기신용은행 월버그는 갑자기 150만 주의 일본장기신용은행 주식을 팔아치웠다. 일본에서 영향력 있는 한 월간지가 일본장기신용은행이 보유한 대규모 경영 자료와 구체적인 사례를 분석했을 때 파산이 머지않았다는 소식을 보도했기 때문이다.

이 이야기는 일본장기신용은행이 UBS은행Union Bank of Switzerland으로부터 2,000억 엔의 자금을 확보하기 위해 협력을 논의하는 과정에서 자료를 받아본 UBS은행이 부실한 경영 상태에 충격을 받았다는 것이다.

UBS은행은 당초 일본장기신용은행이 발행한 700억 엔 규모의 채권과 1,300억 엔 규모의 우선주를 매입하겠다고 약속했다. 하지만 그 후 증시 상황이 좋지 않다는 이유로 2,000억 엔 규모의 일본장기신용은행 우선주와 채권인수 계획을 차일피일 미루기 시작했다. 또한 양사가 주식 3%를 교환하자는 당초의 계획도 협상 끝에 1998년 4월 양사간 주식 교환 규모를 1%로 축소하기로 합의했다. 하지만 당시 일본장기신용은행의 주가가 하락해 UBS은행으로부터 거액의 자금을 확보하는 데에 실패하고 말았다.

무슨 상황인지 정확한 파악이 불가능했던 일본의 주식 투자자는 일본장기신용은행이 자사 주식을 대량 매도하는 장면을 목격하고 무언가 잘못되었다는 생각에 보유하고 있던 일본장기신용은행 주식을 대량 투매하였다.

만신창이가 된 일본장기신용은행에 최후의 일격을 날리기 위해 월스트리트의 투자은행과 신용평가기관이 합동 공격에 나섰다. 미국의 모간스탠리와 골드만삭스가 각각 일본장기신용은행 주식 390만주와 270만 주를 내다팔자 다시 한번 타격을 입은 일본장기신용은행의 주가는 폭락하였다. 이어서 미국의 신용평가기관이 일본장기신용은행의 채권 등급을 단숨에 3등급으로 하향조정하며 투자 리스크가 가장 큰 '투자 부적합' 판정을 내렸다.

모든 가능성을 연구한 월스트리트는 일본장기신용은행에 우호적이고 심지어 구원의 생각을 가진 모든 일본 기관을 향해 칼날을 겨누었다. 그러던 중 일본장기신용은행과 일본스미토모신탁은행住友信託銀行이 합병 협의를 체결했다. 일본 정부 역시 이 소식에 크게 환영의 뜻을 보이며 합병후 지원책을 실시하고 일본장기신용은행의 채권인에 대한 보호를 약속하겠다는 계획을 세우자 월스트리트는 어떤 대가를 치르더라도 일본스미토모신탁 은행을 가만히 놔두지 않겠다며 배수진을 쳤다. 결국 일본스미토모신탁은행은 일본장기신용은행 인수에서 한 발 물러설 수밖에 없었다.

마지막으로 일본내 최대 인프라 사업 대출을 담당하고 있는 일본장기신용은행이 12억 달러라는 헐값으로 미국 사모펀드 운영사 JC플라워스와 리플우드홀딩스의 최고경영자인 팀 콜린스에게 팔렸다.

일본장기신용은행이 인수되기 전에 일본 정부는 해당 은행의 자산 부채를 청산하기 위해 360억 달러를 쏟아 부었다. 이와는 대조적으로 2004년 JC플라워스와 팀 콜린스는 일본장기신용은행에 대한 구조조정을 실시해 신세이은행으로 개명한 뒤 도쿄 증권거래소에 상장시켜 거액의 수익을 올렸다. 실제로 첫날 주가가 58% 상승하며 한때 시가가 124억 달러에 육박하기도 했다.

중국이라고 일본과 같은 실수를 저지르지 말라는 법은 없다. 뱅크오브 어메리카(BOA)는 119억 1,000만 달러로 건설은행의 주식 19.14%를 매입한 뒤 그 중 15%의 주식을 되팔아 194억 달러를 챙기고도 여전히 4%의 주식을 쥐고 있다. 영국 스코틀랜드왕립은행 역시 이런 방법으로 중국은행 투자를 통해 이익을 챙겼고, 골드만삭스 역시 공상은행 투자와 관련해 똑같은 수법으로 한몫 단단히 챙겼다.

홍콩상하이은행(HSBC)이 주식시장에 뛰어들어 교통은행의 주식을 매입하기 시작했을 당시 주가는 주당 1.86위안이었지만 주식을 팔 때 주가는 주당 5.14위안으로 뛰어오른 상태였다. 그 결과 홍콩상하이은행은 거액의 수익을 올렸고 여전히 18.63%의 지분을 보유하고 있다.

현재 교통은행의 최대 주주인 재정부가 보유하고 있는 주식은 26%로 교통은행은 자칫하면 소리 소문없이 홍콩상하이은행을 최대 주주로 맞이해야 했던 '제2의 핑안보험平安保险' 63)이 될 수 있다는 점에 주의해야 한다.

세계의 '부 지키기' 전쟁은 이미 시작되었다!

63) 중국평안보험(中国平安保险集团股份有限公司 : Pingan Insurance Company of China, Ltd.) 보험과 증권, 위탁판매, 은행 등 사업을 영위하는 종합 금융서비스 기업. 1988년 설립하여 본사는 광둥성 선전深圳시 소재. HSBC는 중국 핑안(平安)보험 지분 15.57%를 93억9000만 달러에 전량 매각했다. 핑안보험 지분은 태국의 농업재벌 CP그룹(차로엔 폭판드 그룹)에 넘겨졌다. 2012년부터 추진된 이번 매각작업으로 HSBC가 거둔 차익은 26억 달러 수준이다. 중국에서 두번째로 큰 보험사인 핑안보험의 지분 매각 건은 이 보험사가 원자바오溫家寶 총리 가족 비리에 연루됐다는 보도로 말미암아 관심을 끌었다. 원 총리의 가족이나 관련 인물들이 투자회사를 거쳐 핑안보험 지분을 비정상적으로 낮은 가격으로 매입, 거액의 차익을 거둔 것으로 알려졌다.

제 3 부

덫에 걸린 대국굴기

덫에 걸린 대국굴기 제3부

F1

1985년 선진 5개국(미국 영국 프랑스 서독 일본)의 중앙은행 총재들은 뉴욕 프라자호텔에서 회담을 열고 프라자 합의(Plaza Accord)라 불리는 외환레이트에 관한 합의문을 발표했다. 이 회의에서 미국은 무역적자를 해소하기 위해 외환율의 인위적인 조정과 엔화, 마르크화의 평가절상을 유도하고 합의했다.

그 결과 일본은 사상 최대의 엔고 현상을 맞이하게 되고 일본 정부는 수출업계를 구제하기 위해 금융완화 정책을 시행했다. 그러나 시장으로 흘러나온 시중은행의 막대한 유동성 자금은 수출제조업체가 아니라 주식과 부동산시장으로 몰렸다. 환율인하로 수출제조업의 수익은 떨어지고 반대로 폭등하는 주식시장과 프리미엄이 붙는 부동산시장은 매력적이었다. 그러나 채 10년도 안 되는 시간동안 주식 부동산 신화의 단꿈은 어느 날 갑자기 사라지고 찾아온 '헤이세이平成 10년 불황'은 악몽이었다.

중국 경제에서도 버블이라는 용어가 자주 언급되고 있다. 특히 요즘처럼 이상하리만큼 과열되고 있는 중국 부동산 경기를 설명할 때 빠지지 않는 것이 "일본 버블경제 때의 상황과 비슷하다"는 지적이다.

2010년 3월 130여명의 미 하원 의원들은 티머시 가이트너 재무부장관과 게리 로크 상무부장관에게 중국을 환율조작국으로 지정할 것을 촉구하는 서한을 보냈다. 그 시기에 중국 원자바오 총리는 양회(兩會 ; 국회에 해당하는 전국인민대표자회의와 국정자문회의에 해당하는 정치협상회의)에서 위안화가 절대 저평가되지 않았다고 발언함으로써 미중 환율전쟁은 피할 수 없는 형국이 되어버렸다.

환율은 미국 달러와의 교환비율이 아니라, 정치 목적을 수행하는 방법 중 하나이고 그것은 위안화 평가절상 압력을 받고 있는 중국의 운명을 가리키는 것이다.

같은 시기에 중국 매스컴은 중국이 처음으로 독일을 추월해 최대수출국으로 중국 경제가 바오바^{保八} 다시 말해 8% 경제성장율을 유지했고 중국 실업자 수는 2,000만명에 불과하다는 또한번 환상 속에 빠지기 충분한 보도로 일관했다.

미국의 실업율이 10%를 넘고 있고 도시 공원에는 노숙자들로 넘쳐나고 있는데 중국의 실업자가 2,000만명에 불과하다니...... 미국을 포함한 선진국들 입장에서는 중국을 정조준하는 충분한 이유가 생긴 것이다.

슈퍼 301조

오늘날 월가에서는 중국 금융시장 위험에 대해 경고 싸인을 보내고 있다. 중국 당국이 경기 부양을 위해 지금껏 고수해 온 완화 기조가 문제를 일으킬 수 있다는 의미다.

일본 노무라野村 증권은 최근 보고서에서 중국이 인플레이션 위험 속에서 현재의 금융완화 기조를 고수하면 내년에 금융위기를 맞을 것이라고 경고했다. 신용평가기관 무디스Moody's도 중국 지방정부자금조달기구LGFV의 과중한 차입 부담과 채무불이행 가능성에 대해 경고하고 있다.

중국 인민은행장에 연임된 저우샤오촨周小川은 최근 브리핑에서 LGFV에 대한 여신 1/5이 위험하다고 경고했다. LGFV 채무는 9조 1,000억~14조 5,000억 위안으로 중국 GDP중 18~30%에 달하는 것으로 집계했다.

이러한 금융위기 상황에서 위안화 평가절상 문제와 관련한 환율전쟁이 시작된다면 중국은 그들의 신화속의 한 장면인 벼랑 끝의 배수진(背水陣)으로 내몰리는 형국이라 할 수 있다.

중국은 실제도 그러하고 "우리는 심각한 실업문제에 직면하고 있다"라고 보도해야 한다. 중국 실업자 수가 2,000만명에 불과하다는 보도를 미국의 입장에서 보면 이는 무역 불균형과 재정적자의 원인이 중국에 있음을 보여주는 나아가 시민들의 적개심을 불러일으키기 충분한 원인 제공이 된다.

그러나 중국은 이러한 지적에도 불구하고 "우리는 이미 세계 최대 수출국이다. 당신들이 우리를 공격하면 제품원가가 상승할 것이고 수입 소비하는 당신들의 고통은 더욱 클 것이다"라는 생각을 가지고 있다. 하지만 미국 시민들은 중국의 수출품들을 사도 그만, 안사도 그만이다. 종이컵이나 값싼 의류가 꼭 필요하거나 급한 것이 아니지 않는가...... 더구나 미국의 입장으로서는 그것이 꼭 메이드 인 차이나일 필요도 없다.

미국이 중국을 환율조작국으로 지정하면 중국 정부는 6개월 이내에 미국과 환율문제와 관련한 협상을 하여야 하며 여기서 미국의 요구에 만족하지 못하는 결과가 나오면 미국은 슈퍼 301조[64)]를 발동한다. 미 슈퍼

---

64) 슈퍼 301조(Super 301 article)는 미국이 교역상대국의 불공정 무역관행을 제거하기 위해 우선협상대상국과 우선협상관행을 지정하고 통상협상을 추진하거나 혹은 이를 거치지 않더라도 무역보복조치를 단행할 수 있도록 한 미국 통상법 상의 강제규정이다. 1974년 제정된 미국 통상법 301~309조 까지를 〈일반 301조(Regular 301조)〉로 통칭하는 반면 1988년 종합무역법에 의해 보복조항을 한층 강화한 310조를 〈슈퍼 301조(Super 301조)〉라고 부른다. 슈퍼 301조가 일반 301조와 다른 점은 크게 세 가지다.

첫째, 교역상대국의 품목별(담배 쇠고기 포도주 등) 혹은 분야별(보험 통신 지적재산권 등) 불공정 무역관행의 제거를 위한 통상협상을 추진하도록 하는 기존의 제301조와는 달리 특정 국가의 불공정 무역관행을 제거하기 위해 포괄적으로 우선협상대상국을 지정하여 통상협상을 추진하도록 규정하고 있다.

둘째, 불공정 무역관행에 대한 조사개시 권한과 보복조치 권한을 대통령으로부터 미국통상대표부로 이관시키고 보복조치의 결정과정에서 필요한 경우에 한해 대통령의 재량권을 인정한다.

셋째, 미국 정부가 업계의 요구 없이도 특정 국가를 불공정 무역관행 국가로 지정하여 협상과정을 거치지 않더라도 곧바로 무역보복조치를 취할 수 있다. 슈퍼301조의 발동 절차는 먼저 미통상대표부가 국가별무역장벽 보고서를 제출한 날로부터 180일 내에 우선협상대상국 관행을 지정하고 이에 관한 보고서를 상원 재정위원회와 하원 세입세출위원회에 제출한다.

301조가 발동되면 중국은 미국에 수출하는 모든 수출품에 대하여 27.5%의 관세를 부담해야 한다. 27.5%는 미국이 현재 중국에 요구하는 평가절상의 폭이다.

중국 대부분의 수출제조업체 평균 수익률이 3%이다. 그런데 만약 5%의 평가절상이 이루어진다면 중국 수출제조업체들은 모두 문을 닫아야하며, 만약 10%의 평가절상이 이루어진다면 중국 경제는 심각한 충격으로 공황의 늪에 빠지고, 만약 20%의 평가절상이 이루어진다면 중국은 붕괴한다.

환율문제는 교과서에서 이야기하는 달러와 위안화의 교환비율을 이야기하는 것이 아니라 무역수지와 재정적자를 보존하고자 하는 미국의 정책일 뿐이다.

지금의 중국이 그러하듯이 1985년에는 일본이 미국의 최대 채권국이었다. 중국은 최대 채권국이라는 자신감과 G2라는 자부심 속에 삼국지에 나오는 제갈량과 같은 묘책을 생각하며 스스로의 신화에 갇혀있다. 더욱이 지금 중국의 모습은 과거 일본의 전철을 그대로 답습하고 있고 미국의 치밀한 의도를 간파하지 못한 채 스스로의 운명을 받아들이고 있다.

오바마는 2009년 9월 뉴욕에서 열린 G20 정상회의에서 중국을 겨냥해 "대국인 중국은 경제의 지속 가능한 균형 성장을 위해서 무역불균형을 해소하는 게 중요하다"라고 발언하였다. 또한 2009년 10월 선진 7개국(G7) 재무장관 및 중앙은행 총재들은 터키 이스탄불에서 "중국은 위안화 환율의 더욱 자유로운 변동을 허용하고 위안화 가치를 평가절상 해야 한다"는 성명을 발표하였고 그해 11월에는 APEC 21개국이 공동으로 위안화 절상을 촉구하였다.

때를 맞춰 미국과 선진국들은 중국산 제품에 대해 특별보호 조사를 시작했다. 2009년 9월 중국에서 수입되는 타이어에 대해 향후 3년간 기존 관세 4%에서 추가 관세 25~35%를 부과하는 결정을 시작으로 10월에는 중국산 강선(wire strand)과 스틸 그레이팅(steel grating)에 대해 보복관세를 부과하고 11월에는 중국산 유정관(油井管)에 최고 99.14%의 반덤핑 관세를 부과했고 중국산 아트지 인산칼륨(KPP) 인산이수소칼륨(MKP) 등에 대해 반덤핑 및 반보조금 관세를 부과했다.

EU도 중국산 강관에 39% 알루미늄 제품에 30%의 반덤핑 관세를 향후 5년간 부과하기로 결정했고 중국산 신발에 대해 16.5%의 반덤핑 관세를 최소 15개월 연장하기로 결정했다. 이같은 대중국 무역보호 조치는 브라질과 아르헨티나로 확산되고 중미 타이어 특별세이프가드[65] 발동 이후

65) GATT 가맹국이 발동하는 긴급수입제한조치. 특정 품목의 수입이 급증하여 국내 업계에 중대한 손실이 발생하거나 그 우려가 있을 경우 관세 및 무역에 관한 일반협정(GATT) 가맹국이 발동하는 긴급수입제한조치이다. 대중국특별세이프가드는 2001년 중국이 WTO 가입때 회원국들에 의해 승인된 의정서에 중국으로부터 수입된 물품에 대해 종전보다 손쉽게 수입제한 등 세이프가드조치를 취할 수 있도록 하는 조항(특정국물품 긴급관세)이 포함된데 따른 것이다. 이와 같은 대중국특별세이프가드가 도입되게 된 배경은 중국경제가 사회주의 경제에서 시장경제로 이행되는 과도기에 있어서 중국내에서 통용되는 시장가격이 정상적인 시장가치를 반영하기 어렵다는 점과 이로 인해 비정상적인 가격을 가진 중국산 물품의 수입이 급격히 증가할 경우 해당국의 산업에 상당한 피해를 줄 것이 예상되기 때문이다. 특별세이프가드는 수입증가에 따라 시장교란 현상이 발생했을 경우에 발동할 수 있어 수입증가로 국내산업에 심각한 피해가

신발 방직물 등 수입제재 품목 또한 늘어났다.

2009년 11월 버락 오바마 Barack Obama 대통령은 일본 한국 싱가포르에 이어 중국을 방문하였다. 방중으로 양국간 쌍무무역의 물꼬를 틀 것이라는 중국의 기대와는 달리 '미중관계는 가장 중요한 쌍무관계'라는 입장만 표명하고, 예의상 쯔진청 紫金城과 바다링 八達嶺 만리장성을 구경하면서 중국의 체면을 살리고는 손님접대에 절대로 소홀히 하지 않는다는 중국 문화를 충분히 이해하고 있는 오바마는 36억 달러의 상하이 디즈니랜드 건설이라는 선물만 안고 돌아갔다.

오바마는 중국 방문길에 중국 후진타오 胡锦涛 주석에게 바둑판과 바둑알을 선물하고, 25분간의 짧은 시간동안 만리장성을 구경하며 "very great" 라고 한마디만 던지고 떠났다.

이를 두고 중국 언론들은 바둑판과 바둑알이 중미 양 대국의 관계를 상징하며 중국의 문명과 역사에 'very great'라며 감탄했다고 보도했고, 미국 경제지 〈포브스〉는 '상하이 디즈니랜드는 오바마를 위한 선물'이라고 표현했다.

이것이 바로 저자가 강조하고 우려하는 미국식의 논리적이고 전략적인 사고방식이며 신화에 빠진 중국식 사고방식의 한 단면인 것이다.

생겨야한다는 일반 세이프가드의 요건에 비해 대폭 완화된 것이다. 피해의 개념도 일반세이프가드는 '심각한(serious) 수준'인데 반해 중국에 대해서는 '실질적(material)인 피해'로 규정하고, 절대적인 수입 물량과 무관하게 시장점유율에 근거한 '상대적' 수입증가에 따른 세이프가드 발동도 가능하다.

F2

1973년 10월 제4차 중동전쟁은 전세계 석유위기를 야기했다. 중동 산유국은 석유를 정치적인 수단으로 이용하고 또한 석유가격의 대폭적인 상승(약 4배)을 일으키는 행동을 취했다. 그 결과 OPEC는 자원민족주의(resource nationalism)를 강화하고 원유가격의 결정권을 장악하게 되었으며 대부분의 국가들은 인플레이션이 동시에 진행하는 스태그플레이션의 시대를 초래하였고 세계경제는 혼란에 빠졌다. 또한 재생산이 불가능한 자원의 제약이라는 환경문제를 강하게 인식시켰다.

이때 미국은 오히려 이 위기를 이용해 금본위제[66]였던 달러를 석유본

---

66) 화폐단위의 가치와 금의 일정량의 가치가 등가관계(等價關係)를 유지하는 본위제도. 순금 1온스=391.20달러(1993년)라는 식으로 통화의 가치를 금의 가치에 연계시키는 화폐제도인데, 역사적으로는 19세기에 영국을 중심으로 발전된 것이다. 금본위제도에 있어서 화폐와 금과의 등가관계를 유지시키는 방법에는 여러 가지가 있는데 거기에서 금본위제도의 종류가 나누어진다.

금화금본위제도 : 이 제도에서는 금화가 실제로 유통되고 화폐단위와 금과의 등가관계는 금화의 자유주조(自由鑄造)와 자유용해(鎔解)가 인정됨으로써 유지된다. 제1차 세계대전 전에 광범위하게 실시되었던 제도이다.

금핵금본위제도 : 금핵본위제도에서는 국내에는 은행권이나 지폐 등 보다 경제적이고 편리한 화폐를 유통시키고 금은 중앙에 집중 보유한다. 1국의 화폐단위의 가치는 금과 연계하여 유지되고 있으며 거기에서는 금이 핵(核)에 비유되므로 이런 이름이 생긴 것이다. 태환할 경우에 금지금(金地金 : 금괴)으로써 하는가 금환(金換)으로써 하는가에 따라 다음 두 가지로 나누어진다.

① 금지금본위제도 : 이 제도에서는 화폐단위와 금과의 등가관계는 금지금 또는 금괴의 태환이나 매입에 의하여 유지된다. 영국에서 1925년 4월에 채용되었고 그 후 많은 나라가 이를 채택하게 되었다.

② 금환본위제도 : 이 제도에서는 다른 금본위국, 특히 국제금융 중심지에서 발행된 금환을 중앙은행 등이 매매함으로써 화폐단위와 금과의 등가관계가 유지된다. 제2

위의 달러로 재빨리 전환시켜 일거에 전세계 경제의 월등한 지위와 영향력을 장악했다. 그러면 이번 전 세계적인 금융위기를 미국은 바라만 보고 있겠는가? 이미 미국은 세밀한 계획과 전략으로 새로운 세계질서에 영향을 미칠 수단을 마련하였다.

미국은 지구환경 보호라는 대책략을 앞세워 탄소관세 징수와 탄소배출권거래제로 그 진정한 목적인 달러를 거두어들이도록 만들었다. 탄소세(炭素稅 : Carbon Tax)는 기준치 이상의 탄소(이산화탄소 메탄 일산화탄소 등)를 발생시키면 그 양에 비례하여 세금을 부과하는 세금제도이고, 탄소배출권거래제는 허용된 수준 이하의 탄소를 발생시킬 경우에 배출하지 않은 남은 양만큼의 탄소배출권을 시장에서 거래할 수 있다는 제도이다. 즉 탄소세는 일종의 세금이라고 할 수 있고, 탄소배출권거래제는 총량제에 기반한 시장이라고 할 수 있다.

2009년 6월 미 하원은 정부가 탄소관세를 징수할 수 있도록 권한을 부여하는 〈미국청정에너지안보법 ACESA〉이라는 법안을 통과시켰다. 미국으로 수출되는 전세계의 모든 제품에 대해 미국이 탄소관세를 거둘 수 있도록 하는 법안이다.

미국 정부는 관세징수 시점을 2020년으로 정했으며 모든 나라들은 예

차 세계대전 후 많은 나라에서 이 경우의 매매에 미국의 달러환(dollar 換)이 사용되었다. 이런 의미에서 전후의 금환본위제도는 달러환본위제도였다고 할 수 있는데 이 제도 아래에도 각국이 모두 국내에서는 금태환성이 없는 불환지폐(不換紙幣)가 유통되는 관리통화제였다. 1973년 이후 달러와 금의 교환이 정지됨으로써 달러환본위제도도 유명무실하게 되었다.

외없이 미국 기술표준의 이산화탄소 배출방지 설비를 구매해야 하고 관련 기술을 도입해야 한다. 향후 10년동안 미국의 기술과 설비 도입을 2020년부터는 미국으로 수출하는 모든 제품에 대하여 관세를 물어야만 한다.

요동치는 전 세계적 금융위기 속에서 오일달러를 대신하는 카본달러의 등장은 소리없이 다가오고 있다.

미국의 세밀한 계획과 전략은 분명하게 중국을 겨누고 있다. 미국으로 가장 많은 수출을 하는 나라가 어디인가? 미국 기술과 표준에 맞추어 제품을 생산해야 하고 미국의 기준에 따라야만 하는 중국(China)을 중국(middle state)라고 부르는 저지의 이야기가 이해 가는가? 중국이 항상 중간국가일 수밖에 없는 이유가 바로 기준을 만드는(Rule-maker) 국가가 아닌 기준을 따르는(Rule-taker) 국가이기 때문이다. 미국은 항상 칼자루를 잡고 중국은 칼날을 잡고 싸운다.

탄소달러(Carbon Dollar)

그런데 저자는 지구 온난화 문제에 대한 과학적 회의(懷疑)를 통해 이것이 미국의 잘 짜여 진 각본임을 찾아냈다.

헐리우드의 상업용 오락영화인 〈2012〉가 상상력을 동원한 허구이듯이 2009년 12월 덴마크의 수도 코펜하겐에서 열린 세계기후회의의 세계기후 온난화 문제는 미국의 카본달러 등장을 알리는 전주곡이었다.

코펜하겐회의[67]라 불리우는 세계기후회의는 미국 주도로 85개국 이상의 국가원수와 193개국 환경장관이 참석해 지구 온난화 해결 방안을 모색하고 교토의정서를 대체할 새로운 구속력 있는 기후협약 도출을 목표로 마련되었다. 그런데 우연하게도 코펜하겐회의가 시작되기 직전 헐리우드 영화 〈2012〉[68]가 전세계에 상영되었다. 지구 재난과 종말에 세계인들은 두려움에 떨었고, 코펜하겐회의에 참석한 태평양의 섬나라 대표는 "지구 온난화로 북극과 남극의 빙하가 녹아내려 평균 해수면 상승으로 나라

---

67) 2009년 12월 덴마크 코펜하겐에서 열린 제15차 유엔 기후변화협약 당사국 총회(UNFCC). 이 회의에서 2012년 이후의 기후협의 체제와 관련해 구속력 있는 구체적 감축 합의안이 도출되지는 못했지만 정치적 선언에 그칠 것이라는 애초 예상보다는 일부 진전됐다는 평가를 받았다. 온실가스 감축을 위한 구체적 실행 목표와 시기, 협약의 법적 구속력에 관한 논의는 2010년 11월 멕시코시티 총회에서 논의하기로 했다. 코펜하겐 협정의 주요 내용은 2050년까지 산업화 이전 시기보다 2도 이상 기온 상승 제한 합의, 개도국에 2012년까지 총 300억 달러, 2020년까지 연간 1,000억 달러 지원, 선진국은 2010년 1월까지 교토의정서보다 강화된 탄소 감축 목표 제출, 개도국은 2010년 1월까지 실행 방안이 포함된 감축 계획 보고서 제출, 열대우림 훼손 방지를 위해 산림이 흡수한 탄소량에 따라 배출권 제공 등이다. 그간 선진국들은 2020년까지 온실가스를 1990년 수준 대비 16~23% 줄이겠다는 목표를 제시한 반면, 개도국들은 선진국들이 1990년 기준으로 감축치를 약 40% 늘려 잡아야 한다고 주장하며 맞서 왔다. 최종적인 감축 목표가 정해진 뒤에도 국가별로 배출량을 할당하는 절차에서 선진국과 개도국 간 격론이 계속될 것으로 예상된다.

68) 〈2012〉 롤랜드 에머리히 감독 및 각본의 2009년 미국 SF 재난 모험 영화이다. 존 쿠삭, 아만다 피트 등이 출연했다. 감독 에머리치의 제작 회사 센트로폴리스 엔터테인먼트에서 제작, 컬럼비아 픽처스가 배급을 담당했다. 영화의 줄거리는 잭슨 커티스(존 쿠삭)가 아들 노아(리암 제임스)와 딸 릴리(모건 릴리) 예전 부인 케이트 커티스(아만다 피트) 그리고 그녀의 남자 친구 고든 실버맨(톰 맥카시)을 데리고 심한 지각 변동으로 파괴되는 도시에서 벗어나려고 탈출하려고 하면서 시작된다. 영화에서는 마야니즘, 메소어메리카 장주기 달력, 2012년 종말론이 언급되면서 2012년에 일어나는 대재앙이 묘사되었다. 2억 달러의 예산을 들인 이 영화는 세계적으로 거의 7.7억 달러 가량 벌어들이면서 크게 흥행했다.

가 사라질 위기에 처해있다"고 호소했다. 그런데 이들 태평양 섬나라들은 평균 해수면이 1m의 나라들로 지구 온난화 문제보다는 큰 파도와 바람을 걱정하며 살았던 나라들이다.

비슷한 시점에 미국 휴먼 다큐멘터리 프로인 〈불편한 진실〉에서는 기후 온난화 문제를 북극곰 한 마리가 다 녹아버린 얼음위에서 어찌해볼 도리 없이 먼 하늘만 바라보는 모습과 함께 미국 전 부통령이었던 엘 고어가 출연하는 방송을 제작했다. 방송이후 시민과 정부는 북극곰을 멸종위기 동물에 포함시켰고 기후 온난화 문제에 대한 공론화가 시작되었다. 그러나 알래스카 주지사 세라 페일린은 최근 알래스카주의 북극곰 객체수가 두배 이상 증가했다고 발표했다.

사실 온실가스 배출에 대한 이론은 영국의 이스트 앵글리아대학의 기후 연구소 필 존스 교수로부터 나왔다. 필 존스 교수는 "인류가 지구 온난화의 원인인 온실가스를 줄이지 않는다면 21세기 후반 해수면이 4~6m 상승해 우리 후손에게 심각한 영향을 줄 것"이며 해발 고도 10m 미만의 연안 저지대에 살고 있는 6억 3,400만명이 심각한 피해를 보게 될 것이란 예측을 내놓았다. 특히 그는 연안 저지대인 미국 뉴욕, 일본 도쿄, 인도 뭄바이, 중국 상하이, 인도네시아 자카르타, 방글라데시 다카 등 대도시가 포함된다고 주장했다.

유엔 정부간기후변화위원회(IPCC)도 보고서에서 "2080년이면 매년 약 1억명이 해수면 상승으로 인한 범람의 피해를 볼 것"이라는 내용을 발표했다. 유엔 세계기상기구(WMO)도 2007년 북반구의 기온이 1861년 기상

관측을 시작한 이래 가장 높은 것으로 잠정 집계됐다고 밝혔다. 북반구의 기온은 과거의 평균 기온에 비해 섭씨 0.5도 정도 높았다는 것이다.

이 모두는 미국 주도의 지구 온난화 해결방안 모색과 교토의정서를 대체할 새로운 구속력 있는 기후협약 도출을 목표하는 코펜하겐회의의 중요한 근거되었다.

그러나 인류가 탄소를 배출해 지구가 온난화 현상을 겪으면서 남극과 북극의 빙하가 녹아내려 해수면이 상승한다는 이론적 근거는 그 어디에도 존재하지 않는 허구이다.

최근 영국 기상청이 공개한 지구 평균 기온 데이터에 따르면 1997년부터 2012년까지 기온 집계 결과, 눈에 띄는 지구 기온 상승이 일어나지 않았다. 이 데이터는 영국 기상청이 매달 세계 육해상의 3,000여개 장소에서 기온을 집계한 것이다. 이에 따르면 1997~2010년에는 기온이 소폭 상승세를 보였으나 그 이후 2011년과 2012년 들어 기온이 크게 낮아지면서 이 같은 추세는 사라졌다.

전 세계적으로 신뢰할만한 기온 측정이 처음 시작된 1880년 이후 지구 기온은 최근까지 섭씨 0.75도 상승했으나 1997년 이후부터는 기온 상승이 멈췄다. 이에 대해 미국 조지아공대 기후과학 책임자인 주디스 커리 교수는 "이 새로운 데이터는 지구 온난화가 멈췄음을 확인해 준다"고 설명하고 "1980년 이후 지구 온난화의 원인을 산업화에 따른 온실효과로 봤으나 이제 자연 내적인 변동성을 근본적으로 중요한 요인으로 간주할 필요가 있다"고 주장했다.

사실 저자는 자연 과학자가 아니다. 기후 온난화의 허구를 과학적으로 입증하기는 어려우나 일반적인 자료에 의하면 자연의 동물과 식물이 만들어내는 이산화탄소 양은 매년 1,500억 톤에 이른다. 그러나 인간이 자동차를 운전하고 비행기를 타거나 하품을 하고 나이트 클럽에 가고...... 모든 인간 활동에서 나오는 이산화탄소의 양은 65억 톤에 불과하다. 더구나 이 모두를 합하여도 대기안의 이산화탄소 비율은 아주 미미한 0.03%에 불과하다.

특히 자동차 운전이나 비행기를 운항할 때 나오는 이산화탄소의 양은 3~5억 톤으로 추정한다. 이 3~5억 톤이 기후를 변화 시킨다고 난리법석을 떨고 있는 것이다. 정말 웃기는 일 아닌가? 이 소량의 인간이 배출한 이산화탄소가 기후를 변화시키고 대자연을 변화 시킨다면 우리는 지금 당장 지구 종말을 걱정해야 한다.

더구나 인류가 기온을 과학적으로 기록한 역사는 매우 짧다. 자연 과학자들은 남극 얼음 층으로부터 지구 변화와 고(古)기후 연구 데이터를 구하는 '아이스 코어(Ice core)실험'을 기후 연구의 가장 권위있는 연구라고 한다. 이렇게 해서 연구된 24만년 동안의 기온과 이산화탄소 분포의 데이터를 보면 기온이 이산화탄소 양의 증가를 이끈 것이지 이산화탄소가 기온 상승을 이끈 것이 절대 아니라는 것이다.

가장 간단하게 밤에는 춥고, 낮에는 왜 따뜻한가? 태양이 지고, 태양이 뜨기 때문 아닌가? 기후는 태양활동과 직접적인 관계를 이룬다. 특히 태양흑점설은 세계 기후학자들의 정설이다. 태양의 흑점이 커지고 태양의 활동이 많아지면 기온이 상승하고, 흑점이 적고 태양의 활동이 활발하지 않으면 날씨가 추워진다.

핵심은 기후 온난화가 아니라 기후 위협론이다. '하나뿐인 지구를 보호하자'는 대명제 앞에 저탄소 신에너지 개발을 외치며, 월 스트리트 거래소에 가서 탄소배출권을 사라는 것이다.

저탄소 신에너지 개발의 대표적인 풍력 발전이나 태양에너지 발전이 중국에서 국책사업으로 전개되고 지방정부마다 경쟁적으로 몰입하는 이유가 여기에 있다. 고비용 저효율의 신에너지 가격은 화력 발전의 4배에 이른다. 중국은 세계 최대의 수출을 하지만 이제는 모든 수출품에 탄소관세를 부담해야 하고 탄소관세를 줄이는 모든 시설은 미국 기준의 기술과 시설을 구입해야만 한다.

중국은 2013년 6월 18일부터 광둥성 선전에서 처음으로 탄소배출권거래제를 실시한다. 중국은 주요 7개 도시에서 탄소배출권거래제를 시범적으로 실시해 성과를 거두면 2015년 이후 전국으로 확대키로 했다. 중국은 2020년까지 2005년 수준보다 탄소배출량을 40% 감축하는 목표를 세웠다.

중국 궈지國際 항공 비행기가 미국에 들어가면 탄소배출 비용을 내야 한다. 미국의 칼끝은 분명히 겨누고 있다. 세계 최대의 수출을 하는 중국은 지구 온난화의 주범이며 세계의 공장, 중국의 굴뚝은 극지의 빙하를 녹이고 있다며......

F3

골드만삭스 Goldman Sachs는 월스트리트를 대표하는 투자은행(IB)이다. 골드만삭스는 1869년 약속어음거래회사를 시작으로 130여년의 전통을 가진 투자은행 겸 증권회사로 모간스탠리 Morgan Stanley 메릴린치 Merrill Lynch와 함께 2008년 글로벌 금융위기 이전까지 국제 금융시장을 주도하던 3대 투자회사였다.

주식상장 기업 인수합병 채권 발행 등을 대행하거나 부동산에 투자하는 등의 도매금융과 개인투자가의 투자금 운용 보험 증권업무 등의 소매금융 사업을 하였다. 한편 2008년 9월 미국의 양대 투자은행이던 골드만삭스는 모간스탠리와 함께 전통적인 상업은행 업무를 겸하는 은행지주회사로 전환했다.

세계를 지배하는 골드만삭스 Goldman Sachs

2012년 4월 미국 증권거래위원회(SEC)는 골드만삭스를 사기혐의로 뉴욕 연방지방법원에 제소했다. 골드만삭스에게 2008년 서브프라임모기지론 사태의 책임을 문 것이다. 당시 골드만삭스는 고위험 고수익 파생상품을 투자자들에게 제대로 알리지 않은 채 마구잡이로 판매해 엄청난 수익을 올렸지만 투자자들은 엄청난 손실을 입어야 했다. 이는 미국 나아가 전세계에 금융위기를 불러온 폭탄이 되었다.

서브프라임모기지론 사태뿐만 아니다. 신용부도 스와프(Credit Default Swap)는 금융기관이 채권이나 대출을 해준 기업의 채무불이행 등의 신용위험에 대해 일정한 수수료를 지급하는 대가로 보장매도자가 신용사건 발생시 손실을 보장받는 일종의 파생보험 상품이다. 서브프라임모기지 사태에 이어 신용파생상품 CDS가 제2의 금융위기를 초래할 수 있다는 우려가 커지고 있다.

CDS 거래규모는 전 세계적으로 21세기로 들어선 이후 7년간 100배나 증가한 62조 달러에 달한 것으로 추정돼 부실화될 경우 잠재적인 폭발력이 상당할 것으로 예상된다.

실제로 미국의 5대 투자은행(IB)중 상업은행 인수로 생존에 성공한 골드만삭스와 모간스탠리 외의 투자은행들은 글로벌 금융위기의 직격탄을 맞았다. 리먼브라더스는 다른 투자은행보다 더 적극적으로 CDS 거래를 해오다 2008년 9월 파산했고 메릴린치는 뱅크오브어메리카(BOA)에 베어스턴스는 JP모건에 각각 인수됐다.

2001년 그리스 정부는 재정적자를 숨기기 위해 골드만삭스로부터 대출을 받았는데 이때의 파생상품 거래가 이후 그리스는 물론 유럽 전체를 재정위기로 몰고 간 원인 중 하나가 되었다. 당시의 교묘하고 복잡한 거래에 대해서 그리스 정부는 거의 알지 못했고 골드만삭스는 고의적으로 알려주지 않았다. 이 거래에서 골드만삭스는 큰 수익을 얻었다.

문제는 골드만삭스의 큰 수익이나 그리스의 채무위기가 아니라 엉뚱하게 중국이 의심받고 중국에게 제재가 가해진다는 사실이다.

그리스 채무위기는 잘 알려지지 않은 남아프리카의 스탠더드은행이 어느날 불쑥 나타나 그리스와 아일랜드가 채무 문제로 인해 유로존에서 퇴출될 수 있다고 발표하면서 시작되었다. 사실 이 은행은 골드만삭스가 배후조종을 하고 있는 은행이다. 골드만삭스는 중국 공상은행(ICBC)의 전략적 투자자로 공상은행의 주식 133억 주를 보유하고 있고 공상은행은 남아프리카 스탠더드은행의 은행주식을 20% 이상 가지고 있다.

그리스 채무 위기가 터지자 유럽은 뒤를 캐기 시작하였고, 중국 공상은행이 남아프리카 스탠더드은행의 대주주라는 사실을 알게 되었다. 그들은 중국을 의심하였고 중국은 골드만삭스를 대신하는 속죄양이 되었다.

두바이 사태[69]의 배후와 보이지 않는 권력의 연관에도 골드만삭스가

69) 두바이(아랍어 : دبي)는 아랍에미리트 연방을 구성하는 7개국 중의 한 나라이며, 토후국 중 유일한 국제 무역항이다. 1969년부터 석유를 수출하기 시작했으며 석유 수출로 인한 수입이 GDP의 대부분을 차지하였으나 다른 산유국에 비하여 매장량은 적은 편이며 이를 극복하기 위하여 자유무역단지 조성 등에 힘써 물류 항공 관광인프라를 갖춘 중계무역지로 발전하면서 '중동의 뉴욕'으로 불리게 되었다. 중동의 막대한 오일달러를 앞세워 적극적으로 투자하면서 중동의 금융중심지로 발전하였으나, 자체 기반없이 부동산 개발을 중심으로 단기간에 과도한 투자와 개발이 이루어진데다가 2007년 미국의 서브프라임 모기지 사태에서 비롯된 세계적 금융위기가 겹쳐 투자 자본이 빠져나가면서 2009년 국영기업 두바이월드가 모라토리엄(채무지급유예)을 선언하기에 이르렀다. 그러나 연방정부는 아부다비 두바이 2개 토후국의 원유 판매수입을 재원으로 하여 나머지 비산유 토후국들을 지원하여 사회간접자원 건설 농업 수산업 관광업 등에 투자하고 있다. 연방최고회의가 국가의 최고 의사 결정 기관이고 그 결정은 아부다비와 두바이를 포함한 5인 수장의 동의를 필요로 한다. 단 거부권은 아부다비와 두바이만이 가지고 있다. 결국 아부다비와 두바이 양대 군주가 권력의 핵심을 구성하고 있는 정치적 특성이 있다. 두바이 사태는 국지적인 문제로 아부다비의 지원 등으로 해결 가능하다는 판단 때문에 글로벌 금융시장이 곧 안정을 회복. 두바이월드는 정부지원 등에 힘입어 구조조정을 추진 중이며 채권단과의 원만한 합의가능성이 높은 것으로 평가되고 있다.

있었다. 두바이 사태가 터졌을 때 채무연기를 제안하며 도왔던 은행이 미쓰이三井 은행이었다. 물론 이 은행의 최대주주는 골드만삭스이다.

골드만삭스의 조종을 받는 미쓰이은행은 6개월 채무연기를 해주었다. 6개월 채무연기는 두바이의 국내 사정상 돈을 떼일 염려가 없다는 것을 알고 있고 골드만삭스와 적대적 위치에 있는 홍콩상하이은행(HSBC)에게는 타격을 입히는 전략이었다.

홍콩상하이은행이 두바이에 160억 달러의 파생 금융상품 외에도 대량의 투자분이 있기 때문이다. 골드만삭스는 저명한 국제금융전문가를 앞세워 두바이 사태를 설명하며 홍콩상하이은행의 위험을 경고하면서 홍콩상하이은행에게는 큰 타격을 입히고 그들은 특기인 공매도로 이익을 챙겼다.

공매도(空賣渡)[70]란 물건을 가지고 있지도 않은 상태에서 판다는 의미다. 주식시장에서 공매도란 주식을 가지고 있지 않은 상태에서 매도 주문을 내는 것을 말한다. 공매도는 주가가 떨어질 것을 예상할 때 시세차익을 노리는 방법이다.

---

70) 공매도(short selling) : 주식시장에서 공매도란 주식을 가지고 있지 않은 상태에서 매도 주문을 내는 것. 공매도에는 크게 두 가지 유형으로 하나는 말 그대로 없는 주식을 미리 파는 무차입 공매도(네이키드 쇼트셀링 naked short selling)이다. 보유하고 있지 않은 주식을 먼저 판 다음 결제일이 오기 전 시장에서 되사 대여자에게 반환하는 과정에서 차익을 얻게 된다. 또다른 방식은 빌려온 주식을 매도하는 차입 공매도(커버드 쇼트셀링 covered short selling)이다. 기관 등에서 보관시킨 주식을 갖고 있는 예탁결제원이나 증권사 등에서 주식을 빌려 매도하는 형태를 가진다. 이 때 주식을 되사 갚는 것을 쇼트커버링(short covering)이라고 한다.

영화 〈007 카지노로얄〉의 핵심은 바로 공매도라 할 수 있다. 줄거리를 보면 테러 자금을 굴려주는 악당 르쉬프르는 항공사 스카이 플릿의 주식을 공매도 한다. 이후 스카이 플릿의 신형 비행기를 폭파시키려 하지만 제임스 본드의 활약으로 오히려 엄청난 손실만 입게 되고 르쉬프르는 잃은 돈을 만회하기 위해 도박판(카지노)에 뛰어든다는 내용이다. 도대체 공매도가 뭐기에 비행기까지 폭파시켜야 하는 걸까?

여기서 알 수 있는 점은 공매도를 이용하면 주가가 떨어질 때도 수익을 낼 수 있다는 것이다. 가령 A기업의 주가가 현재 100위안이고 주가하락이 예상된다고 가정하자. 이때 A주식을 갖고 있지 않더라도 일단 100위안에 공매도 주문을 낸다. 그리고 실제 주가가 90위안으로 하락한다면 이때 매수해 10위안의 차익을 볼 수 있다. 주식은 주당 90위안에 산 것으로 건네주면 된다.

위의 예에서 르쉬프르가 신형 비행기를 폭파시키려 한 것도 스카이 플릿의 주가를 떨어뜨려 공매도를 통한 시세차익을 거두기 위해서다. 이처럼 공매도는 투기성이 짙은데다 주가를 떨어뜨리는 방향으로 시장조작을 벌일 가능성이 높아 국가별로 엄격한 제한을 두는 경우가 많다.

월스트리트의 투자은행, 특히 가장 규모가 큰 골드만삭스는 단순한 금융기관이 아니라 자신의 이익을 위해 공공의 이익을 심각하게 훼손할 의지도 능력도 되며 실제로 그러하기도 하는 거대한 조직이다. 일부에서는 골드만삭스가 세계를 지배하고 있다는 음모론을 제기하기도 한다.

골드만삭스는 중국에서도 빛나는 실적을 거두었다. 1980년대말 중국에서 사업을 시작한 이후 국유기업 구조조정과 상장주간사로 나중에는 각종 M&A와 유망한 민영기업의 상장에 참여하면서 굵직한 경제 프로젝트의 주역으로 활약했다. 정치 외교적인 어려움도 많았지만 현명하게 대처해 가며 중국에 진출한 해외 금융사들 중에서 독보적인 존재감을 발휘했다. '중국의 친구'라고 불리며 중국기업들은 너나없이 골드만삭스와 일하고 싶어 했다.

그러나 그 이면에는 중국인들의 심리를 꿰뚫고 치밀하게 계산하고 움직이며 선량한 투자자인 듯 다가가 온갖 술수로 자신의 이익을 챙겼다. 중국이 엄청난 경제성장을 하는 동안 그 과실 중 상당부분이 상장주간사 투자자 대행사 역할을 했던 골드만삭스에게 돌아갔다. 전세계의 자본이 중국으로 흘러들어가는 동안 골드만삭스 역시 천문학적 금액을 챙긴 것이다.

자신의 이익을 위해서라면 언론플레이와 온갖 조작도 마다하지 않았다. 특히 자본주의에 익숙하지 않았던 중국기업들은 큰 손해를 봤다.

2004년 중국항공유류회사는 석유선물시장에서 골드만삭스에 말려 파산했고 2009년에는 동방항공과 국제항공 역시 석유선물시장에서 천문학적 손해를 입었다.

레노버(Lenovo : 렌샹聯想)가 2004년 IBM의 PC사업부를 총 12억 5,000만 달러에 인수 합병할 때는 알짜배기 사업부는 빠진 채 껍데기만 인수한다는 사실을 알고도 묵인했고 수수료로 엄청난 돈을 챙겼다.

2008년에는 타이즈나이라는 건실한 우유업체에 투자를 명목으로 다가가 도박성 계약을 체결하여 결국 파산에 이르게 했다. 또한 자신이 투자한 기업을 상장시킨 후에는 주가를 올리기 위해 의심가는 언론플레이를 하기도 했다. 이런 사례는 비일비재하다.

중국에서 돼지고기는 소비자물가지수(CPI)비중이 10%를 차지할 정도로 중요한 품목이다. 그런데 골드만삭스는 이처럼 중요한 양돈 사업까지 뛰어들어 중국의 돼지고기까지 통제하고 있다.

2004년 중국의 3대 육가공업체 중 하나인 위룬雨潤 그룹을 매입한데 이어 2006년에는 허난河南 솽후이雙准 가공공장을 사들였다. 그리고 후난胡南과 푸젠福建 장쑤江蘇성의 양돈장들을 구매했다. 2009년에는 다시 양돈관련 기업이나 유통회사의 공략에 나섰다. 이로써 골드만삭스는 중국에서 유일한 양돈 산업망을 구축하게 되었고 그들은 중국의 돼지고기 가격을 장악할 수 있었다.

급기야 중국 정부가 나서서 골드만삭스의 사업에 제동을 걸어야 했다. 중국인들이 이렇게 골드만삭스의 진짜 얼굴을 보기까지는 10년이 넘게 걸렸다.

골드만삭스(가오성高盛)를 중국어로 풀이하면 '높은데 올라 의기양양하게 깔본다(高高在上 盛氣凌人)'라는 뜻이 된다.

F4

중국의 소비자물가지수(CPI) 비중에서 식품은 34%로 가장 큰 부문을 차지한다. 식품은 돼지고기 식용유 닭 달걀 우유 쌀 밀 옥수수 등 중국인들의 주부식으로 이루어진다. 그중에서 돼지고기의 비중은 전체 CPI의 10%를 차지한다. 중국에서 유일한 양돈 산업망을 구축한 골드만삭스는 돼지고기 가격을 장악했다.

2009년 12월 중국의 식용유 가격이 10% 인상됐다. 이미 2003년 미국 몬산토Monsanto[71]의 유전자변형(GMO) 대두 수입개방으로 중국 대두는 자연히 도태되었고 중국 대두가격은 시카고 선물거래소의 대두 선물가격에 의해 결정된다.

2009년 9월 타이어 특별 세이프가드라는 난제에 직면한 중국은 미국산 닭고기에 보복관세를 부과했다. 중국에서 소비되는 값싼 닭고기는 주로

71) 종자개발, 생명공학기술 개발 등의 농업솔루션을 제공하는 다국적 농업기업으로 1901년에 설립되었다. 1960년대에 농업 부문을 핵심사업에 주력하기로 하고 1980년대부터는 농업생명공학기술 부문에 역량을 집중하기 시작했다. 2001년부터는 지속가능한 농업을 위한 몬산토의 공약인 'Monsanto Pledge'을 공표하였다. 2005년 채소 및 과일 종자기업 세미니스(Seminis)를 2008년 채소 종자 교배종을 생산 및 판매하는 디루이터 시드 그룹(De Ruiter Seeds Group B.V.)을 인수하였다. 2009년 농업 분야 최초로 물 이용 연구 센터를 미국 네브래스카주 고텐부르그(Gothenburg)에 설립하였다. 이 외에도 아프리카농업기술재단(African Agriculture Technology Foundation AATF)이 주도하고 있는 '아프리카를 위한 물 효율성 옥수수(Water Efficient Maize for Africa WEMA)' 프로젝트에 참여하고 있다. 한해 12억 달러 가량을 농업 분야 R&D 비용으로 투자하고 있으며, 가뭄에 강한 종자 병충해에 강한 종자 건강에 좋은 오메가 3가 함유된 종자 등 다양한 제품을 개발 및 공급한다. 본사는 미국 미주리주 세인트루이스에 있으며, 중국을 포함한 전세계 46개국에 걸쳐 2만여명의 직원이 근무하고 있다.

미국에서 수입된다.

쌀은 중국 사람들의 주식으로 매년 1억 7,000만 톤을 소비하고 있다. 그런데 2009년 11월 중국 농업 당국은 유전자변형 쌀과 옥수수에 대한 안전 인증증서를 발급했고, 이미 중국에는 950~1,200톤의 유전자변형 쌀이 흘러들어가 최소한 2만~2만 5,000무畝[72] 이상의 면적에서 재배되고 있다.

유전자변형 옥수수인 미국 몬산토의 DK007호가 현재 중국 광시廣西 좡족壯族 자치구에서 1,062만 무에 이르는 넓은 땅에서 재배 생산되고 있다.

저자의 무서운 상상이지만 만약 미국이 중국의 인플레이션을 통제한다면 CPI에 직접적인 영향을 미쳐 즉시 큰 타격을 입힐 수 있다. 뿐만 아니라 미국이 전개하는 보이지 않는 전쟁(식량전쟁)으로 중국에 가해질 충격의 크기는 상상할 수조차 없다.

보이지 않는 전쟁(식량전쟁)

중국이 수입해 소비하는 미국산 닭고기가 왜 그토록 싼 것인가? 그 이유는 사료가 특별히 싸다는 사실이다. 사료는 주로 옥수수를 쓰는데 미국 정부는 연평균 30억 달러를 옥수수 경작 농민에게 보조금으로 지급해 주고 있다. 미국 식량안보와 에너지 전략에 가장 중요한 작물인 옥수수는 세계 생산량 1위로 세계 생산량 46%를 차지하고 있으며 옥수수 생산 총량

72) 무畝(이랑 묘) : 1무는 약 666제곱미터(약 200평)

의 절반이 사료로 사용되며 전세계 수출량의 약 70%를 차지하고 있다.

중국은 지난 15년 동안 옥수수를 자급자족하다 2012년부터 수입국으로 돌아서 2,100만 부셸Bushel 73)을 수입했다. 중국의 옥수수 수요가 늘어난 것은 기상 이변으로 작황이 좋지 않은데다 돼지고기와 우유 계란 등의 소비가 급증하면서 가축 사료의 70%를 차지하는 옥수수가 더 많이 필요했기 때문이다. 중국은 짧게는 5년 이내에 세계 최대 옥수수 수입국이 될 것이다.

특히 미국산 옥수수 종자의 수입으로 중국의 옥수수 생산 농가는 큰 타격을 받고 있다. 미국산 옥수수 종자는 현재 중국 총 재배면적의 10%를 차지하고 있으며 주요 산지인 동북3성 일부 지역에서는 점유율이 50% 안팍에 이른다.

광시廣西 좡족壯族 자치구에는 1,062만 무에 이르는 넓은 땅에서 미국산 옥수수 종자로 재배 생산하고 있다. 중국 최대 옥수수 생산지 헤이룽장黑龍江성의 옥수수 경작지가 5,900만 무 이다. 이는 헤이룽장성 옥수수 재배면적의 1/5에 해당하는 면적이다.

중국은 종자와 비료 등의 신기술과 제품개발 보급을 정부가 담당하고 있지만 미국은 대기업이 맡고 있어 상품 자체 경쟁력과 상업화 측면에서 중국은 결국 미국 옥수수 산업을 크게 돕고 있는 모습이다. 게다가 미국산 종자를 사용하려면 미국산 비료 농약 제초제가 필수적이다. 따라서 중국은 이에 대한 로열티와 기술특허 비용까지 지불해야 한다.

---

73) Bushel : 과일 곡물 등의 중량 단위. 1부셸은 소맥, 대두의 경우 27.2kg(60파운드) 옥수수의 경우 25.4kg(58파운드)이다. 또한 영국에서는 1부셸이 28.1kg 미국에서는 27.2kg으로 사용되고 있다.

가격결정권은 미국이 가지고 있고 미국산 종자는 단순한 가격의 의미가 아니라 환율조절 기능까지 하고 있다.

옥수수 가격 상승과 최근 3~4년간 수익성이 좋은 옥수수 재배로 인해 대두 경작지가 옥수수 밭으로 대체되었다. 헤이룽장성 대두 재배면적은 6,000만 무였으나 2011년에는 20% 가까이 감소한 5,440만 무였다. 대두 농사만 가능한 일부 최북단 지역을 제외하고는 남부의 대부분 지역이 옥수수 밭으로 바뀐 것이다.

그러나 중국의 대두단백질 수출은 전세계 50%를 차지하고 있다. 약 2,500여 가지의 미국산 가공식품에 중국산 순수 대두단백질이 들어가고 일본은 매년 60만 톤의 중국산 순수 대두를 소비한다. 이렇게 자신들이 생산한 대두의 해외소비가 증가하고 절대량을 생산함에도 불구하고 중국은 가격 결정권을 갖지 못하고 토지자원을 낭비하고 있다.

중국에서 생산된 순수 대두는 전체 농작물중 가장 적은 수익을 얻고 있으며 오히려 유전자변형 대두가 몰려들면서 생산비용이 상승하자 중국은 대두 재배면적을 줄이고 유전자변형 옥수수 재배로 대처했다. 재배면적과 생산량이 줄어들면서 순수 대두단백질 가공공장은 원료 부족으로 어려움을 겪고 있다. 수출기업들 간의 경쟁으로 최근 순수 대두단백질 수출가격은 톤당 2만 위안까지 떨어지고 수입되는 변형유전자 대두 가격은 톤당 3만 위안을 형성하고 있다.

중국 식용유 생산업체는 수입 변형유전자 대두 가격상승으로 생산비가 맞지 않아 중국 500대 기업 중 하나인 베이징 산허北京三河 그룹의 식용유 압착기는 가동을 멈췄고 전국의 400여개의 식용유 생산공장 대부분이 문을 닫아 중국 전역에 식용유 품귀 파동을 일으켰다. 순수 대두의 해외소비는 증가하는데도 수출가격은 오르지 않고 생산량은 줄어들고 변형유전자 대두와 옥수수 생산량은 급증하면서 수입가격은 계속 상승하고 있다.

대두단백질 가공공장과 식용유 생산공장은 과잉설비와 경기침체 생산원가 상승에도 불구하고 국가발전위원회의 가격 통제로 손해를 보고 있고 고단백 대두와 식용유 수요 증가는 인플레이션의 근본 원인이 되고 있다.

2010년 중국의 폐식용유 사건은 충격적이었다. 뒤늦게 국가식의약품감독국에서는 〈폐식용유의 요식산업 유입 근절을 위한 긴급 통지〉를 발표하며 대책마련에 나섰으나 중국의 폐식용유 산업은 이미 15~20억 위안의 수익을 내는 완벽하게 통합된 산업망이자 순환경제의 중요한 부문으로 자리잡고 있다.

중국에서 매년 소비되는 식용유는 2,200만 톤이며 약 330만 톤에 달하는 폐식용유가 발생한다. 이 중 270만 톤의 폐식용유가 시장으로 다시 흘러 들어온다. 중국인이 먹는 기름 중 10%가 폐식용유라는 이야기다.

길거리에서 파는 맛있고 저렴한 요우티아오 油条(밀가루 반죽을 발효 시켜 기름에 튀긴 간식) 샤오롱샤 小龙虾(민물가재를 기름에 튀긴 요리)는 모두 폐식용유로 사용된 것임을 쉽게 짐작해 볼 수 있다.

시장에 유통되는 식용유는 톤당 6천 위안에 팔리고 있고 폐식용유는 톤당 3천 위안에 거래되고 있다. 폐식용유는 인건비를 포함한 제조비용이 300위안에 불과해 높은 수익이나 효율면에서 정품보다 훨씬 막강한 우위를 점하고 있어 중국 지하경제의 한 부분으로 자리잡은 지 오래됐다.

폐식용유에는 비상(砒霜 : arsenic trioxide)보다 100배 강한 발암물질 아플라톡신(aflatoxin)이 함유되어 있다.

2008년 중국에서는 멜라민이 함유된 싼루三鹿 분유를 먹고 6명의 유아가 숨지고 53,000명이 신장결석이나 신부전증 질환을 일으키는 등 큰 파문이 발생하였다. 사실 이 사건은 단순한 실수나 처음이 아니고 저자가 조사한 바로는 2007년에도 중국에서 멜라민으로 인해 대규모 리콜이 있었으며 2004년에는 물을 섞은 우유로 인해 13명의 아동이 사망한 적이 있었다.

맨 처음에 문세가 발견되었던 허베이河北성 스자좡石家庄의 싼루사 외에도 이리伊利나 멍뉴蒙牛같은 유명회사 제품에서도 멜라민이 검출되었다. 이후 2010년 7월 깐수甘肅 칭하이青海 지린吉林에서 각각 발생한 멜라민 분유 사건도 모두 싼루 분유를 재가공하여 일어난 것들이었다.

자료에 의하면 전국 109개 분유업체의 491개 제품에 대한 샘플조사 결과 22개 업체 69개 브랜드에서 공업용 원료인 멜라민 성분이 검출됐다. 중국은 멜라민 분유 사건의 교훈을 제대로 얻었는가 하는 의문이 든다.

문제가 어디에 있는가? 멜라민 분유 파동에도 불구하고 중국 원유가격의 상승은 계속되었다. 분유업체들은 원가상승과 기업비용 증가, 수입분유의 상륙으로 파산하고 공장가동이 줄면서 낙농가는 타격을 받는 등 그에 따른 연쇄반응이 나타났다.

2011년 통계에 의하면 원유가격은 kg당 3.5위안으로 일부 제품의 경우 4.15위안까지 치솟았다. 포장 수입분유는 톤당 3만 2,000위안인데 비하여 원유생산 원가는 3만 5,000위안이라는 이야기다. 2010년 수입분유는 총 37만 톤으로 수입분유가 10만 톤씩 증가할 때 원유 수요는 85만 톤씩 감소한다.

또다른 이유는 네이멍구內蒙古의 시린궈러멍錫林郭勒盟 74)의 초원면적은 16만km^2로 서구의 스위스와 네덜란드 벨기에 덴마크를 합친 토지면적과 같다. 그러나 지금은 북부 국경을 따라 6만km^2만 남아있다. 대규모 농지 개간과 공업화로 초원의 젖소들이 사라지고 그 자리에는 노천 석탄광산만이 남아있다. 노천탄광 채굴은 초원 파괴뿐만 아니라 지하수도 오염시키고 염류화작용으로 사막화를 가속화시킨다.

사막화 현상은 연평균 26~28%씩 증가하는 수치를 보이고 있다. 초지와 젖소의 감소로 원유가격은 상승하고 중국 3대 분유 생산지인 산시陕西성의 경우 분유 생산업체의 60~70%가 문을 닫았다. 결국 중국은 세계에서 가장 큰 수입분유 시장이 되어버렸다.

미국은 맥도날드와 같은 패스트푸드를 중국에 팔지만, 사실 중국인들은 유전자 변형된 옥수수 사료를 먹고 자란 소고기와 유전자 변형된 옥수수 식용유에 튀긴 감자와 미국에서 수입된 닭고기와 콜라를 미국과 같은 가격으로 사 먹는다.

---

74) 중국 네이멍구內蒙古 자치구 중부에 있는 명盟으로 내몽골 초원 가운데서 가장 중심이 되는 시린궈러 초원이 있다. 1,200여 종의 야생 식물과 100여 종의 동물이 서식한다. 천연 광물은 이미 탐사된 것만 70여 가지가 넘고 희토(稀土) 매장량은 전국의 97%를 차지하는데 이는 해외 각국의 총 매장량보다 많을 뿐 아니라 품질도 우수하고 다양하다. 석탄 매장량은 2,263억 톤으로 산시山西성에 이어 전국 2위이다. 또 준거얼准格尔과 훠린霍林강 등 노천에서 채굴하기 적당한 대형 탄전도 5곳이 있다.

F5

2009년 11월 중국 농업 당국은 2종의 유전자 변형 쌀과 1종의 옥수수에 대한 안전인증증서를 발급하였다. 이로써 중국은 세계에서 유래를 찾을 수없는 유전자변형 식품을 승인한 최초의 국가가 된 것이다. 미국은 중국에 유전자 변형된 기술과 종자를 판매하고 미국은 중국으로부터 순수 대두단백질만 수입한다.

대두는 중국 역사서에 의하면 전설속의 황제黃帝시대부터 심기 시작해 일찍이 전세계 지역의 총생산량보다 더 많았고 과거 국제시장에서 최고의 경쟁력을 갖춘 중국 농산품 중 하나였다. 또한 중국은 세계 야생 대두 품종의 90% 이상을 보유하고 있어서 실질적인 대두 종주국이었다.

그러나 2000년부터 대두 연 수입량이 1,000만 톤을 초과하면서 이제는 세계 최대 수입국이 되어버렸고 생산량 역시 미국 브라질 아르헨티나에 이은 세계 4위로 급전직하 했다.

미국 몬산토는 유전자변형 대두를 중국을 포함하여 세계 101개 국가에 64항목의 특허를 신청하였다. 이로써 대두 종주국이 바뀐 것이다.

보이지 않는 총성(원가전쟁)

현재 중국이 매년 소비하는 대두는 약 5,000만 톤에 이른다. 그중 70~80%는 수입 대두가 차지하며 주로 미국과 남미에서 들여온다.

가격은 세계 4대 곡물 메이저 기업에 의해 시카고 선물거래소에서 결정된다. 세계 4대 곡물 메이저 기업은 ADM(Archer Daniels Midland) 번기(Bunge) 카길(Cargil) 루이 드레퓌스(Louis Dreyfus)로 첫 알파벳을 조합해 ABCD라고 불리운다.

전세계 식량생산과 운송 및 판매를 장악하고 있는 이 4대 곡물 메이저는 어떻게 중국 대두 시장을 파괴하고 가격 결정권을 장악했을까?

2003년 8월 미국 농업부는 기상이변으로 대두 생산량을 하향 조절할 것이라고 발표했다. 이에 4대 곡물 메이저는 시카고 선물거래소에서 대두 선물[75]을 대거 사들였다. 그 결과 대두가격이 2003년 8월 최저점 540센트에서 2004년 4월 1,060센트까지 빠른 속도로 상승했다. 이 가격은 과거 30년 동안의 최고 기록을 경신한 것이다. 이를 중국 위안화로 대치하면 톤당 대두가격이 2,300위안에서 4,400위안으로 상승한 꼴이다.

공황상태에 빠진 중국은 2004년 3월 톤당 4,300위안에 800만 톤을 구매했다. 중국이 구매한 후 1개월이 채 지나지 않아, 미국 농업부는 생산 데이터를 상향조정하여 수정 발표하였고 대두가격은 급격하게 하락하였다. 두배가 넘는 당시 톤당 4,300위안의 대두가 항구에 도착하기도 전에 가격이 2,000위안으로 떨어지고 중국 대두압착 공장들은 파산하고 말았다.

---

75) IOM대두 : 미국의 인디애나 오하이오 미시간주 등에서 생산되는 콩. 시카고 상품거래소에서 미국산 대두로 상장되어 선물거래 되고 있다. 단백질 함유량이 많고 주로 두부용에 사용된다.

일반적으로 대두를 압착해 기름을 짜내는 기업은 자금의 95%를 원료 구매에 사용한다. 70%에 해당하는 중국의 대두 가공 기업들이 도산에 바로 내몰린 것이다. 이때 4대 곡물 메이저는 중국에 들어와 헐값으로 대두 압착 기업들을 인수하고 차례로 분화된 역할로 중국 식용유시장과 대두가격 결정권을 장악했다.

ADM은 루화魯花 등 중국내 유명한 식용유 가공공장 38개를 인수하여 전국 최대 식용유 가공 이하이자리益海嘉里 그룹을 만들었다. 번기는 2000년도에 대두와 종자 공급상으로 진출하였고 카길은 중국 20여개 성시에 34개 투자회사를 설립히고 식물추출 단백질 식용유 사료 화학비료 등에 루이 드레퓌스는 옥수수와 중국 최대 면화 공급상으로 진입하였다. 이렇게 중국 식용유시장의 85%가 루화魯花 진룽위金龍魚 푸리먼福臨門 등 주요 메이커로 재조정되어 4대 곡물 메이저 기업 수중으로 들어갔다.

중국은 아침에 계란 프라이를 해 먹을때 4대 곡물 메이저의 통제를 받아야 한다. 그러하지 않으면 지하경제에서 유통되는 폐식용유를 사용해야 한다.

이들 4대 곡물 메이저가 단순하게 중국 식용유 가공 이윤을 목표로 중국에 진출했을까? 이들은 전세계 농업 산업을 장악하는 목표를 가지고 있다. 이들의 주력 산업을 살펴보면 쉽게 알 수 있다. 우선 ADM은 창고 저장 운수업과 관련 산업에 진출해 있고 이미 미국 최대 옥수수 축출 바이오에탄올 회사를 가지고 있다. 제품개발을 통하여 농산품에서 추출하는 에탄올과 에틸렌을 생산하는 차세대 신에너지 개발을 목표로 하고 있다. 번기는 남미의 초대형 농장과 화학비료 생산된 식량매입 판매 가공에 진출해 있다. 카길은 400여척이 넘는 대형 곡물운반선과 대형 곡물운반 트럭을 중심으로 하는 유통에 루이 드레퓌스는 농산물 선물매매에 특별한 장기를 보유하여 이들만의 특별한 ABCD 연결고리를 이루고 있다.

몇가지 데이터를 찾아보면 미국의 연간 옥수수 생산량은 3억 6,800만 톤이며 중국은 1억 6,100만 톤에 이른다. 미국은 세계 최대의 옥수수 생산국인 동시에 세계 최대의 옥수수 수출국이기도 하다. 생산량은 전세계의 46%에 해당하고 수출량은 전세계 시장의 70% 이상을 차지한다.

미국내 옥수수 재배 면적은 9,045만 에이커에 달하고 있으며 미국 정부는 연평균 30억 달러의 보조금을 농가에 지급하고 있다. 예컨대 1,500에이커의 농장에서 50만 달러의 옥수수 생산을 하면 미국 정부는 7만 5,000달러의 보조금을 준다. 때문에 미국의 옥수수는 대단히 싸고 옥수수로 만든 사료 역시 쌀 수밖에 없어 농가는 안정적인 경작을 할 수 있다. 이 사료를 먹여 키운 미국산 닭고기가 특별히 쌀 수밖에 없는 이유이다.

미국은 옥수수 생산량 중 1/3인 33%를 사료이외에 에탄올을 생산한다. 즉 중국의 옥수수 전체 생산량과 맞먹는 양을 에탄올 생산에 사용한다.

미국 정부는 신에너지 개발과 환경보호라는 도덕적 우위에서 합리적이고 합법적으로 보조금을 지급하고 있는 것이다. 브라질이나 아르헨티나가 WTO에 옥수수 보조금 문제로 미국을 제소하지 못하고, 중국이 값싼 수입 닭고기를 문제제기 못하는 이유인 것이다.

미국산 옥수수가 일단 중국에 진출하면 중국 옥수수는 대두의 전철을 밟게 된다. 이후 미국이 옥수수가격을 통제하면 중국의 식품가격은 즉시 반응을 나타내고 경우에 따라서는 미국이 마음만 먹으면 인플레이션을 조성할 수도 있다. 그러나 중국의 기업들은 옥수수 수입개방을 바라고 있다. 중국 옥수수 가공공장에서 중국산 옥수수를 가공하여 파는 것보다 수입하는 가격이 낮아 기업의 실이익이 없기 때문이다. 미국과 4대 곡물 메이저는 이때를 놓치지 않는다.

사실상 미국은 이미 계획에 착수했다. 유전자변형 옥수수인 몬산토의 DK007호를 중국 옥수수 생산기지라 할 수 있는 헤이룽장성을 피해서 옥수수가 전혀 나지 않는 광시廣西 좡족壯族 자치구에 1,062만 무에 이르는 넓은 땅에서 재배 생산하고 있다. 이는 헤이룽장성의 옥수수 재배면적의 1/5에 해당하는 면적이다.

몬산토가 개발한 DK007호는 무당 생산량이 463kg으로 중국 평균보다 73kg이 많다. DK007호는 생산량이 높을 뿐만 아니라 단가도 낮고 병충해에 강해 농약 사용량이 낮아 농민들에게 큰 환영을 받고 있다. 몬산토는 특허 비용도 받지 않고 거의 무료로 종자를 광시성 농민에게 나누어 주고 재배하게 하였다. 이에 현혹된 현지 지방정부는 DK008호까지 앞장서 보급하고 있고 인근의 구이저우貴州성 윈난雲南성 등지에서도 곧 재배할 것으로 보인다. 이렇게 되면 결국 중국 서남부는 세계 최대 옥수수 생산기지가 될 것이다.

그러면 몬산토는 무엇을 얻는가? 몬산토는 자선 사업가가 아니다. DK008호는 농민이 재배하고 생산한 다음, 종자를 다시 심으면 3대 이후의 생산량은 현격히 줄어든다. 병충해도 일정시간이 경과하면 다른 내성을 가진 병충해가 나타나게 되어 더 많은 농약을 사용해야 한다. 농민들이 처음 재배하는 DK008호는 문제가 없으나 3대 이후부터는 생산량이 하락하고 병충해가 나타나 몬산토로 부터 농약과 종자를 다시 사야하고 이제부터는 특허기술료를 내야 한다.

이같은 예측은 중국이 미국 몬산토로 부터 들여온 유전자변형 항충 면화 33B에서 볼 수 있다. 2001년부터 2004년까지의 각 항의 데이터를 보면 항충 면화 33B를 처음 재배할 당시에는 농약 사용량이 50~60% 줄었고 생산량도 20% 늘었으며 조면[76] 무게도 42%로 매우 우수한 종자였다. 최초 3년간은 아무 문제가 없었으나 3년 후 부터는 생산량이 10% 떨어지고 조면 무게 비율도 42%에서 34%로 떨어졌으며 면화씨벌레 붉은거미 담배가루이 진딧물 등 해충이 모두 출현했다. 농민들은 농약을 구입하고 종자를 다시 사야만 했고 그 해의 부족한 면화 200~300만 톤은 수입해야만 했다.

미국 정부는 옥수수와 마찬가지로 면화 생산에도 보조금을 지원한다. 2001년의 경우 미국의 면화 생산액은 총 30억 달러였으나 보조금으로 40억 달러를 집행하였다. 1달러의 면화를 생산하는데 1.29달러의 보조금을

76) 조면(繰綿 ginning) : 솜에서 불순물이나 종자를 제거하는 공정. 목화에서 씨를 제거시키고 섬유만 남게 하는 것.

지급한 것이다. 상당한 보조금 때문에 미국의 면화가격은 중국 면화에 비해 톤당 평균 2,000위안 정도 낮다.

여기에 미국은 방직 염색 의류제작 디자인 브랜드 가치가 뛰어나다.

다른 농산품인 채소의 경우도 이미 미국의 몬산토 Monsanto와 뒤퐁 Du Pont 독일의 바스프 BASF AG가 채소 종자시장의 50%를 점하고 있고, 화훼산업 역시 전체 산업 이익의 70%를 로열티 비용으로 지급하고 있다.

중국은 왜 모든 것이 미국보다 비싸고 중국 노동자는 세계에서 가장 적은 임금을 받으며 힘들게 일하여야 하는가 하는 답이 바로 여기에 있다.

2008년 4월 중국 인민은행의 통화정책 목표가 돼지고기 가격을 잡자는 것이었다. 그러나 중국은 평균 소비수준이 너무 낮아 인플레이션 상승의 기초를 구성할 수도 없었다. 대부분의 중국인은 수입의 45%를 식료품 구입에 쓰고 있다. 이것이야말로 중국 인플레이션의 가장 황당한 문제라고 할 수 있다.

중국은 전세계에서 가장 높은 무역흑자와 외환보유고를 가지고 있다. 이제 정부지출을 줄이고 농업 보조금과 인건비를 올리면 세계의 공장이라는 오명을 벗을 수 있고, 유전자 변형된 농산물을 연구실의 실험용 쥐처럼 먹지 않아도 된다. 부자 중국, 가난한 중국인은 저자가 지적하는 中國(China)은 왜 中國(middle state)인가? 라는 질문의 대답이다.

F6

중국 경기가 바닥을 쳤다는 확신을 가지려면 우리는 중국의 석탄가격과 철광석가격을 주목해야 한다. 중국의 설비투자와 생산 활동이 급격하게 위축되면서 가장 기초적인 원자재들의 가격이 급격하게 하락하기 시작했다. 대표적인 것이 석탄과 철광석이다.

특히 석탄가격은 중국의 생산 활동을 가늠하는 중요한 지표다. 중국은 석탄 매장량과 생산량이 모두 세계 1위이고 석탄에 대한 에너지 의존도가 70%에 달한다. 2008년 이후 중국내 석탄생산 기업들의 구조조정이 진행되면서 생산이 급감한 반면 수요는 급증해 수요초과 상태가 지속되었기 때문이다. 그런데도 이러한 석탄가격이 급락하고 있다. 상당히 의아한 일이다.

최근 중국 후판 내수가격이 2006년 이후 처음으로 철근가격 아래로 하락했는데, 이는 기업들 사이에서 본격적인 가격 후려치기식 재고조정이 발생하고 있다는 의미로 보인다. 가격 후려치기식 재고조정은 경기둔화 사이클 가장 막판에 나타나는 극단적 행태이기 때문이다. 최근 재고조정 과정이 마무리되면 석탄과 철광석 가격도 함께 안정될 것이다.

결국 두 원자재 가격의 급락은 중국 기업들이 가동률 조정과 재고조정의 과정을 경험하고 있다는 증거다.

석탄과 철광석 가격이 안정되는 시점이 중국 경기의 바닥 시점일 수 있다.

중국 경제가 흔들리고 있다는 또다른 증거는 수입항 야적장에 쌓아둘 공간을 찾기 어려울 정도로 원자재 재고 물량이 급증하고 있는 모습에서 찾을 수 있다. 세계의 공장이라는 중국의 위상에 전혀 걸맞지 않은 풍경이다.

중국 경제는 그동안 블랙홀처럼 빨아들인 원자재로 저가제품을 만들어 전세계로 수출하며 성장해 왔다. 그러던 중국에서 구리 석탄 철광석 등 주요 원자재가 남아돌기 시작했다. 이는 단순한 공급과잉 문제가 아니다. 중국 경제에 단단히 이상이 생겼음을 의미한다.

중국에서 나타나고 있는 원자재 쇼크는 관련 제조업들의 생산 부진이 예상보다 심각하다는 사실을 보여 주고 있다. 원자재 수요 부진은 중국 경제지표에서도 그대로 확인할 수 있다.

2012년 중국의 산업생산은 3년만에 최저였고 1~4월 고정자산 투자는 10년만에 최악을 면치 못했다. 이처럼 산업계의 부진이 그대로 원자재 수요 감소로 이어진 셈이다.

2012년 들어 구리 수입물량은 110만 톤으로 지난해 같은 기간에 비해 70% 증가했지만 제조업계 수요는 고작 7% 증가하는 데 그쳤다. 나머지 대부분 물량은 수입 항구에 통관하지도 않은 채 재고로 쌓여 있다.

상하이 양산(洋山)항 보세구역에는 야적장이 부족해 주차장에도 구리를 쌓아놓고 있는 실정이다. 건설업과 가전제품 소재로 사용되는 구리의 이런 공급 과잉은 수입업체들의 전망이 완전히 빗나갔기 때문이다.

현재 구리 재고는 금융위기 직격탄을 맞았던 2009년 이후 최대인 140

만 톤에 달하고 있다.

중국 최대 철광석 수입 항구 중 한 곳인 산둥성 칭다오青島항도 마찬가지다. 수입해 놓고 찾아가지 않은 철광석 물량이 급증하면서 더 이상 적재 물량을 보관할 공간조차 찾을 수 없어 급기야 3층 높이로 쌓아올린 철광석 더미가 곡물 야적장까지 침범해 들어갈 지경이다.

BOA메릴린치에 따르면 2013년 철광석 재고는 과거 평균에 비해 33% 많은 상태이고 철강사들의 철광석 재고 소화율도 지난 5년간 평균치 20%의 절반인 10% 선에 그치고 있다.

싱가포르에서 거래된 철광석 현물가격은 2013년초 톤당 131.30달러를 기록해 지난해 최고가 149.40달러에 비해 12% 하락했다. 구리가격 역시 파운드당 3.49달러로 마감해 지난해 기록한 최고치 3.99달러에 비해 13% 떨어졌다. 발전용 석탄가격은 최근 톤당 95.40달러를 기록했다. 2013년 1월말 톤당 115.65달러를 정점으로 지속적으로 하락하고 있다.

일부 중국 철강사들은 세계 최대 철광석업체인 베일 Vale을 포함해 주요 철광석업체들에 대해 선적 시기를 늦춰달라고 요구했다. 심지어 식품과 의류 원료로 사용하는 대두와 면화 등도 중국 바이어들의 선적 연기 요청이 늘고 있다.

일부 무역상들은 수입한 원자재를 런던금속거래소(LME) 창고에 재매각하는 방안까지 추진하고 있다. 이 때문에 글로벌 시장에서 원자재가격 하락세가 심상치 않다.

석탄 매장량 세계 1위, 세계 2위의 석탄 수입국

중국의 석탄 매장량은 2010년 2,794억 톤으로 세계 매장량의 27.2%를 차지한다. 2010년에는 세계 생산량의 절반가량인 35억 톤의 석탄을 생산했다. 그럼에도 중국은 세계 2위의 석탄 수입국이다.

2010년에 1억 6,500만 톤을 수입해 들여왔다. 전세계 석탄 수입량의 17.9%다. 석탄이 중국 에너지 소비의 70.5%를 차지하기 때문이다. 세계 평균인 29.6%의 두배를 넘는다.

장기적으로 중국의 석탄수요는 더 늘어날 것으로 전망된다. 중국의 기술로는 안전하고 효율적인 원자력 발전소를 짓기가 어렵고 수자원 부족으로 수력 발전도 힘들다. 비용 대비 고효율의 석탄이 가장 현실적인 에너지 대안인 셈이다. 실제로 석탄을 이용한 전력생산 비중은 79%에 달한다.

또다른 이유는 2008년 글로벌 금융위기 이후 중국내 석탄생산 기업들은 구조조정을 거쳤다. 연간 생산량 90만 톤 이하의 소규모 광산 대부분이 폐쇄되어 생산량이 크게 줄었다. 그러나 석탄수요는 경제성장세에 맞춰 공급을 크게 웃돌았다.

2009년 중국이 석탄 순 수입국으로 돌아선 것은 이 때문이다. 모자라는 만큼 수입한 결과다.

중국 석탄 매장지역의 약 58%가 산시와 네이멍구 지역이다. 이곳 석탄 품질은 고효율을 필요로 하는 화력발전소의 수요에는 못 미치고, 광맥이 깊어지고 인건비도 올라 채굴단가마저 상승하고 있다.

신장지역[77] 석탄 품질은 상대적으로 우수하나 철도건설이 늦어져 채산성이 크게 낮다. 결국 중국 화력발전소마저 원가절감을 위해 수입석탄을 선호하는 형편이다.

전력 철강 시멘트 태양광 발전 생산업체의 엄청난 석탄수요로 수입석탄 수요는 더욱 증가할 것으로 전망된다. 2010년과 비교했을 때 2011년 석탄수요는 7.3% 증가했다. 공급도 4.8% 증가한 33억 8,000만 톤에 달했다. 중국의 석탄수입은 국제 석탄가격의 상승을 부채질했을 뿐만 아니라 석탄 운송비도 상승시켰다.

현재 다탕 大唐 제2발전소 하루 석탄 사용량은 1만 5,000톤 정도로 이 발전소는 현재 20만KW/h 용량의 발전기 가동이 중지됐다. 석탄가격이 상승한 2008년 이후 산시 윈청 山西 运城 진청 晋城 창즈 长治 등지의 화력발전소는 저마다 화넝 华能 다탕 大唐 등 서로 다른 회사에 소속되어 있지만 공통적으로 적자를 면치 못했다.

석탄이 부족하면 난방공급 안전계수 역시 영향을 받는다. 석탄 공급이 넉넉하다면 여러개의 발전기를 동시에 가동하거나 발전기에 문제가 생겨도 또다른 발전기를 가동할 수 있다. 그러나 현재와 같은 석탄부족 상황

77) 신장 新疆 위구르 維吾爾 자치구는 석유와 천연가스 매장량 중국 1위, 석탄과 철광석 매장량 2위 등 막대한 부존자원과 중앙아시아의 경제 군사적 전략 요충지로서의 가치도 커 중국의 매력적인 옥토이다. 광물자원은 총 128종이 매장되어 있으며 그 중 베릴 리튬 장석 사문석 점토 등 8종의 매장량은 전국 1위이고 이외 주요 자원으로는 망간 크롬 납 아연 동 몰리브덴 소금 석면 등이 있다. 자원 개발의 여지는 풍부하나 자금부족으로 제대로 이루어지지 못하고 있는 실정이다. 이 중에서 석유와 천연가스의 매장량은 각각 30억 톤(전국의 30%) 5,100억m^3(전국의 34%)에 달한다. 특히 석유생산량은 매년 증가하고 있고 전국 총생산량에서 차지하는 비중은 16%까지 상승했다.

에서는 1개의 발전기에 매달려야 한다. 정상적인 난방을 위해서 발전기에 문제가 없기를 바랄 수밖에 없는 위험한 상황이다.

2011년 중국 여러 지역에서 정도는 다르지만 대부분 전력 부족을 경험했다. 전력 공급제한은 시멘트 기업의 생산량에 직격탄으로 작용했다. 이는 수요와 공급 그래프, 시멘트가격에도 미묘한 변화를 불러왔다. 그 결과 2011년 1분기 중국 시멘트 평균 가격은 톤당 387위안으로 전년 같은 기간 대비 13% 상승했다.

2011년 3월말 가격은 톤당 392위안으로 동기 대비 15% 상승했으며 난징南京 난창南昌 상하이上海 항저우杭州 허페이合肥 정서우郑州 우한武汉 지난济南 푸저우福州 지역의 시멘트가격은 동기 대비 30% 이상 상승했다.

중국의 에너지 이용 효율 실태를 보면 단위 GDP에 따른 에너지 소모는 일본의 7배 미국의 6배 인도의 2.8배이며, 주요 제품생산을 위한 에너지 소비는 선진국에 비해 평균 40% 이상 높고, 중국은 전세계 원유의 8% 전력은 10% 석탄은 31% 알루미늄 19% 구리 20% 철강 30%를 소모한다.

또 2011년도 대비 원유 수입은 6.8% 증가했고 구리 수요는 14.1%나 증가했다.

중국의 철광석 수입량은 2012년 12월에 최고치를 기록하며 전년 대비 8.4% 증가했다. 철광석 수입 총액은 956억 달러, 7억 4360만 톤이다.

중국의 철광석 수요는 꾸준한 상승세를 보이고 있으며 이에 따라 가격 또한 상승세를 보이며 최근 철광석 가격은 톤당 160달러로 과거 15개월 동안 가장 높은 가격대를 보였다.

중국은 이미 잘 알려진 것과 같이 철광석 석탄과 같은 특정상품에 있어 최대 소비국이다. 특히 철광석이나 석탄의 경우 주요 광산개발업체인 BHP 빌리톤 BHP Billiton 리오 틴토 Rio Tinto 엑스트라타 Xtrata 베일 Vale 등에 크게 의존하고 있다.

외교 통상마찰 일으킨 리오 틴토 Rio Tinto 인수

2009년 7월 중국 공안당국이 호주 철광석업체인 리오 틴토사 직원 4명을 산업스파이 혐의로 체포 구속하는 사건이 발생했다.

저자가 추적 조사한 바에 의하면, 리오 틴토사 직원들은 중국측 관계자들에게 뇌물을 제공하는 등 부적절한 방법을 사용해 철광석 거래가격 등 기밀정보를 빼낸 혐의를 받고 있다. 구속된 리오 틴토 상하이사무소 수석대표인 중국계 호주인 후스타이 胡士泰와 중국인 직원 류차이쿠이 劉才魁 거민창 葛民强 왕융웨이 王勇爲 등 3명 외에 다른 중국 철강업계 관계자들도 이들에게 기밀정보를 제공한 혐의로 체포되었다.

미국 CIA에 해당하는 중국 보밀국(保密局)은 체포된 리오 틴토사 직원들이 "6년동안 스파이 행위를 해 왔으며 이로 인해 7,000억 위안의 손실을 끼쳤다"고 주장하고 있다.

스티븐 스미스 호주 외교부장관은 "중국은 국제사회의 사업 관행과 국제적인 시각에 대해 보다 진지하게 생각해 볼 필요가 있다"며 우회적으로 구금된 직원들의 석방을 촉구했다.

케빈 러드 호주 총리도 "중국이 이 사건을 어떻게 처리할 지 세계가 주시하고 있다"고 경고성 메시지를 보내며 외교적 해결 방안을 모색했지만 중국 정부의 입장은 단호하다.

사실 사건의 배경은 그동안 리오 틴토가 중국과 철광석 가격 협상을 벌여왔고 리오 틴토사 직원 구속사건은 가격 협상과 관련되어 있다.

리오 틴토는 이미 한국 중국 타이완의 제철회사들과 33%의 할인율을 적용하는 2009~10년 철광석 가격 협상을 완료했다. 반면 중국은 40~45%의 할인 폭을 요구하면서 마찰을 빚어왔다.

그보다 더 직접적인 이유는 중국의 리오 틴토 인수 계획이었다.

2007년 리오 틴토는 캐나다의 알루미늄 기업인 알칸 Alcan을 380억 달러에 구매하면서 거의 파산할 뻔 했다. 리오 틴토가 여기에 묶여있는 동안 BHP 빌리톤이 리오 틴토 인수를 시도했었다. 세계 최대 광산사인 BHP 빌리톤은 경이적인 이익을 창출하며 라이벌사인 리오 틴토의 인수의사를 밝혔다. 당시 BHP 빌리톤은 중국의 높은 수요와 함께 비용절감을 통한 수익 창출로 수익이 192억 달러에서 235억 달러로 22% 증가했었다.

BHP 빌리톤은 중국이 가장 큰 수요의 중심에 있고 중공업 분야에서 중국의 침체는 당분간 없을 것이며 앞으로의 시장에 대한 자신감에서 인수를 추진했다.

중국은 양 기업이 합병될 경우 원자재 가격이 독점되는 것을 우려해 리오 틴토 주식 9%를 195억 달러에 사들여 이러한 시도를 차단했다. 당시 중국은 제일 큰 소비자일 뿐만 아니라 중국 국영 알루미늄 기업인 치날코 Chinalco는 리오 틴토에서 제일 큰 대주주였다. 또한 리오 틴토는 치날코가 자신들에게 투자 액수를 두배 늘릴 경우 이사진에 자리를 주고 중요한 광산들에 대한 직접적인 소유권을 주겠다고 제안했었다.

하지만 원자재 가격이 다시 상승하기 시작하면서 리오 틴토는 자신들이 제안한 거래를 취소시켰다. 리오 틴토는 새로운 주식 발행을 통해 자본을 조달했으며, BHP 빌리톤과 함께 자신들이 보유한 호주의 필바라 Pilbara 지역에 있는 거대한 철광석 광산의 운영을 통합하려 했었다.

한때 기업위기를 겪으며 중국 자본을 끌어들이기 위해 안간힘을 쓰던 리오 틴토가 시장이 회복되면서 자신들이 제안한 거래를 취소하면서 중국의 눈에 벗어난 것이었다.

중국은 분개했으며 또한 이 두 기업이 필바라 지역의 철광석 운영을 통합할 경우 철광석 가격에 대해 지나치게 많은 영향력을 행사할 수 있다고 긴장했다.

중국의 분노는 여기에서 그치지 않았으며 리오 틴토의 직원들을 뇌물수수혐의와 상업기밀을 유출하려 했다는 혐의로 구속한 것이다.

호주 정부는 리오 틴토 직원 구속사건 이후 중국의 리오 틴토 인수를 무산시켰고 이어 자국내 철광 석탄개발업체에 순이익의 30%선의 자원세를 부과해 자국 석탄의 수출경쟁력을 일부러 낮췄고 광산 소유권을 이전할 때 당국의 허가를 받는 방향으로 정책을 바꿨다. 원자재 수출에 대한 통제 역시 강화했다. 자국 자원에 대한 보호조치를 통해 빗장을 걸어 잠그는 것이다.

한편 BHP 빌리톤의 리오 틴토 합병 시도는 2008년 금융 위기가 찾아오면서 무산되었다.

중국 후난 화링湖南華菱 스틸은 호주의 FMG철광 주식 17.4%를 매입하여 제2대 주주가 됐다. 그러나 그들은 철광석 가격을 FMG가 결정할 수 없다는 사실을 깨달았다.

석유를 비롯한 철광석 석단 농산품 등 국제 수요자원은 발틱운임지수(BDI)와 원유가격에 의해 월스트리트에서 결정된다. 그리고 원유가격은 달러와 연동되어 미국 정부가 결정한다. 중국이 리오 틴토를 매입하든 FMG를 매입하던지 중국은 국제 주요 원자재 가격결정에 관한 아무런 권한이 없다.

세계 3대 철광석 공급상인 BHP 빌리톤, 리오 틴토, 콤파냐 발레 도 리오 도체 CVRD는 중국과 철광석 현물가격과 공급량, 계약기한에 대한 협상을 벌리고 가격협상 후에는 월스트리트가 가격인상과 인하를 조종한다.

가령 중국이 모든 상황을 고려하여 6개월을 기한으로 철광석 가격협상을 했다면 6개월 뒤 재협상에서는 철광석 가격이 배로 인상되고, 1년을 기한으로 가격협상을 했다면 6개월 뒤에는 철광석 가격이 절반으로 인하될 것이다.

다른 또 하나는 중국의 경우 크고 작은 공장들이 중국 철강공업협회를 통하여 가격협상에 나서지만 일본과 한국은 무역상사들이 가격협상에 나선다. 그래서 철강가격이 인상되어 무역상사가 돈을 벌면 철강회사에 손실을 보조해 주고 철강가격이 인하되어 철강회사가 돈을 벌면 무역상사의 손실을 보조해 준다.

2008년 중국은 교과서에서 이야기하는 수요와 공급에 의해 결정되는 가격이 아닌 주요자원의 가격결정 메카니즘이 월스트리트에 있음을 경험했다.

철광석가격이 연속 3년동안 70% 10% 90% 미친듯 올랐고 석유가격 역시 2004년 배럴당 38달러에서 2008년 147달러까지 치솟는 것을 경험했다.

이것이 中国(China)은 언제나 中国(middle state)일 수밖에 없는 게임의 룰이고 중국은 항상 게임의 규칙을 따라가야 하는 Rule-taker이다. 중국인들은 스스로 중국을 이해하지 못하고 중국인들은 세계인을 이해하지 못한다.

F7

셰일가스 혁명

지하 깊은 곳에서 잠자고 있는 셰일가스[78]를 채굴하는 기술이 개발되면서 셰일가스가 세계 각국의 주목을 받고 있다. 셰일가스는 오랜기간 모래와 진흙이 쌓여 단단하게 굳은 암석(셰일 Shale)층 사이에 갇혀 있는 가스다. 천연가스와 화학적 성분이 동일해 난방 연료, 석유화학 원료 등으로 사용된다.

'셰일가스 혁명'에 힘입어 미국 제조업 부활의 발걸음이 빨라지고 있다. 셰일가스 상용화로 미국의 천연가스 가격이 유럽의 25%로 떨어지자 유럽의 거대 제조업체들이 미국에 생산기지를 설치하고 있다.

독일의 대표적 화학업체인 바스프 BASF AG는 최근 미국 루이지애나주에 포름산 공장 등을 건설하고 2009년 이후 북미지역에 57억 달러 이상을

78) 셰일가스(Shale gas)는 진흙이 수평으로 퇴적하여 굳어진 암석층(혈암 shale)에 함유된 천연 가스이다. 넓은 지역에 걸쳐 연속적인 형태로 분포되어 있고 추출이 어렵다는 기술적 문제를 안고 있었으나 1998년 그리스계 미국인 채굴업자 조지 미첼이 프래킹(수압파쇄 fracking) 공법을 통해 상용화에 성공했다. 이는 모래와 화학 첨가물을 섞은 물을 시추관을 통해 지하 2~4km 밑의 바위에 5백~1천 기압으로 분사, 바위 속에 갇혀 있던 천연가스가 바위 틈새로 모이면 장비를 이용해 이를 뽑아내는 방식이다. 확인된 매장량은 187조 5,000억m^3로 이는 전세계가 60년간 사용할 수 있는 규모이며 열량으로 환산하면 1,687억 TOE(Tonnage of Oil Equivalent : 연료간 비교를 위해 석유 기준으로 환산한 단위)로 석유매장량 1,888억 TOE와 비슷하다. 채굴 중 새어나가는 셰일가스에 의해 지구 온난화가 악화될 수 있다는 경계론도 있다.

투자했다. 오스트리아의 철강업체 베스탈피네도 최근 텍사스주에 7억 1,500만 달러 규모의 철광석 제련소를 건설할 계획을 발표했다. 유럽의 석유 메이저인 로열더치셸도 지난해 펜실베이니아주에 수십억 달러 규모의 석유화학 공장을 짓는 계획을 발표했다.

그동안 인건비 절감 효과를 찾아 개발도상국으로 생산기지를 옮기던 유럽 등 선진국의 제조업체들이 이제 대서양을 건너 미국 등 북미로 발걸음을 돌린 계기는 값싼 에너지 셰일가스 덕분이다.

석유화학업체 철강업체 등 화석연료를 재료와 에너지로 사용하는 제조업체들이 미국으로 몰려들기 시작하는 배경이다. 특히 셰일가스와 기존 천연가스 개발이 활발한 미국 멕시코만 연안 남부지대로 대거 모이고 있다.

오바마 정부는 양적완화 등 각종 경기부양책으로도 해결하지 못한 내수경기가 셰일가스 효과로 회복되자 셰일가스 개발정책을 보다 확대하고 있다. LNG 최대 수입국인 일본도 셰일가스로 인한 가스 도입가 인하, 기술 및 산업자재 수출확대 등 셰일가스의 직간접적인 수혜를 입고 있다. 원자재와 에너지 비용에 민감할 수밖에 없는 기업들이 투자에 전향적으로 돌아선 데는 저렴한 에너지(셰일가스) 비용이 결정적으로 작용했다.

셰일가스 공급량 증가로 미국의 천연가스(LNG) 가격이 2013년 2월 기준 100만 BTU(열량단위 : 1 BTU=0.252Kcal/h)당 3.32달러로 11.77달러인 유럽의 1/4 수준으로 떨어졌다. 이는 관련 산업의 가격경쟁력으로 작용한다. 국제 유가와 비교하면 약 30%(배럴당 35달러) 수준이다.

미국은 석유화학 철강 자동차 업종을 중심으로 대규모 투자가 이어지고 있다. 40억 달러를 투입해 텍사스주에 에틸렌 생산공장을 건설하고 있는 다우케미칼을 비롯해 엑손모빌 쉐브론 US스틸 포드 GE 듀퐁 등 글로벌 기업들이 생산기지 신증설을 위해 수십억 달러를 투자하며 셰일가스 혁명을 대비하고 있다.

미국의 셰일에너지 매장량을 정확히 파악할 수는 없지만 현재 기술로 상용화가 가능한 셰일가스 매장량은 24조m^3로 세계 2위다. 미국이 앞으로 100년동안 쓸 수 있는 양으로 추정된다. 순수 매장량으로만 보면 미국 콜로라도 지역의 그린리버 지층에만 미국이 60년동안 쓸 수 있는 셰일에너지가 매장된 것으로 추정된다. 기술개발 여부에 따라선 셰일에너지가 거의 무궁무진한 것으로도 평가되는 배경이다.

국제에너지기구(IEA)가 발표한 추계에 따르면 셰일가스와 탄층가스를 포함한 비전통형 천연가스자원이 전세계에서 새롭게 증가하는 천연가스 생산량에 차지하는 비율은 2035년까지 약 50%가 되며 그중 대부분이 중국과 미국 호주에 집중돼 있다고 밝혔다.

셰일가스 추정 매장량을 순서대로 살펴보면 중국 288억 톤 미국·캐나다 282억 톤 남미 277억 톤 아프리카 235억 톤 유럽 144억 톤 기타 269억 톤 정도이다.

에너지구조를 전환할 가능성을 가진 자원으로서 셰일가스가 주목을 모으고 있는 가운데 중국의 국가에너지국은 2011년 중국의 셰일가스 매장량이 미국과 거의 동일한 양인 약 26조m^3라고 예측한 바 있다. 그러나 중국의 셰일가스 개발에는 수자원과 기술력 파이프라인 등이 부족하다. 토지징수 환경보호 공급체인 구축 인프라 건설의 문제도 중국의 셰일가스 개발에 있어 과제가 되고 있다. 더욱이 중국의 셰일가스 개발은 아직 초기 단계로 빠르게 진행되지 못하고 있다.

중국 정부는 최근 입찰을 통해 16개 기업에게 셰일가스 개발권을 부여하였다. 하지만 곧 개발될 거라는 기대는 성급해 보인다. 우선 낙찰자 중 성공적인 개발 경험이 있는 기업이 없다. 또한 중국에 매장되어 있는 것은 미국보다 깊이 묻혀있고 또 흩어져 있다. 그러다 보니 개발비용도 미국에 비해 훨씬 많이 들고 물이 부족한 것도 또 하나의 장애이다.

중국 정부의 의지와 상관없이 모두 실패할 가능성도 배제할 수는 없어 보인다. 이 경우 셰일가스의 개발 속도는 더뎌질 것이고 페트로차이나와 시노펙을 통한 수입 의존이 높아질 것이다.

중국 정부는 주로 셰일가스 개발 기술습득을 위해 북미 셰일가스 개발에 많은 투자를 했지만 미국 기업이 핵심기술 유출을 차단하고 있어 기술습득이 늦어지고 있는 실정이다. 아울러 최근 메이저 기업들의 중국 셰일가스 투자가 늘어나고 있다.

중국은 현재 2015년까지 연 생산량 400만 톤 규모의 가스기반 화학플랜트 건설을 목표로 하고 있어 미래의 천연가스 산업 판도가 어떻게 달라질지는 성급하게 단정 지을 수 없다. 만약 세계적 에너지 수요 증가를 이끌던 중국이 셰일가스를 본격적으로 생산한다면 에너지 가격을 낮추는 긍정적인 측면도 있겠지만 중국과 경쟁관계인 국가들로서는 당장 석유화학은 물론 철강이나 조선 나아가 자동차 산업까지 위기를 맞을 우려가 있어 이들 국가들로부터 거센 저항을 받는다.

또한 중국은 범용 석유화학 제품의 세계 최대 수요국이자 두번째 큰 생산국이다. 중국 산업구조 변화는 세계 석유화학 산업에 영향을 미칠 것으로 보인다. 대체원료가 부상하는 것은 석탄화학처럼 화학기업들의 성장전략에서 복잡성과 불확실성을 키운다.

중국은 셰일혁명 시대에 경쟁력을 갖기 위해서는 나노 분야를 접목한 자원개발 기술 등에 적극 나서야 한다.

중국의 석유수입 의존도가 지난 2007년 50%를 넘어섰고 2012년 12월 중국의 원유 수입량(원유와 정제품 포함)이 미국을 앞지른 것으로 잠정 집계됐다. 지난해 중국의 순 원유 수입량은 하루에 612만 배럴 미국은 598만 배럴을 각각 기록했다. 일부 계절적인 요인은 있지만 이런 추세는 계속될 것으로 보고 있다. 다행이 내륙지역이 석탄을 비롯한 광물을 갖고 있어 내륙 석탄을 기반으로 상대적 고부가 에너지 및 석유화학 산업을 키우는 것이 주요한 수단으로 떠오르고 있다.

중국 정부의 석탄화학 산업 정책은 중국개발위원회와 공업신식화부에서 발표한 정책들에서 찾아볼 수 있다. 저가 원료에 의지하는 미성숙 기술의 소규모 산업화는 제한하지만 공정기술과 설비 개선 및 장비 자급화 노력은 계속 지원하며 석탄화학 산업 육성을 통해 에너지와 소재[79]의 수

79) 정유(Oil Refining)란 각종 탄화수소 물질의 혼합물인 원유를 증류(Distillation)하여 각종 석유제품과 반제품을 만들어내는 공정을 말한다. 엄밀히 말하자면, 정유란 원유 성분을 비점의 차이에 의해 분리시키는 공정인 증류(Distillation), 증류를 통해 유출된 유분에서 불순물 제거 등 2차처리로 품질을 제고하는 공정인 정제(Refining), 정제된 각종 유분을 제품별 규격에 맞는 비율로 혼합하거나 첨가제를 주입하는 공정인 배합(Blending)으로 나뉜다.

BPSD(Barrels per Stream Day, BSD)란 증류 설비를 최대한 가동 시 24시간 동안에 증류할 수 있는 최대 원유량을 의미하며, BPCD(Barrels per Calendar Day)란 증류비를 통상적인 조건 하에(통상적인 고장으로 인한 가동 중단 시간도 감안) 가동 시 하루에 정제할 수 있는 원유량을 가리킨다.

석유제품(Petroleum products)이란 원유를 물리적, 화학적인 가공을 거쳐 만든 제품을 통칭하여 일컫는 말로, 화학적 구조상 탄소와 수소를 중심으로 여러 모양으로 조합된 무수한 화합물의 혼합체를 의미한다. 원유에서 증류(Distillation)를 통한 연료유, 윤활유, 아스팔트 등의 석유제품을 제조하는 석유 정제와 대조하여 석유 및 천연가스 등을 원료로 합성섬유, 합성수지, 합성 고무 등 가공도가 높은 제품을 제조하는 화학을 특별히 석유화학(Petrochemistry)이라고 칭하며 석유화학제품(Petrochemicals)에는 약 4천여 종이 있다.

휘발유라고도 하는 가솔린(Gasoline)은 증류과정에서 비등점(Boiling Point)이 약 30도~200도인 휘발성이 강한 정제석유 제품으로 경항공기 및 자동차 등 불꽃 점화엔진과 드라이클리닝, 고무 공업도료, 세척 등 공업용에 적합하다. 보통 가솔린 속에 포함된 탄화수소 중에서 안티노킹(Anti-knocking) 성질이 가장 높은 이소옥탄(Iso-octane)을 옥탄가 100으로 하고 안티노킹 성질이 가장 낮은 노말 헵턴(Normal Heptane)을 옥탄가 0으로 하여 옥탄가 96 이상의 휘발유를 고급 휘발유, 옥탄가 89 이상의 휘발유를 보통 휘발유로 분류한다.

나프타(Naphtha, 납사)란 비등점이 본래 35도~220도인 중질의 가솔린이나 통상 옥탄가가 낮아 내연기관 연료 이외의 용도로, 특히 석유화학 원료로 사용하며, 광의로 혈암유(Shale Oil) 및 석탄 등의 건류 시 생기는 일체의 광물성 휘발유를 칭하기도 한다. 중질납사(Heavy Straight Run Naphta)를 귀금속 촉매를 사용하여 개질(reforming)하여 개질유(Reformate)를 생산하여 휘발유 블렌딩에 사용하기도 한다.

등유(Kerosine, Kerosene)란 비등점이 150도~280도의 석유 유분으로서 과거 주로 등화용으로 사용되어 붙게 된 이름이며, 주로 난방, 제트 연료(Jet Fuel), 농업 발동기용 연료, 기계 세정용으로 사용된다.

백등유(Illuminating Kerosine)란 등유 중에서 석유 램프, 풍로, 스토브 등에 사용되는 정제 등유를 가리킨다.

경유(Gas Oil, Diesel, Diesel Oil)는 비등점이 약 200도~340도의 석유 유분으로 중유(Heavy Oil, Fuel Oil)와 대조하여 불리는 이름이며, 주로 고속 디젤엔진이나 도자기용 화로, 난방, 발전에 사용된다. 원래 가스를 첨가시켜 도시가스의 열량을 높이는 데 사용되었기 때문에 가스오일(Gas Oil)이라고 칭하기도 하고, 대부분 고속 디젤엔진의 연료로 쓰이고 있어 디젤오일(Diesel Oil)이라고 부르기도 한다.

세탄가(Cetane Number)란 연료 착화성의 양부를 나타내는 값으로 착화성이 좋은 세탄가는 100으로, 착화성이 나쁜 알파 메틸 나프탈린을 세탄가 0으로 하며 세탄가가 낮을수록 착화성이 좋고 디젤노크가 적다.

무연 휘발유(Un-leaded Gasoline)와 대조되는 용어로 사용되는 유연 휘발유(Leaded Gasoline)란 과거 휘발유의 옥탄가를 높이기 위해 4에틸(메틸) 납 성분을 첨가한 데서 생겨난 용어로, 납성분이 연소되지 않고 공기 중에 공해를 유발시키는 문제가 있었다.

연료유 또는 중유라고 번역되는 퓨얼오일(Fuel Oil)이란 일반적으로 열을 생산하는 보일러 또는 전기를 생산하는 엔진에 사용되는 석유제품인 연료유를 가리키나(40도 이하에서 연소되는 제품은 제외), 범위를 엄격히 제한하여 잔유(잔사유) 자체 또는 잔유(잔사유)에 유출 연료유(유출유 : 나프타 유분에서 경질유를 제거한 유분으로 경유 등)를 적당히 혼합함으로써 비중, 점도, 황분 등을 조정하여 만든 연료다. 주로 발전, 난방 보일러, 선박, 공장기계 등에 사용되는 석유제품을 의미하는 중유(Heavy Oil, Residual Fuel Oil)를 지칭하기도 한다.흔히 벙커 C유라고 불리기도 하는 이러한 중유는 원유의 증류 과정에서 제일 나중에 얻어지며 가장 많이 유출되는 무거운 유분이다. 세부적으로는 품질에 따라 경질 중유인 A중유(Bunker A) 및 B중유(Bunker B)와 중질 중유인 C중유(Bunker C) 등으로 나뉜다. 벙커유와 경유 유분을 혼합하여 선박 엔진용 연료인 다크디젤오일(Dark Diesel oil), 머린디젤오일(Marine Diesel oil) 등을 제조한다. 벙커(Bunker)는 원래 선박 또는 항구의 연료고를 의미했으나 일반적으로 선박용 연료로 사용되는 중질의 중유 그 자체인 벙커유(Bunker Oil, Bunker Fuel)를 지칭한다. 벙커링(Bunkering)이란 선박에 필요한 연료를 공급하는 과정을 뜻하며, 현재 세계 최대의 벙커링 항구(Bunkering Port)는 싱가포르이다.

정유부문에서 사용하는 용어로서 중간 정제유(Middle Distillates)란 원유의 증류 과정에서 중간 단계에 산출되는 석유제품으로 보통 난방유(Heating Oil, Kerosene)와 경유(Diesel)를 가리키며, 가솔린과 중유는 포함되지 않는다.

백유(Clean Oil)란 통상 중유의 관용명인 흑유(black oil)와 비교하여 가솔린, 등유, 경유 등 백색 연료유의 총칭으로 수송, 판매상에서 쓰이는 용어다. 합성연료(Synthetic Fuel)란 석탄의 가스화에 의해 만들어진 메탄(합성 천연가스), 석탄이나

입 의존도를 낮추겠다는 목표를 강조하고 있다.

중국은 미국에서 진행 중인 셰일가스 혁명과 이것이 지정학에 끼치는 영향을 전략적으로 생각해야 한다. 셰일가스로 미국은 2020년에 에너지 자급 국가가 될 전망이다. 그때쯤이면 미국은 이제 더 이상 중동에서 원유를 수입할 필요가 없게 된다.

중국은 해마다 최저 8%의 경제성장을 유지하려 하기 때문에 원유가 많이 필요하고 아프리카와 미얀마 등 세계 각지에서 자원 사냥을 해왔다.

반면에 미국은 셰일가스 개발이 지속되면서 점차 원유수입을 줄여 나가고 있다. 이런 상황을 잘 알고 있는 미국은 주로 중동에서 원유를 수입해왔기에 지난 수십년간 페르시아만 인근에 대형 항공모함을 띄워 이 지역 항해의 자유를 보장해 왔다. 그런데 셰일가스 혁명이 이런 지정학적인 구도를 천천히 바꿔 놓을 듯하다.

오일 셰일(Oil Shale)에서 만들어진 탄화수소계 액체 연료(합성 석유) 등과 같이 천연가스, 석유 이외의 자원에서 화학적 수단에 의해 인공적으로 생산된 연료를 말한다. 비연료 오일(Non-fuel Oil)은 납사, 용재, 아스팔트 등과 같이 에너지 생산에 사용되지 않는 유종을 의미한다. 상업유(Commercial oil)란 시중 판매 목적의 원유 또는 각종 석유 제품을 말한다.

전략비축유(Strategy Petroleum Reserve)란 미국 정부가 전쟁이나 심각한 수급 차질에 대비하여 비축해 놓은 원유를 의미한다. 포드 대통령이 1973년 석유위기 후 필요성을 제기하여 관련법(10억 배럴 비축 목표, 대통령의 긴급명령으로만 방출 가능)을 제정하고 루이지애나주 멕시코만의 소금동굴에 시설을 건설하여 1977년 7월 첫 비축을 시작하였다. 국제에너지기구(IEA International Energy Agency)는 90일 분의 비축을 권유하고 있으나 현재 미국의 비축량은 약 7억 배럴, 70일분으로 알려져 있으며, 2007년 1월 부시 대통령은 연두교서에서 비축량을 15억 배럴로 늘릴 필요성을 제기하였다.

미국은 동아시아에서 급부상해 온 중국을 견제하기 위해 2011년 '아시아로의 귀환'을 선언하고 군사적 경제적 외교적 귀환을 실행해 왔다. 이런 귀환이 가능해진 것도 이라크와 아프가니스탄 전쟁의 종결과 함께 셰일가스 요인이 있다.

힐러리 클린턴 전 국무장관은 남중국해를 국익의 한 지역이라고 규정해 중국의 반발을 불러 일으켰다. 세계 해상 운송량의 1/3이 이 바다를 지나고 있고 이 지역엔 미국의 아시아 우방국들이 포진해 있다.

2009년 11월 오바마 대통령의 방중시 미국은 중국과 셰일가스 관련 협정(shale gas resource initiative)을 맺어 기술지원과 자본 두자를 약속했다. 보기에는 중국의 셰일가스 개발에 미국이 적극적으로 지원하고 나서는 모습이다. 과거 미국의 골드 러시처럼 세계는 셰일가스 러시를 보게 될 것 같다. 과거 미국의 골드 러쉬는 인디언들의 학살을 가져왔고, 서부개척을 위한 철도 건설은 아프리카 흑인 노예와 중국 쿨리coolie들의 힘든 노동으로 이루어졌다. 예옌치頁岩氣로 불리는 중국의 셰일가스 개발도 멀지 않아 보인다.

F8

중국이 지난 30여년동안 세계에서 가장 급속한 경제성장을 이룩한 것은 무엇보다도 저렴한 노동력과 풍족한 에너지 공급에 의해 가능했다. 그런데 중국은 원래 물이 풍부하지 않은 국가다.

중국의 수자원 총량은 2조 8,300억 톤으로 브라질 러시아 미국 캐나다 인도네시아에 이어 세계 6위 수준으로 문제가 없어 보인다. 그러나 1인당 수자원은 2,140톤으로 세계 평균의 1/4에 불과해서 세계 인구의 1/5을 차지하는 전체 인구를 감당하기에 벅차다. 따라서 중국 경제성장이 장차 물 부족 때문에 벽에 부딪힐 것이라는 분석이다.

농업에 이어 두번째로 물을 많이 소비하는 공업부문은 연간 1,390억m^3의 물을 소비한다. 2030년 공업부문 물 소비량이 2,650억m^3로 두배로 늘어날 전망이다. 공업부문 중 에너지 생산에 가장 많은 연간 약 420억m^3의 물이 소요된다. 에너지 생산의 물 소비량은 계속 늘어날 수밖에 없을 것이고 이처럼 급증하는 물 수요량을 과연 충당할 수 있을지에 대해 의문이다.

중국수자원그룹은 중국이 정상적으로 경제를 영위할 경우 물 수요량이 공급량을 1,890억m^3나 초과할 것으로 예측한다.

중국의 물 부족이 경제성장과 직결되는 이유 중 하나는 중국 생산액 중 약 52%를 차지하고 있는 물 부족 지역인 서부지역이 새로운 경제성장 허브로 떠오르는데 있다. 공업생산과 오수처리 수요의 증대는 서부지역의 공업부문을 점차 에너지 소모 산업으로 변화시키게 될 것이다.

중국은 물이 부족할 뿐만 아니라 수자원 분포도 고르지 못하다. 물이 강남지역에만 집중된 탓에 일부 지역의 물 부족 현상은 아주 심각한 상태다. 양쯔강 이남의 강남지역은 전체 국토면적의 36.5%에 불과하지만 수자원 보유량은 81%를 차지하고 있으며 양쯔강 이북 지역의 국토면적은 전체의 63.5%지만 수자원 보유는 19%에 불과해서 심각한 불균형을 나타내는 것이다.

전체 660개 도시 중 물 부족 도시가 무려 400곳 이상인 것으로 조사되고 있다.

중국은 전세계 담수자원의 6% 전체 경작지의 9%를 차지하고 있는데 13억 인구의 식량 보급을 위해서 물 소비가 많은 농사를 대량 짓다보니 물 부족 현상이 두드러지게 나타나는 것이다. 이에 따라서 중국에서는 가뭄과 오염 등으로 인한 물 부족이 식량안보까지 위협한다는 경계의 목소리가 나오고 있다.

물은 중국에서 가장 희소한 자원의 하나이다. 거기에다 물 사용방식은 매우 비효율적이고 물 오염도 세계 제일이다.

중국에서 희귀한 물을 가장 필요로 하는 부문은 석탄생산이다. 중국은 세계 최대 석탄생산국이자 소비국이다. 석탄이 전체 에너지 수요의 70% 이상을 충당한다. 중국은 지난해 세계 전체의 거의 절반에 해당하는 38억톤의 석탄을 생산했다. 석탄은 중국에서 값싼 에너지원이며 중요한 에너지원이지만 생산과정에서 공기와 물의 오염은 심각하다.

그린피스에 따르면, 석탄 1톤을 생산하려면 2.5톤의 물이 오염된다고 한다. 중국에서 발생하는 오수의 약 25%는 석탄생산에서 나오며 오수 속에는 거의 재활용이 불가능할 만큼 대량의 화학물질과 중금속이 함유돼 있다.

그 대안으로 오염이 적은 셰일가스가 떠오르고 있다. 중국은 세계 최대 셰일가스 매장량을 자랑한다. 또 셰일가스는 석탄에 비해 단위 에너지 생산에서 나오는 탄소 배출량이 45%나 적다. 그러나 셰일가스 채굴 과정에서 많은 물이 필요로 하는 단점이 있다. 물 부족을 오히려 악화시키게 되는 것이다. 이 때문에 중국 정부는 셰일가스 채굴에 다소 소극적인 입장인 것 같다.

2만 8천여 강이 사라졌다

중국 수리부와 국가통계국은 지난 3년간 조사한 결과, 1990년대 5만여 개 였던 강이 2만 2,909개만 남아있다고 발표했다. 중국 당국자들은 강이 사라진 것은 기후변화와 초기 지도 제작자들의 실수 때문이라고 변명하고 있으나 환경 전문가들은 무모하게 개발을 강행하거나 승인한 것이 실질적이고 직접적인 결과라고 설명한다.

유엔은 산업 독성물질이 수원을 오염시키는 등 중국을 물 부족으로 가장 영향을 많이 받은 13개국 중 하나로 손꼽고 있다. 중국 베이징의 1인당 평균 수자원양은 100m^3선으로 중국 도시 중 가장 물이 부족한 곳 중 하나이다. 물 부족 경계선은 1인당 1,000m^3이며, 100m^3는 중동국가보다 못하는 수준이다. 현재 베이징은 1999년 이래로 가장 길고 또 가장 심각한 가뭄을 겪고 있다. 평균 강수량은 평년에 비해 20% 줄었고 수자원양은 48%가 감소했다.

중국 정부도 물 문제를 심각하게 받아들이고 있다. 지난 2011년 중국 정부가 발표한 〈중국 환경 거시전략연구 종합보고서〉에 따르면 1억 9,000만 명이 마시는 상수원의 유해물질 함량이 기준치를 넘어서서 식수로 적합하지 않으며 3억명의 농촌 주민이 이용하는 식수원은 위생상 안전하지 않은 것으로 나타났다.

이에 따라 중국 정부는 제12차 5개년 계획(2011~15년)에서 중수에 대한 구체적인 활용 방법을 제시했다.

중국 정책 결정자들은 12차 5개년 계획 기간 중 물 의존도를 30% 감축한다는 목표를 세웠다. 특히 농업부문의 새로운 오염 감축 목표도 설정했다. 그러나 물과 에너지와 경제성장의 상호 연관성을 고려한다면 중국은 좀 더 종합적인 접근을 통한 에너지 정책을 추진해야 한다.

물 부족 대책으로 해수의 담수화 작업과 함께 생활하수 산업폐수 등의 중수를 정수 처리한 후 재활용하는 것은 중국의 심각한 수질오염을 위한 대책인 동시에 부족한 수자원을 확보할 수 있다.

이외에도 빗물 재활용과 물을 적게 사용하는 농사로의 전환, 수자원이 많은 남부지역 양쯔揚子강 강물을 수자원이 부족한 북부지역 황허黃河로 공급하는 남수북조(南水北調) 수리공사, 상수도 가격 조정 등의 방안이 요구된다.

남수북조 프로젝트는 동부라인 중부라인 서부라인 구축으로 계획되어 있고 샨샤三峽 댐 총 투자액 3배인 620억 달러로 규모로 진행되며 서부라인의 경우는 2050년에 완성한다.

얼마전까지도 중부라인이 2010년에 완공되어 연간 10억m^3의 물을 끌어와 베이징시 수자원부족 문제에 상당한 도움이 된 것으로 알려져 있었다. 그런데 정부측은 갑자기 프로젝트를 5년 후 완성으로 미루었고 이유에 대해서는 밝히지 않고 있다. 중부라인 프로젝트 완성시일을 5년 뒤로 미룬 것은 중국 내부의 반대 목소리가 크기 때문인 것으로 알려져 있다. 주로 학자들과 환경보호 단체의 반대와 지방정부에서도 이에 가세하고 있다.

허베이성의 경우 양쯔강 지류인 한강(漢江)에 설치한 단강구댐(丹江口水庫)의 물 1/3을 끌어갈 경우 한강의 물 오염 수준이 현재보다 훨씬 심각하게 될 우려가 있다는 것이다.

물 부족보다 더욱 심각한 문제는 물의 오염이다. 자료에 의하면 전국 폐수배출 총량은 539억 톤으로 그중 공업폐수배출량이 409억 톤이며 농업오염원인 농약 사용량은 110만 톤에 이른다.

중국에서 연간 발생하는 수질오염 사고는 1,700여건으로 중국 환경관련법이 아직 제대로 정착되지 않은데다 기업들이 중금속 폐수 방출하는 경우가 빈번한 탓이다. 이로 인해 지하수가 있는 지층인 대수층의 90%가 오염된 상태이며 지하수도 오염돼 있다. 또한 지하수를 이용하기 위해서 계속 깊이 파들어 가다보니 지하 공간이 비어 지반침하 현상도 발생해 위험하다.

이를 위해 1조 위안의 자금을 투입할 계획이며 이 가운데 3,300억 위안은 도시 오수처리시설 개선에 3,200억 위안은 남수북조 프로젝트에 사용할 방침이다.

중국의 상수도 가격이 상대적으로 낮아 이용자들의 물 절약을 기대하기 쉽지 않아 상수도 가격을 인상해서 오염된 물의 정수를 위한 비용을 마련하는 동시에 물 절약 생활을 이끌어낼 필요가 있다. 그러나 오염된 물의 정화와 수리설비의 결함에 의한 누수 등 물 부족을 해소하기 위한 방안들에 소요되는 천문학적인 금액의 비용도 중국 정부에는 만만치 않은 부담으로 작용하고 있어 물 부족 현상이 최고조에 달할 것으로 예상되는 2030년이 가까워 올수록 더욱 두려움이 더해가고 있다.

식량을 자급자족해 온 중국이 농업용수 부족으로 식량수입국으로 전환하게 되면 세계 곡물시장은 엄청난 파동을 겪게 된다. 연구에 따르면 중국은 이르면 2025년부터 연 1억 7,500만 톤의 곡물을 수입하게 된다.

물 부족이 경제성장의 발목을 잡게 될지 모르는 심각한 상황이 중국에게 새로운 도전으로 다가오고 있다.

한해 물값 상승률 49%

중국 모든 지역의 물값이 오르고 있다. 재미있는 것은 수자원 부족으로

오는 물값 상승이 아니라 도시 물 공급 시스템을 장악한 외국 기업의 불평등 계약으로 가격인상 요구에 따른 것이라는 점이다.

깐수甘肅성 란저우蘭州시는 2007년 외자기업 투자 유치라는 명분으로 프랑스의 베올리아 워터 Veolia water[80]그룹과 합자계약을 체결했다.

이듬해 란저우 베올리아수리(水利)그룹은 현재의 물값이 공급원가보다 낮다면서 m^3당 1.95위안에서 2.16위안으로 인상을 요구했다. 이렇게 물값을 인상한 이유는 현행 중국 법규에 원가비용 증가의 구체적 규정이 없기 때문이었다.

당시 베올리아는 순자산 9억 5,000만 위안의 란저우 물 공급 회사를 입찰가격보다 두배 높은 17억 위안에 성공적으로 매입했다.

프랑스 사람들이 멍청해서가 아니다. 애초부터 란저우 베올리아수리그룹은 회계상 적자로 출발한 것이고 원가상승의 이유를 안고 출발한 것이다. 더욱이 란저우시는 8억 3,700만 위안의 토지를 양도자산에 계상하지 않고 베올리아에 넘겼다. 결국 회계조작을 통해 재무제표를 적자로 만든 다음 가격인상을 요구하는 전형적인 방법인 것이다.

물론 베올리아는 시정부에 가격인상을 하지 않아도 된다고 말한다. 그

80) 프랑스 환경기업인 베올리아앙비론느망의 계열사인 베올리아워터는 전세계에 걸쳐 광범위한 노하우와 전문성을 갖춘 물관리 전문 기업이다. 1853년부터 160년간 물관리의 총체적 서비스를 제공하고 있는 수처리 분야의 세계적인 글로벌 그룹으로 매출액 2,500억 위안에 직원 수 31만명 그리고 뉴욕 증권거래소에 상장된 기업으로 2011년 포춘지 Fortune 선정 글로벌 500개의 기업 중 175위로 평가되었다. 수처리 서비스 분야 세계 1위 기업이라 할 수 있다.

러면 시정부는 계약에 따라 베올리아가 제시한 재무제표에 따른 가격으로 회사를 환매해야 한다.

또한 계약서에 의하면 상수도와 공업용수를 구분하지 않아 란저우시의 모든 공장은 비싼 상수도로 공업용수를 공급받는다. 뿐만 아니라 란저우시의 상수도관 누수율은 무려 50% 이상에 달해 반 이상의 물이 그대로 버려지고 있다.

여기서 베올리아는 계약에 의해 란저우시 정부에 상수도관 교체를 책임 요구하던지 누수분을 포함한 물값 인상을 요구하면 된다.

더 재미있는 부분은 계약서에 물값 인상요인을 시민들의 수입수준과 현지 물가에 따라 조정하도록 한 항목이다. 어떻게 이런 계약에 지방정부가 서명을 했는지……

중국은 정말 게임의 룰을 모르는 나라이다. 한평생 란저우 시민들은 자신들의 땅에 흐르는 물조차도 전세계에서 가장 비싼 물값을 지불하며 프랑스에 의해 물 배급을 받고 살아야 한다.

F9

2012년말 기준 중국 외환보유고는 3조 3,100억 달러에 달했다. 지난 2002년말 중국의 외환보유고는 2,864억 달러에 불과하여 3,000억 달러도 못 미쳤던 점을 감안하면 지난 10년간 중국의 외환보유고는 10배가 넘게 증가한 셈이다.

중국의 외환보유고는 전세계에서 30.2% 비중을 차지하고 있다. 중국의 외환보유고는 전세계 중앙은행이 보유한 금 가치의 두배에 이른다.

금값은 지난 2004년 이후 지금까지 263% 올랐으며 전세계 중앙은행의 금 보유 규모는 이 기간 거의 변하지 않았다.

중국 인민은행은 준비자산 다양화를 추진하고 있으나 "3조 3천억 달러인 중국의 외환보유고에 비해 금시장은 너무 작다"며 표면적으로는 대량의 금을 매입하는데 부정적인 입장이다. 그러나 미국은 외환보유고에서 금 비중이 75%지만 중국은 2%밖에 되지 않는다.

중국 인민은행은 지난 2009년 외환보유고에서 금을 1,054톤까지 늘렸다고 밝힌 이후 금 보유에 관해 어떤 입장도 밝히지 않고 있으나 중국은 그동안 금 수입을 꾸준히 늘려왔으며 이 중 적지 않은 양이 인민은행 투자분으로 추정되며 실제 보유량은 그간 상당히 늘었을 것으로 보인다.

중국은 홍콩을 통한 금 수입을 늘리고 있다. 중국이 2012년 상반기 중에만 홍콩을 통해 도입한 금 순수입량이 212톤으로 작년 같은 기간의 8배 가까이 증가했다. 중국의 금 수입이 급격히 늘어난 것은 민간분야의 투자용 수요가 증가한 탓도 있지만 대부분은 중국 인민은행의 금 보유량 확대에서 비롯된 것으로 분석되고 있다.

중국은 외화보유 자산 포트폴리오차원에서 금 보유량을 확대하고 선진국들의 양적완화에 따른 통화증발로 화폐가치를 보존하는 불확실성에 대한 대책으로 금 보유량을 높이고 있다. 결국 이것은 중국의 자산 증가이며 중국은 부자이다.

세계금위원회(World Gold Council)에 따르면 미국이 보유한 금은 8,133톤 독일은 3,395톤으로 모두 외환보유고의 70%가 넘는 비중을 차지하고 있다. 3위는 이탈리아로 금보유량은 2,451톤이며 4위는 프랑스 2,435톤이고 중국이 그 뒤를 이었다.

2006년 중국은 일본을 뛰어넘어 세계 최대의 외환보유국이 되었다. 2006년 중국의 외환보유고는 처음으로 1조 달러를 돌파한 이후 3년이 지나지 않은 2009년 2조 달러를 돌파하였다. 그리고 다시 2년이 지나지 않은 2011년 외환 보유고가 3조 달러를 돌파하였다.

지난 10년간 중국의 경제력이 급성장하면서 무역수출 증가 해외투자 유입 등으로 인해 외환 보유고가 크게 증가하였다.

중국이 지난 2009년 독일을 제치고 세계 1위 수출국으로 올라서는 등 수출 호조가 외환보유고 확대의 주원인이다.

브라질과 러시아 인도 등 다른 브릭스(BRICs) 국가의 외환보유고도 2004년 이후 400% 확대됐으나 이들 3국의 외환보유고 총합은 1조 1,000억 달러로 중국의 1/3 수준이다.

참고로 2012년말 기준 국가별 외환보유고 순위는 중국(3조 3,100억 달러-홍콩 포함) 일본(1조 3,000억 달러) 사우디아라비아(6,300억 달러) 러시아(5,400억 달러) 스위스(5,300억 달러) 타이완(4,000억 달러) 브라질(3,700억 달러) 한국(3,300억 달러) 인도(3,000억 달러) 순이다.

부자 중국, 가난한 중국인

중국의 GDP 성장률에서 내수가 차지하는 비중은 갈수록 줄고 있고 대신 투자의 비중이 점점 커지고 있다. 그 중에서도 기계 설비 부동산 같은 고정자산 과잉투자 문제가 심각하다.

2011년 상반기 고정자산 투자는 전년도에 비해 25.6% 증가했고 부동산만 32.9%나 증가했다.

중국 정부가 문제의 심각성을 인식하고서도 내수를 진작 시키지 못하는 이유는 무엇일까? 그것은 지금의 성장 모델 자체가 악순환에 빠져있어 쉽사리 빠져나오지 못하는 구조이기 때문이다. 지금의 성장 모델로 가자니 지나친 투자는 필연적으로 과잉설비와 자본배분의 왜곡, 부실채권 문제를 낳게 되고 같은 연장선에서 생산성이 저하되어 GDP 성장률이 하락할 수 밖에 없는 것이다.

2000년대 초반 중국 GDP에서 소비가 차지하는 비중은 46% 정도로 매우 낮은 수치였다. 세계 평균이 60~65% 정도이고 상대적으로 소비에 인색한 아시아 국가들이 50~55% 정도인 것을 감안하면 중국은 이미 소비부문이 매우 취약했다는 것을 알 수 있다. 그리고 2005년 40% 수준으로 떨어졌다.

상황의 심각성을 알아차린 중국 정부는 내수 확대의 중요성을 인식하기 시작했으나 2010년 소비 비중은 29% 수준으로 떨어졌다. 전시상황에서나 볼 수 있는 경제가 오늘날 중국에서 재현되고 있는 것이다. 현재 중국이 얼마나 기형적으로 성장하고 있는지 명확히 알 수 있는 데이터이다.

중국의 GDP대비 저축률은 무려 52%에 달하는데 OECD 평균이 5%인 것을 감안하면 얼마나 높은 수치인지 쉽게 짐작할 수 있다. 중국의 취약한 사회보장시스템으로 중국인들 입장에선 저축 외에는 노후대비 수단이 없는 상황이고 또 증권시장이나 금융상품이 발달되지 않아 중국에선 딱히 국영은행 말고는 돈을 맡겨둘 곳이 없는 구조이기 때문에 저축률이 비정상적으로 높게 나타나는 것이다.

높은 저축률이 내포하는 또다른 의미는 바로 내수소비 부진이다. 당연한 애기지만 저축을 많이 할수록 소비는 덜하기 마련이고 중국인들의 소비력이 낮은 또다른 이유는 낮은 소득이다.

수출경쟁력으로 먹고 사는 중국의 입장으로서는 근로자들의 임금을 쉽사리 올려주지 못하고 있는 것이다. 또 저평가된 위안화도 수입 물품의 가격을 상대적으로 높게 만들어 중국인들의 구매력을 저하시키는 한 요인이 되고 있다.

현재 중국이 처한 딜레마는 내수를 늘리자니 저축과 저임금, 저평가된 위안화를 포기해야 하고 이는 곧 급격한 투자 긴장과 수출 위축으로 이어지고 그것은 곧 급격한 GDP 성장률 하락을 뜻한다. 지방정부에서부터 중앙정부까지 GDP 성장률 수치에 목을 매달고 국민들의 신임을 받는 유일한 수단인 바오바保八[81] 정책은 중국의 덫이 되어버린 셈이다.

전세계 최고의 외환보유고를 지니고 전세계 2위의 사치품 소비국으로 뛰어오른 중국이 전시상황에서나 볼 수 있는 GDP대비 소비 비중 29%를 기록하고 있다.

이렇게 소비력이 낮은 이유는 무엇인가? 바로 중국인이 가난하기 때문이다. GDP대비 근로소득 비율을 보면 중국인이 얼마나 가난한지 쉽게 살펴볼 수 있다.

유럽과 미국, 일본의 GDP대비 근로소득 비율은 평균 55%이며 호주와 한국은 평균 45% 수준이다. 태국을 포함한 동남아지역은 평균 28% 이란

---

81) 중국의 8% 경제성장률 유지정책으로 중국 정부는 지난 1998년부터 이 정책을 실시해 왔다. 또한 중국 정부는 2005년부터 2011년까지 전국인민대표대회 업무보고에서 그해 GDP 성장률 목표치를 줄곧 8%로 제시해 왔다. 한편 중국에서 숫자 8(바八)은 부를 축적한다는 의미를 지닌 파차이發財와 발음이 비슷해 중국인들이 가장 좋아하는 숫자로도 인식되고 있다. 그러나 2012년에는 국내외 악재가 많아 성장률 목표치를 7.5%로 하향 조정했다.

과 터키를 포함한 중동지역이 평균 25% 데이터가 나와 있지 않지만 아프리카 지역이 20% 이하로 추정된다.

그러면 중국은 어느 정도 일까? 2010년 국제투자은행인 크레디트 스위스가 발표한 〈중국 소비자 조사보고〉에 따르면 8%이다.

GDP대비 시간당 평균 임금을 보자. 독일이 가장 많은 30달러이고 미국과 일본, 유럽이 평균 20달러이며 한국이 평균 10달러이다. 반면에 중국은 겨우 2달러를 받는 태국을 비롯한 동남아보다도 낮은 0.8달러를 기록하고 있다. 전세계에서 가장 낮은 수준의 임금을 받고 있는 것이다.

연 평균 근로시간을 비교하면 중국인 노동자들이 얼마나 참담하고 힘든 삶을 살고 있는지 알 수 있다. 세계에서 가장 적은 근로시간은 네덜란드로 1,389시간이고 영국과 미국, 일본이 각각 평균 1,500시간 1,600시간 1,700시간인데 반하여 중국은 2,200시간이다.

중국 노동자는 세계에서 가장 적은 임금으로 세계에서 가장 오랫동안 일한다. 더욱 비참한 데이터는 중국인들의 소득증가율은 GDP는 물론 CPI 증가율을 따라잡지 못하고 시간이 갈수록 격차가 더욱 커진다는 것이다.

평범한 일반 노동자의 삶이 이렇게 어려운데 개인기업이라고 다르겠는가? 가격 결정권이 없는 중국 제조업체는 물건을 만들수록, 생산량이 늘어날수록, 세계를 향해 문을 열수록 힘들다.

중국 제조업체가 물건을 만들기 위해 원자재를 구입할 때는 국제 금융자본이 결정한 가격에 의해 공급받고 물건을 만들어 판매할 때는 국제 산업자본의 가격결정에 의해 상품판매가 이루어지고 있다.

가령 중국의 완구 제조업체가 바비인형 하나를 1위안에 생산 납품하면 중국 노동자는 1마오角를 받고, 미국의 장남감회사 마텔Mattel에서는 100위안에 바비인형을 전세계 150개국에서 매초 3개씩 팔고 있다. 바비인형을 만들기 위해 수입한 원자재는 월스트리트에 의해 결정된 가격으로 제조업체가 구입해야 하고 생산 포장된 바비인형은 마텔사가 40%의 이윤을 포함한 가격결정에 의해 백인여인의 외모를 한 모습으로 판매되고 있다.

결국 중국의 완구 제조업체는 환경 파괴와 자원 소비, 노동력 착취, 이윤도 정신도 담아내지 못하고 세계의 공장이란 오명만을 얻고 있다.

집에 소금이 있는데 뭐 하러 간장을 사느냐며 늘상 소득에 비해 지출이 많다고 생각하는 중국인들에게 지갑을 두둑하게 만들어 줘야 소비가 살아날 수 있다는 점을 정부는 깨달아야 한다.

중국인이 가난한 이유를 사례를 들어 더 살펴보자. 2007년 베이징에서 개봉한 영화 〈트랜스포머〉의 표 값이 80위안 이었다. 반면에 미국에서 상영된 표 값은 54위안에 불과 했다. 미국에서 중국으로 국제통화를 하면 1분에 1마오에 불과하지만 중국에서 미국으로 통화하면 1분당 8위안을 내야 한다. 휘발유 가격 역시 미국에서는 리터당 4.56위안인데 중국에서는 8.68위안이고 미국에서는 최신형 노트북을 3,400위안에 사지만 중국에서는 6,000위안을 넘는다. 모두가 즐겨 마시는 커피를 미국에서는 7~10위안에 쉽게 마시지만 중국 커피숍에서는 25~35위안을 지불해야 한다.

한 통계에 의하면 13억 인구의 중국에는 4,000여개의 영화 상영관이 있고 미국에는 40,000개의 상영관이 있다. 미국은 1인당 영화 관람 편수가 6편인데 반해 중국은 0.1편으로 나타났다. 매달 수입에서 영화표 값을 지출하는 비율이 미국은 1/400 한국은 1/350인데 비하여 중국은 1/20을 차지하고, "중국 전체 시민 중 80%가 5년간 단 한편의 영화도 보지 않았다"고 표현하는 조사보고서도 있다.

매달 22일 일을 하며 3,000달러의 수입으로 1달러의 커피를 마시면서 500달러의 노트북을 두드리고 가끔 50달러의 식사를 즐기며 5달러의 영화를 보고...... 미국인들에게는 일상의 모습이지만, 중국인들에게는 그야말로 이룰 수 없는 꿈의 세계이다.

미국인들보다 더 힘들게 더 오래 일하면서도 중국인들의 삶은 왜 이리도 고달프고 가난한가? 이에 대한 대답은 너무나 간단하다.

중국인은 적은 소득으로 쌀이나 돼지고기 등 생필품은 미국과 비슷한 가격으로 구입해야 되고 기호품이나 사치품들은 미국보다 훨씬 비싼 가격을 지불해야 한다. 여기에 매달 비싼 집세와 물값 등 관리비 지출과 노후를 위한 저축을 해야 한다.

중국의 부동산 수익률은 선진국의 3~5배에 달한다. 베이징이나 상하이처럼 경제가 발달한 도시의 경우, 평균 소득은 일본 도쿄東京의 10%에도 미치지 못하지만 부동산 가격은 도쿄와 비슷한 수준이다. 특히 일부지역의 부동산 수익률은 도쿄의 30배를 웃돌고 있다.

미국의 트루먼 Harry Truman 대통령은 "불황(recession)은 이웃 사람들이 일자리를 잃은 것이고, 공황(depression)은 자신의 일자리를 잃는 것"이라고 비유했다. 경제학자들은 심각한 수준의 불황 가운데 다음 두 가지 조건이 충족되면 공황이라고 한다. 하나는 GDP의 하락이 10% 이상으로 경제가 침체되는 경우이다. 다른 하나는 불황이 2년 이상 지속되는 장기 침체의 경우이다.

F10

중국은 1978년 개혁개방이래 지금까지 해 왔던 것처럼 경제정책 운영에 있어 누가 뭐라 하던 내 고집대로 하겠다는 일의고행(一意孤行)으로 고도성장과 외환보유고 수치를 고집하였다. 그러나 보유외환이 넘칠 정도로 많은 것이 꼭 좋은 것은 아니다.

부동(不動)의 외환보유고 1위국이었던 일본은 언제부터인가 외환보유고 쌓기를 거의 등한시 해왔다. 미국은 기축통화국이라 외환보유고를 쌓아야 할 이유가 애당초 없다. 일본은 얼마 전부터 아예 "잃어버린 세월을 만회하기 위해 엔화의 가지를 대폭 절하 시키겠다"라고 공언하며 양적완화를 대대적으로 추진하고 있다.

미국은 적어도 최근 이삼년 동안 '경기부양을 위해서'라는 명분으로 대규모 양적완화를 추진해 외환시장에 간접적으로 개입해 왔다. 더 나아가 '헬리콥터 벤'이란 별명을 얻고 있는 FRB의장 벤 버냉키 Ben Shalom Bernanke는 일본의 '잃어버린 10년' 상황에 대해 헬리콥터에서 돈을 뿌리듯 유동성을 투입해야 한다고 했다.

달러의 저주

헬리콥터에서 돈을 뿌리듯이 유동성을 투입하면 결국 중국이 보유하고 있는 달러는 어떻게 되는가? 달러화 약세로 거액의 외화보유고도 달러화와 함께 동시에 평가절하되어 앉아서 막대한 손실을 입을 수 있다. 또 미국 달러화의 지속적인 평가절하는 중국의 경제정책 전반에 악영향을 끼칠 것이다.

달러화 평가절하는 중국 화폐정책을 힘겹게 하게 될 것이고 중국내 달러유통이 증가하면서 통화긴축 효과도 반감하게 된다. 달러화 약화는 결국 국제원자재의 조달비용을 높이게 되어 철광석 등 수입가격이 상승하면서 공산품가격도 상승이 불가피해 거시경제에 부정적인 영향을 미친다.

또다른 데이터를 분석해보면 2011년 하반기 이후 중국의 외환보유고 증가 추세에 변화가 발생하고 있음을 볼 수 있다. 2011년 중국의 외환보유고는 16개월만에 처음으로 감소세를 기록한데 이어 4분기에는 1998년 이래 처음으로 분기별 연속 하락세를 기록하였다. 2012년 2분기에 외환보유고가 다시한번 마이너스 성장을 기록하였다.

중국의 외환보유고 증가세가 주춤해진 것을 두고 월스트리트저널(WSJ)은 외국인 투자자들이 중국에서 돈을 빼내고 있다는 증거라고 해석했다. 중국의 외환보유고는 외국인 투자자들이 중국에 투자를 하면 달러화가 중국의 화폐인 위안화로 환전되는데 그 과정에서 중앙은행의 외환보유고는 증가하게 된다. 반면 중국에서 외국인 자금이 유출될 때에는 위안화가 달러로 환전되어 외환보유고는 감소한다.

WSJ는 중국 외환관리국의 자료를 인용해 2012년 중국의 자본수지가 1,173억 달러 적자를 기록했다고 보도했다. WSJ는 “중국과 세계경제의 불균형이 개선되는 신호"라며 "불균형을 조장했던 중국 인민은행의 외환 시장 개입이 감소한 것"이라고 풀이했다. 인건비 상승 등을 이유로 해외 자본이 빠져나간 것이 아니라는 뜻이다.

세계의 공장으로 불리는 중국은 2011년까지 10년 넘게 경상수지와 자본수지 모두 대규모 흑자를 기록했다. 값싼 노동력을 쓰기 위해 해외투자금이 모이고 투자금을 바탕으로 생산된 물건이 수출품이 되는 선순환을 이뤘다. 중국은 이 과정에서 막대한 외환 유입이 위안화 평가절상을 초래하지 않도록 인민은행을 통해 외환을 매입해 왔다. 이를 통해 위안화 가치를 끌어내려 수출부양과 자본유치를 확대했다.

실제 2011년 중국의 외환보유고는 3조 1,820억 달러 경상수지는 2,017억 달러 자본수지는 2,211억 달러로 흑자였다. 그러나 2011년 하반기부터 중국의 외환보유고와 경상수지 증가폭이 크게 둔화했으며 자본수지는 적자를 기록했다.

미국의 저금리 정책과 달러화 약세로 중국은 이미 달러자산 보유로 커다란 손실을 보고 있다. 중국 경제가 점진적으로 대외수출 의존도를 낮추고 내수를 확대하는 방향으로 발전해 나가면서 중국의 외환보유액 증가율에도 제동이 걸릴 것으로 보인다. 내수확대는 경제발전에 따른 원자재 수입량 급증으로 중국 외환보유액이 줄어들고, 중국 기업의 해외진출로 달러유출이 증가하고, 외국인 직접투자(FDI)감소에 따라 중국 외환보유액은 점진적으로 하락할 것으로 보인다.

"중국의 외환보유고는 경기가 안 좋을 때는 축복이지만 경기상황이 괜찮을 때는 저주"라고 말한다. 경제상황이나 인플레이션 전망 등에 따라 외환보유고를 탄력적으로 조정하기가 어려운 상황을 빗댄 것이다.

중국 외환보유고의 약 2/3는 달러 자산, 1/4이 유로 자산으로 추정된다. 외환보유고의 약 92%가 달러, 유로 자산인 셈이다. 비밀을 유지하며 거대한 외환보유고를 운용해야 하는 중국 입장에서는 미국 국채시장만큼 풍부한 유동성과 환금성을 가진 시장을 찾기가 어렵기 때문이다. 그래서 전체 외환보유고의 60~70%가 미국 국채 등 자산에 쏠려있어 투자 위험 또한 집중돼 있다.

중국은 외환보유고를 주로 미국을 비롯한 각국 국채나 금융채를 사들이는 방식으로 운용하고 있고, 최근 주요 국가들이 양적완화 정책을 쓰면서 금리가 하락하는 바람에 수익률이 연 2% 수준으로 낮아졌다.

최근 중국 국가외환관리국은 외환보유고 위탁대부 판공실(外匯儲準委託貸款辦公室)을 새로 설립했다. 운용방식이나 운용규모는 공개하지 않고 있으나 외환보유고를 안전하고 효율적으로 운용하기 위한 전담기구로 보인다.

IMF(국제통화기금)협정 제4조는 '회원국은 환율을 조작(manipulate)하는 것을 금해야 한다'라고 규정하고 있다. 2012년 IMF 보고서에 따르면 미국 일본 유로존 국가는 최고등급인 1등급 한국과 브라질은 2등급 스위스와 싱가포르는 3등급 중국은 5등급을 각각 부여받고 있다. 어떤 나라의 외환

당국이 외환시장에 개입을 하면, 그 나라는 미국과 같은 나라로부터 환율 조작국이라고 지탄받고 경우에 따라 교역상의 보복조치까지 당하게 된다.

미 상원은 2011년 환율조작국의 제품에 보복 상계 관세를 27.5%까지 매기도록 한 환율감독개혁법안을 통과시켰다. 엄밀히 따지면 외환보유고 쌓기는 조작에 해당하는 면이 있다.

중국은 세계 최대 채권국이다. 중국 외환보유고 3조 3,100억 달러는 주로 미국을 비롯한 각국 국채나 금융채를 사들이는 방식으로 운용하고 있고 이는 중국이 무상으로 미국에 돈을 빌려주는 상황이 되는 것이다. 선진국 양적완화에 따라 중국은 채무 부담을 고스란히 떠안는 형국이 되는 것이다.

이 같은 국제 금융환경 아래서 지나치게 높은 간접금융 비율, 그림자 금융,[82] 높은 기업 부채율, 지방정부 부채 문제, 고리대와 같은 사금융 성행, 이율구조의 왜곡, 환율제도의 불완전성과 특수성 등 현재 중국 금융시장의 문제점은 셀 수 없이 많다.

특히 중국 금융당국의 감독으로부터 사각지대에 있는 그림자 금융(shadow banking)이 중국 경제의 뇌관으로 부상했다.

---

82) 은행과 유사한 기능을 하나 엄격한 규제를 받지 않는 금융회사와 금융상품을 말한다. 증권사 채권보증회사 등 비은행 금융기관 외에 헤지펀드 자산유동화 상품 등도 포함된다. 은행의 손길이 미치지 않는 곳에 자금을 대주고 위험을 효율적으로 분산시키는 기능도 있다. 하지만 최초로 돈을 대주는 사람과 최종적으로 쓰는 사람 사이의 경로가 복잡해 금융회사 간에 위험이 전이될 수 있다. 경기가 좋을 때는 빌려주는 돈의 규모를 확 늘렸다가 나쁠 때는 급격히 줄이기도 한다.

2012년말 현재 중국 은행권의 대출과 지급보증 등을 합친 총 신용 규모는 중국 GDP의 135.7%이다. 하지만 그림자 금융까지 포함하면 GDP의 198%에 이르는 것으로 분석돼 2008년 125%에 비해 급속히 높아졌다.

세계 3대 신용평가사인 피치는 2008년 글로벌 금융위기 이후 중국의 총 신용은 GDP보다 빠른 속도로 증가하고 있으며, 세계적으로 보면 카타르에 이어 두번째로 빠르다고 분석했다.

중국의 그림자 금융 규모는 20조 위안으로 추정된다. 중국 은행감독관리위원회는 감시망에서 벗어난 그림자 금융 시장이 연평균 25%의 증가세를 보이는 것으로 판단하고 있다.

지방정부의 채무도 중국 경제의 회복을 늦출 수 있는 위험요인이다. 제도권 은행들 역시 대출 증가 속도가 개발도상국 가운데 가장 빠른 수준이어서 대출이 부실화되면 중앙정부에 부담이 될 수밖에 없다.

중국 중앙은행인 인민은행은 독립된 금융기관이 아니라 국무원에 소속되어 있다. 따라서 중국 통화정책의 독립성을 유지하기가 어렵다.

인민은행은 줄곧 대규모의 헤지조작을 통해 외환시장 개입으로 인해 발생하는 유동성을 동결해 왔다.

중국과 같은 상황에서 자본계정 자유화 또는 대규모 자본 유출이 일어날 경우 재난적인 상황을 연출하게 될 것이 확실하다.

자본시장 개방에 있어 디폴트 상황의 지방정부 채무, 지하금융, 자산 거품 등 금융리스크를 제거하는 것이 가장 급하다. 물론 이런 문제들이 자본시장 자유화의 선결 조건은 아니지만 중국의 금융시장 안정을 위해서 반드시 해결해야 할 문제임은 틀림없다. 이는 중국의 자본시장 자유화보다 더욱 시급한 사안이다.

또한 자본시장 자유화에 앞서 중국은 환율제도 개혁을 완성해야 한다. 제대로 된 환율제도도 없이 섣불리 자본시장을 개방하면 국제 투기자본으로 인한 중국 금융시장의 교란을 방어하기 힘들다.

위안화 거래가 자유로운 상황에서 유연한 금리와 환율정책이 없다면 차익거래와 외국환 투기가 성행하면서 국가에 경제적 손실을 입힐 것이다.

일례로 지난해 유럽 채무위기가 악화돼 대량의 자금이 홍콩에서 빠져나갈 당시 홍콩에서 위안화 환율이 급격하게 하락했다.

중국 본토에서는 위안화가 너무 많이 평가절하되는 것을 우려한 인민은행이 외환시장 개입에 나섰다. 이 때문에 홍콩의 위안화가 중국 본토보다 값이 싸지면서 위안화 환율 격차가 비교적 크게 벌어졌다.

당시 중국 기업을 포함해 중국에 진출한 외자 기업들은 상하이에서 위안화를 교환하는 것이 아니라 달러 수입을 홍콩에서 위안화로 전환했었다. 이와 반대로 위안화가 절상될 때 중국 당국이 절상 리듬 조절에 나서면서 홍콩의 위안화 가격은 비싸졌다. 이때 중국의 수입업체들은 홍콩에서 달러를 사들였다.

환차익 거래가 본래는 환율차를 해소시키는 역할을 하지만 환율 유연성이 결여된 상태에서 환율차는 장기간 지속된다. 외국 업체와 기관 또는 개인이 중국에서 얻는 환차익 소득이 결국 중국에게는 손실인 것이다.

환율과 금리의 유연성을 제고하는 것이 결국에는 차익 거래와 외국환 투기를 방지하는 효과적인 방안이다. 환율과 금리의 유연성 제고는 위안화 절상 및 급격한 절하 압력을 경감시켜 거시경제를 안정시키는 안전한 제방과 같은 것이 될 수 있다.

중국의 역할이 커지면서 중장기적으로 무조건 위안화는 강세가 될 것이라는 주장부터 달러 자산으로 구성된 중국 외환보유고가 달러 약세로 엄청난 손실 위험이 생겼고, 중국이 수출 촉진을 위해 다양한 수단으로 위안화를 절하시킬 것이라는 말까지 의견이 분분하다. 나름대로 논리가 있어 어느 경우도 가능해 보인다.

위안화 시세가 절상될지 절하될지는 잘 모르겠지만 한 가지 확실한 것은 있다. 중국이 최근 금융개방, 외환자유화를 더욱 적극적으로 표방하고 구체적인 조치를 취하기 시작한 이유인데, 중국 정부가 경상거래 이외에 자본거래를 위한 위안화 외환시장을 더욱 키우고 국제화할 것이란 점이다. 이는 위안화를 G2 위상에 걸맞은 국제통화로 하면서 동시에 해외로부터의 위안화 절상 압력을 피하고 때로는 조절하는 수단을 갖는다는 점에서 지금이 최적기라고 생각된다.

F11

1949년 건국 첫해 중국 농민 1인당 소득은 44위안에서 2012년 4,761위안으로 108배 증가했다. 중국이 건국 후 1978년까지는 시장경제 체제가 아니어서 현재의 경제발전 정도를 대표할 수는 없지만, 중국은 80년대부터 지난 30년간 평균 10%에 달하는 눈부신 경제성장을 해왔다. 그 결과 1990년 중국의 GDP는 미국 GDP의 6.7%에 불과했으나 2012년에는 절반 수준이 되었다.

IMF는 2011년 '중국의 구매력지수(PPP) 기준 GDP가 2016년에 미국을 추월할 것'이라고 전망하고 있다.

중국청년보(中國青年報) 사회조사연구센터는 최근 중국 31개 성, 시, 자치구의 주민 1만 1,405명을 대상으로 '향후 10년간의 중국의 발전을 어떻게 전망하느냐?'라는 주제에 대해 설문조사를 한 결과, 응답자의 75.4%가 앞으로의 발전에 있어서 가장 걸림돌로 작용할 문제로 '빈부격차 문제'를 꼽았다. 또한 응답자의 72.7%가 '향후 10년동안 새로운 개혁이 있길 바란다'고 답했고, 가장 원하는 개혁 항목으로 응답자의 66.6%가 '소득분배 개혁'을 꼽아 반부패 시스템 개혁(57.8%) 경제체제 개혁(53.5%)을 제치고 가장 많았다.

중국의 소득분배 개혁은 더 이상 지체할 수 없는 문제이다. 중국에서 소득격차가 점차 커진 원인으로 도시의 부동산가격 상승으로 인한 고수입층의 투기재산 증식, 통화팽창과 식품가격 상승으로 인한 빈곤계층의 어려움 가중, 도시화 과정을 거친 부유층의 소득수준 향상, 업종간 소득격차 확대, 불공평한 사회보장제도, 부정한 방법을 통한 재산축재, 공정한 소득분배 제도 결여 등을 들 수 있다.

과거의 중국은 경제의 고속 성장과 낮은 실업률에 힘입어 경제발전으로 소득격차가 확대되더라도 사회가 안정적으로 유지됐지만 현재는 경제성장 둔화세가 장기화되면서 빈부격차 및 소득분배 문제 수준이 해결을 낙관할 수 없을 정도에 이르렀다.

이를 개선하기 위해서는 각 분야의 복잡한 이해관계를 명확하게 인식하되 이익집단의 간섭을 배제하고 공정한 제도적 장치를 서둘러 마련해야 한다.

소득분배 개혁의 경우, 생산 분야의 시장화 개혁과 긴밀히 결합되야 하고 독점 타파와 경쟁 도입이 주요 방향이 되어야 한다.

소득분배 개혁, 더 이상 지체할 수 없는 문제

중국의 소득불균형이 대폭 심화되자 중국 정부가 분배강화 등 경제개혁에 나섰다.

최근 중국 국가통계국이 10년만에 발표한 지니계수는 0.47로 민간연구소가 추정한 2010년 기준 지니계수는 0.61이어서 이번 중국 정부가 발표한 지니계수의 신뢰성에 의문이 있다.

일반적으로 지니계수가 0.40을 넘으면 소득분배의 불균형이 심각한 상태로 간주된다. 지니계수는 계층간 소득분배의 불균형을 나타내는 수치로 1에 가까울수록 불균형이 심하고 0에 가까울수록 덜하다는 의미다.

이에 따라 중국 국무원은 소득불균형 및 빈부격차 완화를 위해 소득분배 계획 등 광범위한 개혁프로그램을 담은 정책성명서를 발표했다.

사회정의와 통합을 위해서는 반드시 소득불균형을 완화해야 하고 이를 위해서는 기득권을 가진 국영기업이나 부유층들이 보다 많은 조세를 부담하는 방식으로 고통을 분담하여 저소득층이나 빈곤층들의 소득수준이 향상될 수 있도록 해야 한다는 것이다.

국무원은 국영기업들이 오는 2015년까지 정부에 대한 주주배당을 현재보다 5% 포인트 인상하고, 정부가 이렇게 확보한 2,500억 위안의 재원으로 사회안전망 확충에 활용할 수 있도록 했다. 이는 중국 GDP의 최대 2%를 가계부문으로 이전시키는 효과가 있을 것으로 추산된다.

또 국영기업의 임금 억제를 위해 임금총량제와 임금수준 관리제를 도입하고 고위 관료의 임금 인상률을 직원평균 이하로 낮추는 조치도 취할 계획이다.

아울러 일부 도시에서만 시행중인 재산세 전국 확대, 재벌 및 고위 관료에 대한 소득세 인상, 부유층에 대한 상속세 및 부동산취득세 부과 강화, 고위 관료의 부패행위 근절과 재산은닉 처벌 강화, 낙후지역 및 서부지역에 대한 재정지원 강화 등도 검토하고 있다.

금융정책 측면에서도 가계부문의 구매력 증대를 위해 금리자유화 조치를 더욱 확대하고 과다한 서비스 수수료 부과 관행을 억제키로 했다.

향후 중국 새 지도부는 기득권층이나 극단적 보수파들의 조직적인 반발 가능성을 의식, 단계적이기보다는 다소 신속한 행보로 소득불균형 완화정책을 추진할 것으로 보인다.

과연 정부와 국유기업은 누구를 위해 존재하는가? 국민을 위한 올바른 정책을 수립하고 국민을 위한 이익 추구를 목표로 삼아야 하는 것이다. GDP 세계 2위 달성, 세계 최대 외환보유고, 베이징 올림픽과 상하이 엑스포의 성공적 개최라는 가시적 성과로 중국은 명실상부한 강대국의 면모를 보여주고 있다. 하지만 실상을 살펴보면, 국부와 민생의 극심한 불균형으로 국가는 부자이지만 국민의 생활은 나아질게 없는 국부민곤(國富民困)의 상황인 셈이다.

실제로 국민의 생활을 지배하는 것은 물가와 집값 상승, 소득 수준이지만 국가 정책은 이 현실을 직시하지 못한 채 겉돌고 있다. 중국 정부는 서민들의 관심사에 집중하는 자혜곤궁(子惠困窮)의 자세가 필요하다.

모든 중국인이 열심히 일해서 번 돈을 어디에 투자하는가? 사업에 투자하지도 않고 소비도 하지 않는다. 대부분은 집을 사려 한다. 이는 현재 중국의 매우 병적인 현상이며 가장 우려할 일이다.

저축한 돈의 가치를 보존할 수 없고 퇴직금도 희망도 없는 이들이 집 아니면 주식으로 눈을 돌렸다는 점이다. 특히 설 자리를 잃은 제조업 자금이 부동산시장으로 흘러들어가 부동산 투기에 악용되는 상황이다.

수중에 여유자금이 있는 사람들은 어딘가 투자를 하려고 한다. 그러나 여기저기 알아본 결과 제조업이나 서비스업을 막론하고 기본적으로 돈을 벌기가 어렵다는 사실을 발견한다. 어렵게 투자하여 고생할 필요없이 부동산에 투자하게 되고 부동산시장은 과열된다.

문제는 집값이 계속 오르면 월 대출상환금 부담이 늘어나 소비가 감소하고 이렇게 되면 경제에 더 큰 타격을 미쳐 급격한 경제침체가 올 수 있다는 게 무서운 것이다.

이것이야말로 정부가 관심을 가져야 할 사안이다. 일반 서민이 자신의 수입을 모두 대출상환금에 사용해 버리면 실질소비는 감소할 것이다.

이제 남은 한가지 대안, 주식시장은 어떠한가? 증시의 목적은 '부의 창출'이며 좋은 주식시장은 사람들에게 돈을 벌 수 있는 기회를 충분히 제공하는 곳이다.

하지만 이익집단이 판을 치는 주식시장에 일반투자자를 위한 장치는 없다. 자신의 이익을 도모하는 데만 열중하느라 주식시장에는 내부거래가 끊이지 않고 있으며 불법 행위가 이루어져도 이를 파헤칠 수 있는 관리감독 시스템이 제대로 구축되어 있지 않은 상태다.

이러한 상황에서 어느 누가 주식시장이야말로 공평하며 누구든 돈을 벌 수 있는 곳이라는 희망을 갖겠는가?

경제학에서는 적당한 발전모델이라는 것이 있다. 인프라 건설에 너무 앞서가지 말라는 것이다. 인프라가 대량의 소중한 사회자원을 잠식하기 때문이다. 중국은 이 자원으로 혁신과 창업에 이용하여 기업에 이익을 창조하고 대중을 더 부유하게 할 수 있다.

고속도로를 진정으로 필요하게 되었을 때, 고속철을 사용해야 할 때, 건설해도 늦지 않다. 누구를 위한 세계에서 가장 길고 빠른 고속철인가? 발전과 건설을 거듭할수록 국민은 더 가난해질 수 있다는 점을 명심해야 한다.

사회 전체의 자원을 고르게 분배하는 것 대신 더 많은 고속도로 건설, 고속철 신설 등에만 써버린다면 국민의 부가 축적되는 것은 먼 미래의 이야기일 뿐이다.

세계에서 가장 길고 빠른 고속철이지만 비용이 만만치 않아 일반 서민의 입장에서는 부담이 되는 게 사실이다. 이용자가 부담스러워 하는 인프라에 국가는 왜 사활을 걸고 뛰어드는 것일까?

과거 중국은 값싼 노동력과 낮은 물가를 앞세워 '세계의 공장' 역할을 해 왔지만 이제는 세계 각국이 물건을 내다파는 '세계의 시장'이며, 막대한 외환보유고로 투자를 주도하는 '세계의 투자자'로 변모하고 있다.

바야흐로 중국을 빼놓고는 세계 경제를 논할 수 없는 시대가 된 것이다.

과거 중국은 개혁개방 이후 선부론(先富論)에 입각한 정책을 펼쳐왔다. 선부론[83]은 전반적인 소득수준을 향상시키는데 기여했지만 그로 인한 불균등 발전은 '4대 격차'가 심화되는 결과를 낳고 말았다.

4대 격차란 도농(도시와 농촌) 지역(연해와 내륙) 계층(소득 교육 등 사회내) 민족(한족과 소수민족) 간의 빈부차이를 의미한다. 중국의 성장 전략은 '투자와 수출 중심의 외부지향형 구조'였다.

그 결과 중화학공업 자동차 등 자본집약적 산업의 수출이 급증하며 고도 성장세를 지속했지만 소비가 차지하는 비중은 GDP의 30% 정도로 선진국의 60~65%는 물론 중진국의 50~55%에도 못 미치는 수준에 머물렀다.

이를 위해 중국 정부는 2000년초부터 서부 대개빌, 동북신흥, 중부굴기 정책을 추진하여 내륙지역 개발에 박차를 가하고 있다.

또한 농촌인구를 도시로 흡수하고 최저임금 인상, 의료개혁, 사회보험 확대 등 소득분배와 사회복지를 통한 전면적 샤오캉사회小康社會84) 건설을 위

83) 1978년 개혁개방 이후 덩샤오핑鄧小平의 선부론(先富論)은 중국 경제정책의 핵심논리였다. '일부 사람을 먼저 부유하게 하라(讓一部分人先富起來)'는 의미다. 지역적으로는 대외무역이 쉬운 동남연해를 개발한 뒤 내륙지역을 개발하겠다는 뜻이다. 선부론은 평균주의가 아닌 엘리트주의를 상징하는 말이다. 문화혁명을 주도한 마오쩌둥이 평균주의를 제창했다면 개혁개방을 단행한 덩샤오핑은 엘리트주의를 지향했다. 덩샤오핑이 집권 후 맨 먼저 한 일 중 하나가 1977년 전격적으로 대학입시 부활이다. 78학번부터는 입시경쟁을 치르고 대학에 입학한 세대들이다. 문화혁명 시기에는 당성이 좋은 학생들이 대학에 진학했으나, 덩샤오핑은 중국을 발전시키기 위해서는 무엇보다 인재가 필요하고 인재를 키우기 위해서는 엘리트주의를 추구할 수밖에 없다고 생각했다. 선부론으로 주강삼각주 양자강삼각주 발해만권 등 중국의 동남연해는 이미 발전궤도에 진입했다. 상하이의 국민소득은 2010년 1만 달러를 돌파했다. 이제 내륙으로 스며들어 쓰촨四川성 후난湖南성 안후이安徽성 간쑤甘肅성 등이 발전도상에 올랐다. 세계적 다국적 기업들은 동남연해가 인건비와 지가가 급상승하자 상대적으로 인건비와 지가가 저렴하고 인프라도 비교적 잘 갖춰진 내륙지역에 제2공장을 앞 다투어 짓고 있다.

한 정책을 확대할 것으로 전망된다.

중국은 2008년 세계 금융위기를 기점으로 내수시장 확대를 주요 정책 목표로 삼고 있다. 시진핑 총서기는 2012년 공산당 중앙정치국 회의를 주재하면서 "내수확대 및 새로운 소비확대 분야의 육성에 한층 힘을 기울일 것"이라고 했다.

이에 따라 중국 정부는 도시화를 강력하게 추진해 내수 중심의 소득확대를 꾀할 것으로 보인다. 중국의 도시화율은 현재 51% 수준으로 이는 1970년대 한국의 새마을운동 시작 수준과 비슷한 것이다. 도시화를 통해 중산층이 확대된다면 중국 소비규모는 2020년까지 10조 달러로 3배 이상 팽창할 것으로 전망되고 있다.

또한 2차산업 위주에서 고용효과가 큰 3차산업 중심으로 전환, 물자와 자원에 의존하는 양적 성장에서 기술 및 관리혁신을 통한 질적 성장으로

---

84) 중국이 2020년 건설을 목표로 하고 있는 사회상. 샤오캉小康은 의식주 걱정하지 않는 물질적으로 안락한 사회, 비교적 잘사는 중산층 사회를 의미한다. 현 중국 정부가 궁극적인 목표로 삼고 있는 대동사회(大同社會 ; 완벽한 평등 안락 평화가 있는 사회)의 전 단계이다. 1979년 덩샤오핑이 제시한 온포(溫飽 ; 의식주 문제가 해결되는 수준단계)에서 부유한 단계의 중간단계의 생활수준을 지칭하는 용어로 사용하였다. 당시 덩샤오핑은 중국 현대화의 목표로 소강상태(小康狀态)를 제기하였으며 20세기 말까지 1인당 GDP 800달러를 달성하여 소강사회를 실현할 것이라면서 소강사회는 중국식의 현대화를 의미한다고 하였다. 또한 국민의 생활수준의 개념을 넘어 경제 사회 발전의 조화로운 발전을 실현하데 있어 매우 중요한 개념으로 소강사회는 경제발전 민주적 정치 문화 번영 조화로운 사회 아름다운 환경 윤택한 생활 풍요로운 삶 국력신장 등 경제 정치 문화가 조화롭게 발전하는 사회를 말하며 민족 부흥을 향한 사회 발전 단계라고 밝혔다. 1997년 장쩌민은 15차 전국인민대표대회에서 소강사회 건설의 새로운 임무를 제기했고 2002년 16차 당 대회에서 "2020년까지 전면적인 샤오캉 사회를 달성하겠다"고 말한 이후 중국발전의 상징어로 자리잡고 있다.

의 전환 등이 이루어질 것으로 예상된다.

중국 새 지도부가 바뀌면서 중국도 변화를 겪을 것으로 예상되는데 중국 경제정책의 방향은 크게 발전모델의 전환, 균형발전 및 분배정책 추진, 친환경 및 녹색산업 육성으로 요약할 수 있다.

도시화를 통해 국내 소비를 진작시키고 각 지역의 고른 발전 및 사회보장제도 확대를 통한 '4대 격차' 완화를 추구하며, 오염물 발생이 적은 에너지를 적극 활용하여 환경개선과 성장 지속이라는 두 마리 토끼를 동시에 잡겠다는 것이다.

유엔환경계획(UNEP)이 발표한 세계 10대 대기오염 도시 중 9곳이 중국의 대도시인 것으로 나타났다. 자료에 의하면 매년 중국 도시에서 생산되는 1인당 쓰레기양은 440kg으로 전국에서 생산되는 쓰레기양은 1억 6,000톤이다. 전국 600개 도시에서 이미 배출했거나 매립한 쓰레기양은 무려 80억 톤에 달하고 쌓아둔 쓰레기의 누적 면적이 5억km^2에 이른다. 이 면적은 매년 건설되고 있는 주택면적과 같은 크기이다.

베이징시의 경우, 5환선과 6환선 사이에 집중되어 있는 쓰레기 처리장이 400여개에 달한다. 베이징시가 쓰레기에 둘러싸인 모습이고 이들은 한 치의 망설임 없이 쓰레기를 소각 처리하거나 방치하고 있다.

수질오염 또한 심각해서 전체 인구의 1/4이 깨끗한 식수를 구할 수 없고 중국의 7대 강에 흐르는 물의 절반이 공업용수로도 쓸 수 없다.

샨샤三峽의 경우 매년 폭우가 내리면 흘러내린 쓰레기가 수면을 뒤덮어 수력터빈을 보호하기 위해 방류해야 하고, 세계 최대 전자 폐기물 해체 처리 집산지인 광둥 구이위貴嶼는 공기 수질 토양 모두가 심각하게 오염된 상태이다.

중국은 2008년 베이징 올림픽 개최를 앞두고 고강도 환경보호 대책을 실시했고 2012년에 열린 중국공산당 제18차 전국인민대표회의에서는 녹색 순환 저탄소발전 추진 계획을 발표했다. 또한 시진핑 정부는 친환경 신재생에너지 신소재 전기차 등 7대 신성장 산업을 집중 육성할 방침이며, 온실가스 배출량이 많은 화력 발전을 원자력 발전으로 대체하는 사업도 후쿠시마 원전사고 직후 잠시 중단되었으나 곧 재개할 것으로 보인다. 더불어 오수 쓰레기 대기오염 중금속 처리시설 구축 등에도 적극적으로 나설 계획이다.

공산주의 국가인 소련과 중국에 대한 상반된 비교로 '낙천주의자들은 중국어를 배우고 비관주의자들은 소련제 소총인 칼라시니코프 사용법을 배운다'라는 표현이 있다. 문자를 예술로 승화시킨 서예(書藝)와 흑백의 기법으로 완성한 묵화(墨畵) 기백있는 중국 정신을 표현한 당시(唐詩)는 또 얼마나 아름다운가...... 과거 세계인들의 눈에 비친 중국은 참 신비스러운 나라였다.

F12

침체에 빠졌던 미국과 일본 경제가 되살아나는 모습을 보이고 있다. 미국의 2013년 실업률은 2.2%로 2008년 12월 이후 가장 낮고 미국 증시는 연일 사상 최고치를 갈아 치우고 있다. 일본 증시도 '아베노믹스'로 경기 회복 기대감이 높아지면서 연초 이후 20% 가까이 올랐다.

미국 경제를 바닥에서 끌어올리고 있는 요인은 크게 세 가지다. 첫째, 셰일가스 혁명이라고 불리는 에너지산업 부흥이다. 진흙이 쌓여 만들어진 퇴적암층에 많은 양의 가스와 원유가 묻혀있어 기존 기술로는 채굴이 불가능했지만 2007년 강력한 수압을 이용한 L자형 채굴 기술로 미국내에서 본격적으로 생산하고 있다. 이에 따라 미국의 원유 순수입량은 2007년 하루 평균 1,300만 배럴이 넘었지만 최근엔 600만 배럴 이하로 떨어졌다.

2020년이면 미국의 원유생산은 사우디아라비아를 추월해서 세계 최대 원유생산국이 될 것이란 전망도 나온다. 셰일가스와 원유가 본격적으로 생산되면서 미국내 에너지 가격이 하락하고 있고 경제활동도 활발해지고 있다. 골드만삭스는 셰일가스 혁명으로 경제 성장률이 매년 0.11~0.27% 높아질 것으로 전망하고 있다.

둘째, 해외에 아웃소싱하던 공장들이 미국으로 돌아오면서 제조업이 부활하고 있다. 외국에 있던 공장이 자국으로 유턴해 오거나 국내에 제조시설을 새로 짓는 이른바 리쇼어링(reshoring)을 선택하는 기업이 최근 2~

3년 사이 줄을 잇고 있다.

2012년 제너럴일렉트릭(GE)은 중국에 있던 세탁기 냉장고 전열기 공장을 미국 켄터키주로 이전했다. 심지어 중국기업인 레노버Lenovo도 노스캐롤라이나주에 PC 제조 공장을 문 열었다. 이에 따라 미국의 생산과 일자리가 늘어나고 있다.

미국 제조업은 지난 10년간 중국의 저임금에 밀리고 글로벌 금융위기를 겪으면서 바닥까지 추락했다. 그러나 2009년부터 서서히 회복세를 보이기 시작하다가 최근엔 소비 회복과 해외공장이 미국으로 유턴하는 리쇼어링 흐름과 맞물리면서 분위기가 달라지고 있다.

2013년 2월 제너럴모터스(GM)의 자동차 판매는 전년 동기보다 7.2% 성장했다. 또다른 미국 차 빅3인 포드와 크라이슬러도 각각 9.3% 4.1% 성장했다. 자동차산업을 필두로 미국 제조업 지수는 지난 2월, 1년 8개월 만에 최고치를 기록했다. 제조업 상승세는 기본적으로 가파른 소비 증가가 이끌고 있다.

최근 미국에서 공단지역을 중심으로 가계지출 증가와 함께 경기 회복세가 나타나고 있고 미국 소매 판매량은 2012년 6월 이후 줄곧 오름세다. 특히 2013년 상반기 소매 판매는 전년 동기보다 1.1% 늘어 예상치인 0.5%의 두배 이상을 기록했다.

구글은 최근 안경처럼 착용하는 형태의 스마트 컴퓨터인 '구글 글라스' 공장을 캘리포니아에 짓기로 결정했다.

2012년말에는 애플이 1억 달러를 투자해 미국에 컴퓨터 제조공장을 짓겠다고 밝혔다.

포드 GE 월풀 오티스 등도 이미 해외 생산시설을 미국으로 되돌렸거나 국내 투자에 나서고 있다. 제조업 리쇼어링 현상의 원인은 중국 등 아시아권의 가파른 임금 인상과 달러화 약세, 경영 효율과 지식재산권 보호, 물류비 절감, 시장 변화에 대한 빠른 대응 등이다.

미국 제조업 취업자 수는 2008년 금융 위기를 겪으면서 약 200만명이 줄어든 상황이다. 미국내에서 제조업의 영향력 자체가 과거에 비해 많이 줄었고, 미국 GDP에서 제조업 비중도 1950년 25%에 비해 2011년 12.2%로 떨어졌지만 제조업 고용이 100만명 늘어나면 제조업 이외 분야에서 일자리 200만개가 추가돼 전체 실업률을 2% 포인트 낮추는 효과를 가져온다.

셋째, 양적완화를 통한 '버냉키 풋' 효과다. 최근 FRB가 실시한 3차 양적완화(QE3)를 버냉키 풋으로 비유하고 있다. 이것은 투자자들이 하락장에서 손실을 줄이기 위해 사용하는 투자 수단인 풋옵션에 빗대서 금융시장이 출렁일 때마다 버냉키 의장이 양적완화를 확대해서 투자자들의 손실을 막아준다는 뜻이다.

과거 앨런 그린스펀 FRB 전의장이 위기적인 상황일 때 금융자산 가격이 하락하지 않도록 금리를 인하하곤 했는데 그의 이런 방식은 투자자들이 손실을 억제하기 위해 풋옵션을 걸어두는 것 같은 효과를 기대할 수 있었다는 점에서 '그린스펀 풋'이란 용어가 생겨났다.

당시 FRB 이사였던 벤 버냉키는 그린스펀보다 더욱 이같은 방식을 선호했고 특히 일본의 '잃어버린 10년' 상황에 대해 헬리콥터에서 돈을 뿌리듯이 유동성을 투입했어야 한다고 회고해 '헬리콥터 벤'이란 별명도 얻었다. 그는 그린스펀에 이어 FRB 의장이 되면서 금리를 제로 수준으로 내리고 자산을 매입하는 양적완화 정책을 구사하고 있다.

버냉키 FRB 의장은 필요시 QE3를 포함한 추가 경기부양조치와 경기위축에 대한 버냉키 풋이 유효함을 시사하였고, FRB는 2013년 초부터 양적완화 규모를 매달 400억 달러에서 850억달러로 두배 넘게 늘렸다.

FRB의 저금리 정책은 2014년 후반까지 기존 스탠스를 유지할 전망이며 이에 따른 추가 금융완화조치 추진 가능성도 있다.

미국의 QE3와 일본과 유럽 중앙은행의 무제한 국채 매입으로 인해 자산시장이 펀더멘탈[85]과 무관하게 강세장을 연출하고 있지만 인위적으로 부풀려진 가격이 계속 유지되기는 힘들 것이라는 경고도 있다.

글로벌 주요국 중앙은행이 일제히 통화완화에 나서는 움직임이 대부분의 자산시장에서는 호재로 작용하고 있지만 펀더멘탈과 자산 가격의 괴리가 영원할 수는 없다는 경고인 것이다.

특히 공격적인 금융완화로 기대를 충족시킬 만한 실물경기 회복을 이끌어내지 못할 때 자산시장의 냉정한 평가를 받게 된다. 현재 발생한 괴리가 해소되려면 경제 펀더멘탈이 대폭 강화되거나 자산 가격이 하락해야 하는

---

85) 한 나라의 경제상태를 표현하는데 있어 가장 기초적인 자료가 되는 성장률, 물가상승률, 실업률, 경상수지 등의 주요 거시경제지표를 말한다. 펀더멘탈(Fundamental : 경제기초)은 환율의 변동과 관련되어 사용되는 일이 많은데 중장기적으로는 환율이 펀더멘틀즈의 상태에 따라 좌우 되지만 단기적으로는 펀더멘탈의 변화를 예상하고 변동한다. 또한 펀더멘탈은 국제경제 안정에 필요한 기초적인 조건들이며 펀더멘탈의 균형이 붕괴되면 각국간의 통화가치의 변동이 발생하고 세계경제는 안정을 잃게 된다.

상황이며 궁극적으로 투자자들이 맞게 될 결과는 정책자들의 행보를 통해 엿볼 수 있다.

결국은 달러의 실질 환율은 더 떨어지고 미국에 투자한 아시아 자금 가치는 하락한다. 달러화 자산에서 유로화 자산으로 세계적인 자본 유출을 초래할 것이다. 장기적으로는 불환화폐에 대한 불신을 불러올 수도 있다.

버냉키 풋은 중기적으로 유로화와 비교해 달러화의 가치와 세계적 역할을 약화시키게 될 것이다. 그리고 장기적으로는 넓은 의미에서 달러화폐에 대한 우리 인식마저 바꾸어 놓을지 모른다.

중국은 무엇을 준비해야 하는가?

현재 달러의 가치는 엔, 유로, 브라질 헤알, 캐나다 달러, 호주 달러에 비해 떨어져 있다. 그럼에도 중국은 위안화가 달러에 비해 낮은 가치를 유지하는 환율정책을 고수하고 있다.

'약한 위안' 정책을 구사해 온 중국은 미국의 '강한 달러' 정책의 가장 큰 수혜국이다. 이는 급성장하는 중국 제조업분야의 생산력과 이 같은 환율정책이 맞물리면서 새로운 국제 불균형(global imbalance)을 낳았다.

중국의 환율정책은 미국 시장에 수출하는 다른 국가들보다 경쟁 우위를 갖도록 했다. 위안화에 비해 평가절상된 화폐를 가진 국가들은 값싼 중국산 수입품 공세에도 시달려야 했다.

따라서 중국이 달러에 대한 위안의 가치를 낮게 유지하는 현 상황에서 달러의 약세는 위기에서 회복중인 세계 경제에 악영향을 미칠 수밖에 없다. 또한 중국의 환율정책은 미국에서 그랬던 것처럼 다른 나라에서도 무역 불균형과 일자리, 투자 유출을 야기할 수밖에 없다.

각국 정책 결정자들은 중국이 환율정책에 대해 계속 침묵과 수동적인 자세를 유지한다면 미국보다 더 큰 대가를 치러야 할지도 모른다는 강한 경계심으로 중국을 바라본다. 또 중국이 글로벌 경제에서 차지하는 비중이 높아질수록 위안화 환율은 공격받는다.

환율은 오늘날 중국 경제문제 가운데 가장 시급히 해결해야 하는 과제인 것이다.

그러나 환율과 중국제품 가격 경쟁력을 연동시키는 것은 정말 지나친 과장이다. 환율과 경상수지를 연결하는 논리는 더욱 취약하다.

중국이 막대한 무역수지 흑자를 기록한다고 믿고 있는 많은 학자들과 정책분석가들, 미국과 다른 국가들이 중국 정부가 위안화를 균형적 가치(equilibrium value) 이하로 유지하기 때문에 중국 정부에 위안화 평가절상을 확대하라고 압박하지만 그보다 먼저 중국이 유연한 위안화 환율을 채택하는 것만이 안전밸브와 충격흡수 기능을 할 수 있고 보다 확실한 G2로 나아가는 지름길이다.

설령 위안화가 가까운 미래에 절상된다 하더라도 무역에 미치는 영향은 미국 정부가 원하고 중국 정부가 두려워하는 것보다는 훨씬 작을 것이다. 그러나 중국 위안화는 여전히 정치적인 환율정책을 고수하고 있다.

결국 중국의 급속한 성장은 인플레이션을 유발할 것이며 위안화 가치 상승을 압박할 것이다. 단기적으로는 인플레이션이 지속되면서 위안화 가치 급상승은 일어나지 않을 것이다.

무역수지 흑자 감소보다 더 큰 걱정은 중국이 성장동력으로 투자에 지나치게 만성적으로 의존하고 있다는 점과 인플레이션이다.

중국은 GDP대비 거의 절반을 차지하는 투자가 이루어졌다. 이는 전세계 평균에 비해 두배 이상이다.

중국의 투자 장려는 내수 진작보다 수입에 초점을 둔 것이다. 또한 물가 상승률은 중국의 무역 상대국 평균에 비해 높았으며 원자재 수입가격도 크게 올라 중국 사적부문 소비는 GDP대비 30%도 안 된다. 중국과 비슷한 성장 국면에 있는 국가들은 사적부문 소비가 GDP대비 60%에 달한다.

중국이 이처럼 투자에 집착하는 것은 중국 정부가 금융시스템에 깊숙이 관여하고 있기 때문이다.

그동안 중국 경제에서 내수 비중이 감소한 것은 중국 개인의 가처분소득이 줄었기 때문이다. 중국의 경제구조가 근로소득의 비중이 큰 농업에서 자본의 비중이 큰 제조업 이동으로 인한 근로소득 감소 때문이다.

건강보험 연금 등 사회보장 제도가 불충분하고 교육비 부담이 커짐에 따라 저축이 늘어난 것도 원인이다.

중국 정부는 내수 진작을 위해 노동계층의 세금부담을 줄여야 한다. 현행 근로소득세 부담은 너무 높다. 물론 세금은 사회복지 예산 마련을 위해 꼭 필요하지만 이는 재산세 양도소득세 상속세 비중을 늘리면 해결된다.

금융위기 이후 중국 정부는 사회보장 제도를 강화했다. 지난 몇년동안 연금 범위의 확대 국민건강보험 초중등교육 무상지원 등의 개선을 이루었지만 보험보장 범위를 더 넓히고 고등교육에까지 정부 지원을 확대해 나아가야 한다.

주택시장도 조정될 필요가 있다. 집값 상승으로 부동산 시장이 왜곡되면 소비가 억제된다. 투자수단이 부동산과 저축 등으로 한정된 것도 집값 상승의 이유이다.

재산세나 양도소득세로 투기 욕구를 억제하는 한편 금융시스템의 전반적 개선이 필요하다.

저우샤오촨 周小川 중국 인민은행장도 지방금융개혁 시범실시에 이은 전국 확대방식의 금융개혁을 주장한 바 있다. 하지만 아직은 중국 금융시장은 선진국에 비해 개혁경험이 부족하고 지역간 불균형 문제가 심각해 전국 단위에서 일시적 금융개혁은 불가능하다.

최근 중국 인민은행은 대형 국유은행들의 독과점 구조개혁을 본격화하고 부동산 투기방지를 위해 대출규제를 강화하기로 했다. 또 선진국들의 양적완화 정책에 따른 인플레이션 위험에도 대비하기로 했다.

중국 정부가 지분을 보유하고 있는 대형 국유은행의 시장독과점 구조를 개선하고 지배구조 변화와 농촌과 중소기업에 대한 금융지원을 강화하고 현대적 금융시스템을 도입해 국제경쟁력을 배양해야 한다.

금리와 환율결정 시장화를 추진하고 위안화 결제비중을 늘리기 위해 노력해야 한다.

서비스업 육성도 내수 활성화에 큰 도움이 된다. 현재 중국 고용시장에선 제조업 비중이 높다. 향후 수년동안 경쟁력있는 서비스업은 일자리 창출에 핵심 역할을 할 것이다. 서비스업을 키우려면 국영기업이 독과점하고 있는 서비스업의 진입 장벽을 낮춰야 한다.

위안화의 가치절상은 내수확대를 위한 필수 과제다. 위안화 가치가 상승하면 가계소득도 늘어나고 이렇게 되면 기업들이 서비스업으로 사업 영역을 넓힐 동기도 커진다. 결국 일자리가 생기고 소비사들의 상품 선택 범위도 넓어진다.

중국이 내수시장 활성화에 성공한다면 중국 경제는 새 시대를 맞이할 것이다. 가파른 성장과 함께 높은 고용율과 사회보장제도의 확충도 가능해질 것이다. 서비스업이 늘어 제조업 비중이 줄면 원자재 부담도 덜 수 있다. 궁극적으로 중국 경제의 이런 변화는 세계 경제의 균형있는 성장에 기여할 것이다.

누리엘 루비니 Nouriel Roubini 뉴욕대 교수가 지적한 것처럼 유럽 재정위기, 미국의 더블딥(경기회복 뒤 재침체), 중국의 경제 성장둔화(경착륙) 등으로 인한 퍼펙트 스톰(perfect storm)같은 세계경제의 변화 속에서 중국은 무엇을 준비해야 하는가?

최근 몇년간 세계 경제를 압도했던 이상 현상들과 시장의 불규칙적인 변동의 원인을 저자는 국제적인 이전(hand-off)으로 설명한다. 즉 중국은 새로운 부의 탄생과 이동현상에 초점을 맞추고 세계경제 변화의 속성과 변화를 주도하는 원동력을 규명해야 한다.

세계경제가 도달하게 될 변화의 지향점에 대한 전망과 분석을 해야 한다. 세계경제의 이상징후, 이해할 수 없는 변화와 구조적 변화의 진행, 변화에 따른 국제 금융체제의 구조재편 방향도 살펴야 한다.

새로운 변화를 향해 나아갈 때 맞닥뜨리게 되는 함정이나 장애물을 제대로 관리하기 위해서 시장 참여자(투자자, 국유기업 관리자, 중국 정부)가 취해야 할 태도, 리스크 관리 능력의 향상, 경영 모델을 적용한 효율적 투자관리 방법 등을 연구해야 한다.

저자가 이야기하는 국제적인 이전(hand-off)의 다른 설명으로 중국인들은 새로운 글로벌 룰 대신 중국인들만의 사고와 게임 규칙으로 최대한 이익을 얻는데 집중할 것이라는 점이다.

많은 사람들은 중국이 주도하는 국제질서 팍스 시니카(Pax Sinica)가 과연 어떤 형태로 구체화될지 궁금해 하고 있다. 하지만 오늘날 미국이 주도하는 국제사회와 향후 중국이 주도할 수도 있는 국제사회를 비교할 때 가장 큰 차이점은 다른 국가들과 가치를 공유하며 자신의 방향으로 따라오기를 원하는 미국과 반면에 중국인들은 세상을 바꾸려 하지 않는다는 점이다. 변화의 주체로 나서길 원하지 않기 때문이다. 오히려 세상에 적응하려 한다.

이민자들의 나라 미국은 다양한 인종과 민족이 화학적으로 결합하는 용광로(melting pot)와 같다. 이를 통해 새로운 정체성을 만들어 냈다. 미국의 매력 중 하나는 이주민들을 미국인으로 변화시킬 수 있었다는 것이다.

변화에 능한 미국이 글로벌 어젠다를 바꾸는 것은 놀라운 일이 아니다. 특히 미국은 세계의 룰을 만드는 국가이기 때문이다.

저자가 이 책의 부제로 중국은 Rule-maker로 도약할 것인가, 아니면 Rule-taker로 남을 것인가? 라고 강조한 이유가 여기에 있다.

중국은 중국의 미래뿐만 아니라 세계의 미래를 결정하고, 미래 인류사회에 큰 영향을 미칠 것이다. 그러나 자신의 특수성에 집착하는 나라가 어떻게 세계를 이끌어 나가는 비전과 방향을 제시할 수 있겠는가? 중국은 현대 세계를 분명하게 이해하지도 문명적 자각을 통한 인류 보편적 가치를 함유하지도 못한 채 폐쇄의 상징인 만리장성의 울타리 안에서 중국 전통의 게임규칙에 익숙하고 자신의 예외성만을 강조하며 스스로 음모론의 신봉자가 되어가고 있다. 중국은 만리장성을 무너뜨려야 한다.

매달 22일 일을 하며 3,000달러의 수입으로 1달러의 커피를 마시면서 500달러의 노트북을 두드리고 가끔 50달러의 식사를 즐기며 5달러의 영화를 보고...... 미국인들에게는 일상의 모습이지만, 중국인들에게는 그야말로 이룰 수 없는 꿈의 세계이다. 미국인들보다 더 힘들게 더 오래 일하면서도 중국인들의 삶은 왜 이리도 고달프고 가난한가? 이제는 인민의 존엄과 행복을 생각해야 한다.

중국은 만리장성을 무너뜨려야 한다

2013년 6월 13일 초판 1쇄 인쇄
2014년 3월 3일 초판 2쇄 발행

지은이 이동춘
발행인 윤덕우
발행처 도서출판 **그린**
주 소 서울특별시 서대문구 연희로5길 50(연희동) (우) 120-828
전 화 02) 333-2574
팩 스 02) 333-2561
출판등록 제8-161호(1995. 5. 3.)
E-mail greenpress@greenpress.co.kr
Homepage http://www.greenpress.co.kr

가격 16,000원
ISBN 978-89-5727-198-8 93340